直觉心理学

罗俊龙 著

Intuition

上海社会科学院出版社

前　言

　　思维是人类智慧最集中的体现。一般而言,思维过程可分为直觉过程与分析过程,其中直觉过程以其快速、不可觉察性而充满神秘色彩。比如,生活中我们常常有这样的体验:当发现某个问题的时候,解决问题的答案也随之浮现于脑海,究其原因,往往是直觉在起作用。对个体而言,直觉影响着生活的方方面面,它的力量是无穷的。另一方面,直觉又是令人困惑的,因为我们不知道它是如何形成、如何发挥作用的。

　　正是由于直觉的优势及其神秘性,心理学界的众多研究者对其展开了探索,并在行为层面取得了丰硕成果。近年来,随着认知神经科学的发展,研究者对直觉的研究开始向脑机制层面拓展,该领域研究呈现出全新的面貌。基于此,笔者希望借助于本书来展示直觉研究的发展进程及其最新成果,促进直觉研究的进一步深入,同时帮助读者消除对直觉的困惑,探寻更好地利用直觉解决问题的方式,从而发挥它的最大功效。

　　本书共八章,详细介绍了直觉的形成、发展过程及其在生活中各方面的应用。前两章主要描述直觉的特征及其形成原因,并从先天及后天两个角度阐述直觉的形成过程;第三章探讨直觉与分析过程的区别和联系,进而从两者可以相互转化的角度提出如何利用分析过程更好地构建直觉的方式;第四章以人格理论为基础,从气质、思维风格等角度揭示直觉型人格的特征及其影响因素;第五、第六两章主要阐述了直觉在特定领域(创造性、学习、文艺创作)中的具体表现;第七章从直觉的利与弊两个方面分析其在人类思维过程中可能出现的效应，以期寻求最大程度地发挥其优势、避免其劣势的有效途径；第八章以直觉在商业、教育、身心治疗及军事决策中的应用为主线，总结梳理了直觉在不同领域中是如何展现其作用的。

本书在编写过程中力图体现以下两个原则：

一、理论性与应用性相结合。知识的形成与发展最终是为了更好地应用于社会。在内容编排上，本书一方面以现有的研究进程为基础，向读者真实地反映当前的理论成果，以期最大程度保障书中内容的真实性及可靠性，使读者对直觉形成科学、客观的认知，如本书的前三章对理论研究进行了重点阐述；另一方面，探寻已有研究在生活中各方面的应用，拉近理论与生活之间的距离，帮助读者提升理论到实际应用的转化能力，如本书的第五、第六、第八三章着重介绍了直觉在不同领域中的应用。

二、学术性与趣味性相结合。在表达方式上，本书力求以学术性为核心，通过趣味、生动的表现形式增强内容的可读性。首先，对于客观的研究过程及结果，本书遵循学术性态度，以严谨的表达方式真实地描述实验细节。其次，本书通过知识窗、小故事以及生活案例等形式，以生动形象的语言增加内容的趣味性，在坚持学术的基础上希望能够帮助读者更好地理解研究内容。

本书的完成需要感谢团队成员的共同努力。研究生殷悦、于婷婷、王舒、杨秋菊、许郡婷、刘悦雯、罗莎、曹孟、卢富丽、石海宇、程璐做了大量的资料搜集和校对工作，并对部分章节的内容做了丰富和补充，没有他们的支持，本书的付梓可能还遥遥无期。

当然，由于时间及水平的限制，本书必定存在一些缺陷与不足，欢迎广大读者及同行专家批评指正。

罗俊龙
2018 年 12 月

目 录

前 言 ··· i

第一章　冲动的直觉 ·· 1
　第一节　斗争中的大脑：冲动系统与反思系统 ················· 3
　第二节　受冲动驱使的直觉 ·· 5
　第三节　可控的直觉——心流体验 ································· 11

第二章　直觉的产生 ·· 14
　第一节　先天直觉 ·· 15
　第二节　后天直觉 ·· 22

第三章　如何构建直觉 ·· 34
　第一节　推理决策中的直觉 ·· 35
　第二节　逻辑性直觉 ·· 44
　第三节　分析向直觉转化 ·· 52
　第四节　分析与直觉的合作 ·· 59

第四章　直觉型人格 ·· 69
　第一节　直觉型人格 ·· 70
　第二节　直觉型人格的特点 ·· 74
　第三节　直觉型人格的积极发展及影响因素 ················· 80

第五章　创造性中的直觉 ·· 85
　第一节　创造性与直觉 ·· 86

第二节　创造性思维过程中直觉作用的机制 …………… 96
　　第三节　运用直觉提高创造性…………………………… 107
第六章　学习与艺术创作中的直觉…………………………… 113
　　第一节　学习中的直觉…………………………………… 114
　　第二节　艺术创作中的直觉……………………………… 127
第七章　正视直觉的利与弊…………………………………… 140
　　第一节　直觉的优势……………………………………… 140
　　第二节　正视直觉的陷阱………………………………… 151
第八章　直觉的应用…………………………………………… 169
　　第一节　直觉在商业中的应用…………………………… 170
　　第二节　直觉在教育教学中的应用……………………… 174
　　第三节　直觉在身心治疗中的应用……………………… 178
　　第四节　直觉在军事决策中的应用……………………… 189
参考文献………………………………………………………… 194

第一章

冲动的直觉

"老张,你怎么又抽烟了?我在备孕,你就不怕影响孩子的健康吗?"客厅里,年轻的张太太生气地埋怨着自己的丈夫。

"我也想戒烟啊,可是,只要一天不抽烟,我就觉得浑身不舒服。上班的时候集中不了注意力,总是出错。领导批评我的时候,我就很烦躁,想和他吵架。而且,我夜里总是辗转反侧,很晚才能睡着……"老张有些委屈地说。

看着丈夫委屈的样子,张太太也不忍心再指责。她灵机一动,想出一条妙计。

第二天,老张一回家,发现卧室里贴满了可爱的宝宝的照片。

"这些都是我从报纸、杂志上找的,你看,这一家三口,多么温馨呀。如果你戒烟成功,我们也能有一个这么可爱的小宝贝,你经常想一想这个目标,是不是更有利于你戒烟呢?"张太太温柔地劝说道。

看到妻子为了帮助自己戒烟而绞尽脑汁,老张十分感动:"戒戒戒,我这就戒烟!"

"另外,考虑到你烟瘾比较重,一下子戒断肯定是不行的。我给你制订了一个计划,逐渐地减少吸烟的次数和吸烟量,这样,在半年之后就可以完全把烟戒断。"张太太说着,拿出一个笔记本,上面写着详细的计划。

"谢谢老婆。"老张看着墙上的照片,想象着以后一家三口温馨和谐的画面,下定了决心。

> 半年之后，老张成功地戒了烟。又过了一年，他们的宝宝呱呱坠地。因为老张有了宝宝就不再想着香烟，他们给这个宝宝起名叫"张不思"。
>
> 成瘾是一种难以克制的冲动行为，它是怎么形成的呢？
> 我们如何利用理性战胜成瘾呢？

经济学理论中有一个理性人假设，即每一个从事经济活动的人通常都会以最小经济代价去获得最大经济利益。这就意味着，纯理性的人会甘愿为了长远意义上更有价值的结果而放弃即时满足的选项，成为一个会延迟满足的人。可事实并非如此，人类有一种本能，就是将奖赏最大化，并极力回避没有奖赏的状况。这些奖赏可能是原始的刺激，例如食物、水以及性刺激；也有可能来源于后天因素，例如地位、金钱等。总之，人们通常会下意识地选择能够取悦当下自己的选项。例如选择先玩半小时游戏就开始工作，可不知不觉就玩到了深夜，或是在商场买许多看似便宜的大包装的商品，而不是只在需要的时候选择合适的产品。有些人看似理性，会在新年时制定一个宏大长远的目标，又为这个目标列出详细到每一个小时的规划，却因为根本无法实施而使计划和目标搁置了一年又一年。在上述情况中，无论是让人深陷其中的游戏，还是商品上方醒目的折扣，抑或是一个个只有计划而从未实现的目标，都满足了人们当下的欲望。在获取即时满足时，人们常常逃避一些虽然当下可能不怎么愉悦，但长远看来十分有意义的行动。人们获取即时满足的过程与直觉十分类似，是一种快速的、不加思考的、与过往经验相关，往往使人们一步一步陷入其中的自动化过程。然而，在享乐结束后，也有另一种声音在头脑中出现——我们应该控制冲动，我们本应该完成更加重要的任务。大脑中总有两种声音在对抗，这究竟是什么在起作用呢？本章我们将从大脑的功能展开，阐述我们屈服于即时满足的原因、它给我们带来的困扰，以及如何更好地应对这一现象。

第一节　斗争中的大脑：冲动系统与反思系统

发展心理学史上曾有过一场充满争议的实验。斯坦福大学的沃尔特·米歇尔（Walter Mischel）教授对学龄前儿童进行了一项研究：孩子们的面前放着 1 粒棉花糖，他们可以选择立即得到它，或是独自等待 20 分钟后，得到 2 粒棉花糖。每个孩子都想得到更多的棉花糖，因此在等待的过程中，他们使出浑身解数让自己分散注意力，不去看眼前的糖果。当然，一些孩子成功了，而另一些孩子失败了。在后续的追踪研究中，米歇尔教授发现，当时能够延迟满足的儿童在考试中能获得更好的成绩，成年后有更稳定的人际关系。诚然，棉花糖实验的结果让一些家长对孩子的教育理念变了味，比如刻意训练孩子们延迟满足的能力而不是顺应儿童自然发展的规律。然而这个研究也开启了科学家们对人类大脑中这一矛盾性的兴趣，人类为何既冲动，又理性？

很多时候人们在推理过程中会得出两个不同的答案，基于直觉的答案往往受到已有经验或是刻板印象的驱动，而基于分析的答案则根据逻辑规则得出。当基于直觉和基于分析得出的答案不一样时，个体就会产生认知冲突，并体现为反应时增加，决策信心下降。不仅启发式加工和分析式加工会在大脑中产生冲突，当人们在面对诱惑时，基于当下的冲动系统和基于未来的反思系统也形成了两股截然相反的强大力量，在大脑中产生碰撞。在大脑复杂的结构中，**边缘系统**掌管着人类的本能与冲动，同时也满足着所有物种最原始的需求：生存与繁衍。它在人类进化的早期就已形成，是大脑中许多无意识冲动（比如攻击和性）的来源。边缘系统遵从奖赏机制，它会快速调动人类的情绪与行为，不给大脑多加思考的机会，它会告诉面对糖果的孩子：赶紧咽下眼前的糖果。位于**前额叶皮层**的反思系统就显得冷静多了，也是人类区别于其他生物的重要因素，它是大脑中进化程度最高的区域。反思系统负责决策与计划，它能调节情绪，控制冲动，是人类社会化进程中的重要保障，可是，反思系统的反应相对于冲动系统可就慢多了。延迟满足的能力就是从反思系统中而来，它告诉孩子：等一等还有更好的。

米歇尔教授的研究发现，反思系统对抗冲动系统的能力随着年龄增长和性别差异而有所不同。总体而言，年龄更大的孩子拥有更强大的意志力，能够等待更长的时间。实际上，4岁不到的孩子几乎无法做到延迟满足，而60%的12岁儿童则能为了多一块糖果，等待长达25分钟的时间。这是因为个体的自我控制能力一直处于发展之中，刚出生的婴儿几乎完全由冲动的本能支配，他们在感受到任何不舒服时都会通过哭声表达需求，这也是婴儿提高自身生存概率的有效武器。随着年龄与技能的增长，反思系统也开始逐步掌握了主动权，使人们不再以自我为中心，学会暂时妥协，为个体和集体取得更长远持久的利益。然而，许多成年人仍然存在自我控制方面的障碍，这是因为他们的反思系统出现了问题，从而导致冲动系统又夺回了主动权。

知识窗：延迟满足与跨期选择任务

跨期选择任务要求被试在大而迟（Large-Later, LL）的收益或小而早（Smaller-Sooner, SS）的收益中做出选择。让人们判断，你究竟愿意立刻满足眼前的小利益还是等待长远的大利益？在跨期选择任务中，选择LL收益的被试需要克服SS收益的诱惑，这种坚持过程就是延迟满足的过程。通常，随着延迟时间的增加，被试的主观收益也会随之减弱，这种现象被称为时间折扣（time discounting）。

试想以下场景，在完成试验任务后，你愿意现在立刻获得100元的奖励（SS）还是4周后获得110元（LL）的奖励呢？相信大多数人都会选择前者。这是由于，个体常常高估立即奖赏而低估延迟奖赏，因为在短期选择中，冲动系统起了主导作用。有趣的是，当两个奖励同时延迟一个共同的时间段后，个体倾向选择LL奖赏。例如，在26周后获得100元或30周后获得110元中做出选择。尽管相对时间

> 不变,大多数人又会选择后者,这种现象又称之为偏好反转(preference reversals)。原因很简单:在两个长期抉择中,个体趋于理智和冷静,反思系统又占据了主导作用。

第二节 受冲动驱使的直觉

一、注意缺陷多动障碍

冲动是一种可怕的直觉,冲动系统掌控大权的极端情况便是注意缺陷多动障碍(attention deficit hyperactivity disorder,ADHD),也就是我们常听到的多动症。据估计,世界范围内的 ADHD 发病率在 5.3%。ADHD 多发于儿童期,部分患者的病症会延续至成年,甚至终生存在。其主要表现为注意力难以集中,活动过度以及行为冲动。当前对 ADHD 的研究发现,患者存在大脑功能与结构的异常,可能与包含前额叶的大脑皮层异常有关。ADHD 患者常常出现一些常人认为"不经大脑"的举动,例如行事鲁莽,与人发生冲突。这是因为在他们的反思系统中,最重要的自我控制功能出现了状况。由此,ADHD 患者的行为往往直接受事物本身的特性影响,而缺少了反思、计划、自我调节等中间步骤的加工(赵俊秀,徐雯,孙锦华,2018)。

注意缺陷多动障碍的认知机制

Barkley(1997)认为,ADHD 患者的症状主要以反思系统中的行为抑制不足为代表。一个经典的测试抑制能力的范式是威斯康辛卡片分类测验(Wsiconsin card sorting test,WCST),它需要受试者不断地转换任务规则。前额叶受损的患者往往在这项任务中表现出困难,而大量研究也证实,ADHD 患者在此项任务中也会遇到同样的问题,例如他们在任务规则转换后依然只能按照原有的规则作答。ADHD 患者的自我抑制能力失败还体现在无法抑制干扰上,在经典的颜色

Stroop 任务中(即刺激材料的颜色和意思相矛盾,让被试说出字的颜色而不是读音),比起正常儿童,ADHD 儿童往往错误率更高,并且需要花费更多的时间。基于磁共振成像的研究印证了这些观点,患有 ADHD 的儿童和青少年在一些认知控制能力测试中,前额叶和额叶纹状体表现出了低激活状态。而成年 ADHD 患者的脑机制也与儿童接近(Barkley, 1997)。

然而,ADHD 患者的冲动系统并非比普通人更为发达,相反,ADHD 患者对奖赏更加的不敏感,一旦奖赏延迟,奖赏所带来的强化效果就会失效(Plichta & Scheres, 2014)。研究者们认为,ADHD 患者遵循着一套独特的激励规则,他们总是避免等待,因为一旦等待,就会遭遇到极大的负面情绪。因此,ADHD 患者看起来无法摆脱眼前的诱惑,如果在上文中所提及的棉花糖实验中,ADHD 患者总是会选择更小的,但马上能得到的激励,而放弃需要等待一会儿的更大奖赏。研究者们将奖励的大小和延迟的时间一再调整,却发现,在 ADHD 患者心中,需要延迟满足的奖励总是大打折扣。Scheres 等人(2007)的进一步研究发现,尤其是在奖赏的预期阶段,ADHD 患者的冲动系统(主要表现在腹侧纹状体)激活降低了。

综上,ADHD 患者在大脑功能上存在反思系统与奖赏(冲动)系统的双重失效,一方面,他们无法抑制自己的行为;另一方面,他们对未来的奖赏敏感度远远低于常人,转而更容易追寻即时、强烈的刺激。

二、成瘾行为

相比于 ADHD,成瘾现象就更为常见了。成瘾是一种内隐、自动化、无意识的过程。比如吸毒者无法控制对毒品的渴望,老烟民总是在不知不觉中抽完一整包烟,网瘾少年在游戏中的时间总是过得很快。世界卫生组织将成瘾界定为:对某种物质或行为具有强烈的渴求和冲动,并且在减少该物质或行为时产生一系列戒断反应,例如身体不适、注意力不集中、烦躁、睡眠障碍等。成瘾一旦形成,就很难戒除。近期,研究者们也开始从双加工的角度解释成瘾行为,并提出成瘾是大脑中的反思系统和冲动系统失衡的结果(严万森,张冉冉,刘苏姣,2016)。

(一) 成瘾行为的认知机制

处于成瘾状态的个体往往表现出"高冲动"且"低控制"的特质。物质或行为成瘾的人群常常为了即时的享乐而放弃长远的利益,例如家庭、社会关系的和谐,或是自己的健康。大量研究发现,与执行控制能力较好的个体相比,执行功能更弱的个体容易受到内隐认知过程的驱动,并且反映在吸烟、饮酒等易成瘾的行为上。与 ADHD 患者类似,在大量反映抑制能力测试中,相比于普通人,毒品、酒精依赖者需要更长时间来抑制反应,且错误率更高。在跨期选择任务中,各种成瘾者均表现出了比正常人更高的时间折扣,即表现出比正常人群更明显的冲动。并且,成瘾者往往对特定的物质和对象更加敏感,例如,毒品成瘾者对毒品的时间折扣高于对金钱的时间折扣,而赌博成瘾者与金钱延迟的折扣则最为密切(彭娟,冯延勇,2014)。一系列神经机制的研究也揭示了成瘾人群在寻求奖赏与认知控制之间存在着制衡关系。一方面,成瘾性刺激会增加纹状体,伏隔核所在的奖赏区域的激活。另一方面,成瘾性刺激也会使前额叶皮层的认知控制能力失调。

成瘾行为的产生还是先天遗传和后天干预共同作用的结果。Ersche 等人(2013)的研究发现,药物成瘾者的兄弟姐妹也具有更高水平的冲动特质以及糟糕的反应抑制能力,在前额叶-纹状体回路存在结构异常。不仅如此,青少年期间的一些冲动性特质也能够预测成年之后的吸烟、药物滥用、赌博行为。另一方面,也有研究显示成瘾行为能够改变人们的大脑。一项功能磁共振成像研究分别测试了大学生连续6周玩游戏前后的大脑活动,发现仅仅6周的网络游戏就能够改变人们的大脑激活模式,相比于没有网络成瘾的大学生,6周以后发展为网络成瘾的游戏者看到与游戏相关的线索时,冲动系统都有着更大的激活(李琦,齐玥,田莫千,张侃,刘勋,2015)。

(二) 成瘾行为的干预

成瘾类疾病目前没有确切的疗法,但通过干预个体的冲动性,进行冲动行为抑制训练能够有效地阻止成瘾行为继续发展。例如采取认知行为训练能够有效降低毒品成瘾者的冲动选择,还能改善酒精依赖者对酒精的认知偏差。还有一些临床研究发现治疗 ADHD 的药物能够有效降低严重的酒精滥用情况。此外,通过预期想象训练能够有效降低或增加受训者对未来奖赏的主观价值,研究发现,通过预期想象后,被试能够有效地降低之后在跨期选择任务中的冲动(Peters & Büchel,2010)。同样,通过提高成瘾人群对未来目标的感知能力,也能够有效降低他们的冲动行为,例如 Black 和 Rosen(2011)发现给予被试金钱管理指导,帮助他们细分短期消费计划,考虑长远目标,能够有效减低可卡因成瘾者的冲动行为。

以上研究表明,成瘾人群往往受到冲动系统驱使,而反思系统的执行控制能力失效。成瘾的发生机制从先天的冲动特质转变为后天的强迫特质,使得个体不得不屈服于成瘾刺激。对成瘾群体进行冲动行为抑制训练,增加反思系统的执行控制能力能够有效地阻止成瘾行为继续发展。

三、拖延行为

拖延症这个概念看似新潮,拖延可是一个古今中外一直困扰着人类的问题。明代诗人钱鹤滩写下"明日复明日,明日何其多"的诗句告诫后人不要拖延,而马克·吐温也曾调侃道:"别把事情拖到明天,还可以留到后天去做。"研究表明,有 15%~20% 的成年人存在慢性拖延,而超过 75% 的学生存在学业上的拖延行为(张顺民、冯延勇,2017)。拖延影响到包括学业、事业、经济、健康等个人生活的方方面面,并对人们的情绪乃至主观幸福感产生巨大的影响。本质上,拖延者的共性在于无法为了长远的收益而忍受当下的痛苦,从而选择一些能够带来即时满足的活动去暂时逃避那些会带来焦虑的任务。同时,拖延症患者也被冲动系统所支配。如同皮尔斯·斯蒂尔在其《拖延方程式》这本书中说的一样,"没有什么地方比大学更能找到拖延症患者了",尤其是在写论文这件事上,这不仅仅是因为完成论文是件没什么乐趣的事,也不止是因为大学生对自己写论文的信心不够。实际上,导致论文拖延最主要的原因是其遥不可及的截止日期,和这段时间内促使大学生逃避写作的各种诱惑。相比于精彩纷呈的大学生活,写论文确实算得上是一件苦差事。尽管一篇优秀的论文能给你的大学生活画上一个完美的句号,可这个深刻却遥远的使命完全没有临时弹出的广告页面带来的诱惑大。同样在拖延列表中名列前茅的事件还有健身、早睡早起、就医等。

在工作与学业上的拖延,也许会为你的成就和经济带来危机,但在健康上的拖延可能是致命的。人们不仅会追求即时满足,还会逃避短时间可能给自己带来痛苦的事物。许多人宁愿陷于身体上的慢性痛苦中,也不愿意定期看牙医或是做体检。人们无疑知道这些事是在长远看来是十分有意义的事,可仍然没有动力。让我们具体来看看,问题究竟出在哪里?

(一)拖延行为的认知机制

拖延看起来使你在无限期的延迟做某件事,但许多研究却表明,拖延与冲动相关,拖延症患者往往缺乏抑制冲动的能力,并且对于当下的时间感知要远远强于未来。有研究指出,拖延和冲动有遗传学上的相关性,同卵双生子、异卵双生子间的拖延程度显著相关(Arvey, Rotundo, & Johnson, 2003)。并且,Gustavson, Miyake, Hewitt 和 Friedman (2014)等人的研究发现拖延和冲动在基因水平上的相关高达 1.0。我们的大脑中有两套系统,一套是掌管本能,奖赏的冲动系统;另一套是基于理性分析,主要具备执行功能的反思系统。Cardinal 等(2001)也认可这样的分类,提出拖延可能与多巴胺掌管的奖赏系统以及认知控制脑区相关。Timurban 是一名资深的拖延症患者,他在自己的网站(wait but why. com)中更新了许多有关拖延症的漫画。他形象地将人类的大脑比作一艘船,非拖延症患者的大脑由理智的反思系统掌舵,而拖延症患者的大脑里则多了一只代表着冲动的小猴子,这只猴子的行动宗旨就是永远去做让自己能够即时满足的事情。每当反思系统决定开始干正事时,冲动系统的小猴子就会嚷嚷道:"先清理清理你的邮箱吧! 去视频网站看看有什么有趣的新视频! 还有一会儿就到饭点了,剩下的时间你什么也做不了!"并且把掌舵的理智的反思系统赶走,直到截止日期的来临。

(二)拖延行为的干预

强化理论告诉我们,人们之所以总是摆脱不了冲动的控制,是因为人们总是受结果驱动,想要快速的行动起来,那结果最好来临得越快越好。可惜,强化与行为一旦联结形成,就形成了惯性行为。要知道,坏习惯容易养成,可改掉它则很困难。如同我们习惯了精彩纷呈的网络游戏,眼前的工作就显得枯燥麻木。当我们习惯了高热量食物带来的味觉刺激,清淡的蔬菜尝起来便索然无味。因此,摆脱拖延的关键在于,切断诱惑与你之间的强化联结,并建立新的联结。切断之前的强化联结在于改变不合理的认知,包括对未来任务的价值提升以及对短期诱惑的价值降低。而建立新联结的关键则是制订合理的计划,并在执行过程中进行自我管理与监控。

拖延症的世界最不缺的就是计划。甚至,许多拖延症患者拖延时间的方式,就是在制订和修改计划中而无法自拔。然而这些计划从来没能实施下去,因为这些计划不满足即时满足的条件,自然也战胜不了日常生活中的大多诱惑。一个糟糕的计划往往从一个太过宏大的目标开始,比如,"我想有个健康的生活方式""我需要写完一本书"。这些目标很模糊,所以使人无从下手。一个合理的目标,应该像心理学概念中的"操作性定义"一样,是可观察、可测量、可实施的。因此,上述模糊的目标应该分解成一步步,可实施、可观察的小步骤完成。例如一个健康的生活方式可以被分解为,每天在8点之前起床,傍晚出门散步半小时,在12点前睡觉。当你把一个遥远的大目标分解为一个个容易达成的小目标后,也能更快地从自己的计划中受益,获得即时满足。

太过模糊的目标使人无从下手,太过详细的计划有时也是使人拖延的陷阱。一方面,拖延症患者总是太过沉迷于做计划了,恨不得把今后每一天每一分钟的计划都详细地列出来。这会给人一种做完计划就完成使命的错觉,虽然你什么也没做,但因为那些事已经在脑海里预演了一遍,甚至你还幻想了完成任务后的满足感,提前预支了满足的人往往没有动力继续实施计划了。另一方面,太详细的计划往往无法达成,只要中间有一个步骤没能按照预期执行,就会使人前功尽弃,把计划全盘推翻重来。因此,计划的可实施性也十分重要,它能不断强化你的正确行为,以建立更好的行为习惯。

> **知识窗:抑制能力与 GO/NO-GO 任务**
>
>   GO/NO-GO 任务通常会随机呈现两类不同种类的刺激,要求被试对某个刺激作反应,而对另一个刺激不作反应。其中,需要被试作出反应的刺激称之为靶刺激,也就是 GO 反应的刺激;而不作反应的刺激就是 NO-GO 反应的刺激。实验分为两个阶段:
>
>   在第一阶段,被试对两种目标类别的某一种类别作出反应,如对所有水果进行反应或对所有颜色进行反应,而另一类不作反应,使被试熟悉实验操作。
>
>   在第二阶段,被试分别对两种类别中的某一项作出反应,而对另一项不反应。如对苹果和红色作出反应,而对香蕉和绿色不作反应。并且在之后的试次中随机调换具体需要被试作出反应的刺激。
>
>   GO/NO-GO 任务可以测试动作制止和动作取消这两种反应抑制作用。任务要求是"NO-GO",但被试却作出反应称为"虚警"。虚警出现的概率便是该任务中抑制能力的指标。那么,你的抑制能力怎么样呢?

第三节 可控的直觉——心流体验

  受到即时奖赏驱使的行为和体验并不全是糟糕的、可怕的。"心流体验"(flow experience)就是一种积极的体验。人们在工作、运动、演奏或游戏等活动中常常会体验到心流。心流体验中的个体毫不费力,全神贯注,极佳的状态如水流一般源源不断地出现。由此,在心流状态下，个体的意识和行为均十分流畅，具有自动化的特质。另一方面，Järvilehto(2016)提出，在心流状态下，反思系统是暂时"下线"的，这也就导致了心流状态下，自我意识消失，感觉时间飞逝。

一、心流体验的引发前提

即时反馈是心流体验的引发条件之一，在最常引发心流的电子游戏中，游戏开发者往往利用各种各样激励玩家的反馈帮助玩家调整游戏策略，适应游戏，并且在游戏中感受到更加沉浸式的体验。在其他引发心流体验的情境中，人们也往往知道自己做得好不好，例如演奏家能够马上听出自己演奏的音符对不对，极限运动爱好者知道自己的操作并没有带来危险，就连沉迷于打毛衣的婆婆也意识到自己漂亮的针法。这些积极的即时反馈使个体更加沉浸于心流体验中，但这种体验与上述依赖于即时满足的成瘾、拖延现象不同。心流体验拥有更为复杂的引发前提，并且它是可控的。产生心流体验的个体每时每刻都清楚自己需要做什么，即有明确的目标。此外，产生心流体验的情境往往具有极大的挑战性，并且需要个体同样拥有应付挑战的超强技能。

二、心流体验的认知机制

以前额叶功能瞬时减弱为特征的 THT 理论(Transient Hypofrontality Theory)为心流体验提供了相对全面的解释。该理论认为，大脑的信息加工过程分为内隐系统和外显系统。这类似于前文中所提及的冲动系统和反思系统，内隐系统是无意识的，包含无法用语言描述的知识和技能，主要位于基底神经节(basal ganglia)，运行快速而高效，而外显系统与意识觉察相关，包含可用语言描述的规则，主要位于额叶和内侧颞叶，运行相对缓慢但灵活(Dietrich, 2003, 2004)。随着练习次数增加，低技能个体的神经控制发生了转移，原本由外显系统逐步处理的任务细节逐渐内化为运动模式，从而转变为由内隐系统主导的自动化加工过程。在心流状态下，外显系统中有关自我觉察的功能被抑制，由此导致了负责这类高级认知功能的前额皮层的脑血流(cerebral blood flood)降低。

  对 THT 理论的验证基本来自运动领域，Dietrich 和 Sparling 通过对比长跑运动员在跑步时和静坐时的高级认知功能测验成绩（听觉连续加法测试）发现，跑步时依赖于前额叶的高级认知功能受损（Dietrich & Sparling，2004）。Stoll 和 Lau(2005)采用了同样的实验流程对 160 名长跑运动员的心流体验进行横断研究，发现长跑运动员报告了跑步过程中产生了持续、稳定的心流体验。此外，跑步过程中需要完成高级认知功能测试（韦氏智力量表中的数理思维分测试）的被试心流体验会显著降低。近期，Wollseiffen 等(2016)探究了个体在 6 小时长跑下的前额叶脑电活动与心流体验（每隔 1 小时测量一次）。结果发现，被试的心流体验在长跑 1 小时后显著增高，而前额皮层的 β 波活动在长跑 1 小时后减弱。以上结果表明，高强度的耐力负荷引发前额皮层的活动减弱，同时也表现在高级认知能力的暂时受损，并与心流体验显著相关。

  综上，尽管在心流状态下，反思系统下线了，但心流体验却没有完全受到冲动系统主导，它更需要我们经过长时间的枯燥练习所形成的高技能作为保障，因为没有什么挑战性的情境往往无法引发心流。这样看来，积极的即时反馈与高技能所带来的自动化加工共同产生了心流，也是人们将拖延与成瘾行为转化为积极情绪的努力方向。

第二章

直 觉 的 产 生

> 张不思刚出生的时候,哭声嘹亮。睡醒了哭,肚子饿了哭,总之一有不如意就哭。这可忙坏了老张和张太太。只要一听到张不思的哭声,他们就得急急忙忙赶到他身边,看他需要什么。后来,张不思渐渐学会了语言,可以表达自己的需求了,他的父母才轻松一些。
>
> 张不思长大了一些,张太太想培养他自己穿衣服,可是他总不听话。于是,在每一次张不思自己穿好衣服的时候,张太太就用亲吻、拥抱或者给他糖吃的方式奖励他。渐渐地,张不思自己穿衣服的频率越来越高,最后完全不需要妈妈帮忙了。
>
> 后来,张不思上了幼儿园。他发现其他的小朋友会折纸鹤、做手工作品送给老师,老师就会表扬他们,给他们小零食吃。经过一段时间的观察,张不思也学会了做手工,得到了老师的奖赏。
>
> 婴儿为什么经常哭呢?
>
> 怎样奖励孩子会增加他做某件事的频率?
>
> 张不思学习其他小朋友的行为的过程是怎样的?

关于直觉的产生,一部分学者认为,与过往的经验相关(Cosmides & Tooby, 1994),与分析加工是截然不同的两种处理过程,基于直觉的决策从直接知识或经验中得出,无需思考,也无需经过分析加工的训练(Epstein, 2010)。例如,经验丰富的警察能在来来往往的人群中一眼识别出罪犯。有时,直觉的产生基于更为久远的"经验"——本能。在人类文明的初期,先辈所积累下来的经验至今仍影响着人们的决策。另一部分学者则认为,直觉是一种"有限的理性",直觉在不断重复的缜密思考中产生(Simon,1979)。也就是说,基于直觉的任务处理和基于分析的任务处理本质上没有不同,当对任务生疏的时候,人们倾向于用分析加工,而熟能生巧后,则倾向于使用直觉加工。这能解释为什么我们在第一次骑自行车时跌跌撞撞,注意力几乎全放在来维持平衡上,以至于没有余力观察路面。而经过反复练习后,骑车再也不是一件需要花费注意力的事情,你甚至能边骑车边欣赏路边的风景,这就是由分析加工产生的直觉加工。有趣的是,这种转换过程看起来是有意识的,但很少有人能够说清其中的规则,比如我们究竟是如何在骑车时维持平衡的。在本章中,我们也会从这两方面探讨直觉:基于经验,甚至基于基因的直觉,和基于大量的后天训练,熟练化而产生的直觉。

第一节 先天直觉

生命诞生之初并不是一块空白的画布,海豚出生就懂得如何游泳,而蜜蜂也无需学习就会通过舞蹈传递信息,小鸭子会把出生后见到的第一个移动的物体当成自己的妈妈,并紧紧地跟随着它。这些动物与环境的联结形成于它们出生的那一刻,是预先设置在基因中,随着进化而来的生理结构的一部分。同样的机制也存在于人类的婴儿时期,人类刚出生就有强大的求生意愿与基本的情绪反应,我们与母亲存在天然的情感联系,甚至会通过哭声表达自己的需要。这些本能反应是人类最初的直觉表现,不仅影响婴儿时期的生存与成长,也为人类成年后的人格与行为埋下了伏笔。

一、本能论——精神分析观点

自达尔文开创了自然选择理论和性选择理论后,"生存"和"繁衍"

便成为了人类科学的两大研究主题。精神分析学派的创始人西格蒙德·弗洛伊德深受达尔文进化论的影响,在《物种起源》问世的几十年后,提出了人格结构理论与本能理论。在其早期的精神分析理论中认为,人有两类本能:第一类是生存本能,包含对食物、空气、水的需求,对应于维持个体生存的需要;第二类是性本能,对应于种族繁衍的需要。弗洛伊德认为,本能推动着人类,尤其是在婴儿时期的行为方式,其最终目的在于消除人体内部的紧张状态(Abel-Hirsch, 2010)。

人不仅具有先天的本能和反射技能,机体在紧张状态下所产生的意向也是与生俱来的。这就意味着婴儿并不是在饥饿之后得到食物才形成食物的意象,食物的概念很可能在出生之前就因为数代的经验而继承下来,这一系列意象组成了人格中的"本我"。本我是最原始的"心理现实"(psychic reality),是在个体从外部世界获得经验之前就存在的内部世界,是人格的基础。因此,它也始终保持着幼儿时期的特点,易于冲动,非理性,永远希望立即得到满足,遵循着快乐原则。婴幼儿时期是本我最突出的时期,因此婴儿的行为原则就是躲避痛苦,满足本能冲动的欲望。

(一) 本能行为

哭泣是婴儿与养育者最初的沟通方式,这种早期沟通方式是婴儿的本能行为。哭泣能够促进父母的保护和养育活动,以提高婴儿的生存率。具体而言,生命早期的哭泣,被认为是反射性的行为,通常出现在婴儿感受到痛苦、饥饿或与养育者分离的时候,其最终目的是保证婴儿与抚养者之间的紧密联系,从而作为自体生存的保障。值得一提的是,不仅婴儿的啼哭是一种本能行为,他们的啼哭声也能激发成年人的"养育本能"。心理学家发现,相比于其他哭声,成年人能够非常快速地识别与评估婴儿的哭声,表现为大脑皮层中掌管声音、情绪和运动的区域有显著的激活。类似的脑区激活还出现在成年人看到婴儿面孔的时候(Young et al., 2016)。

除了哭泣之外,刚出生的婴儿还有本能反应,例如打喷嚏、咳嗽、打哈欠、抓握反射。以抓握反射为例,它是婴儿的一种原始的生存本能,当放置一根手指或是其他物体在婴儿的手中时,婴儿的第一反应便是试图抓紧它,除了手掌外,婴儿的脚也会呈现抓握姿态。从进化心理学的角度,婴儿之所以会有抓握反射,是由于人类的祖先有足够长的体毛,在行动时,婴儿能够抓紧父母身上的毛发。这样,父母就不需要用手搂抱婴儿,便于采集食物以及危急情况时能敏捷逃脱。

吮吸是婴儿的另一种本能行为。在弗洛伊德提出的性心理发展阶段中,婴儿的吮吸行为不仅是满足食物摄取的生存本能,也是性需求的体现。弗洛伊德认为,性本能是人心理活动的内在动力,其背后的本能冲动被称为"力比多"(libido)。力比多积聚到一定程度就会造成躯体的紧张,婴儿通过各种行为,释放这种紧张。在婴儿时期,力比多主要集中在口唇,因此这个阶段被称为口唇期,婴儿通过吮吸、吞咽、撕咬等口唇行为获得满足。如果婴儿在口唇期没有得到恰当的对待,例如母亲通过给予食物或拒绝给予食物来控制婴儿的行为,在经受过类似威胁后产生的焦虑,会导致成年后的过分依赖他人,或拒绝依赖他人的极端倾向(Garcia,1995)。

(二)毁灭本能——死本能

在弗洛伊德本能理论的后期,他将上述介绍的生存本能和性本能统一为生本能(life distinct),又补充了与之相对的另一种本能——死本能(death distinct)。弗洛伊德曾引用叔本华的名言"所有生命的目标就是死亡",他对于死亡的理解,就是回到生命开始之前,没有紧张,最放松的状态。从这个角度而言,生本能和死本能的终极目标并非是完全对立的。梅兰尼·克莱因是少数继承并发展弗洛伊德死亡本能的精神分析学家。在克莱因所创立的客体关系理论中,婴儿天生就具有死本能,死本能的运作是婴儿焦虑的来源。

生本能和死本能使婴儿对外部客体(主要是指母亲或母亲的乳房)投射了不同的潜意识幻想(unconscious phantasy)。如果母亲的乳房满足了婴儿的需要,那么生本能被投射到乳房上,母亲的乳房成了好客体;相反,如果母亲的乳房不能满足婴儿的需要,死本能被投射到乳房上,母亲的乳房就成了坏客体。原本的外部客体受到了生本能和死本能的投射,形成了内在客体,也就是自我。自我也被分裂成了"好的自我"或"坏的自我",婴儿害怕被"坏的自我"毁灭,所以产生了迫害性焦虑(persecutory anxiety)。因为婴儿对母亲及乳房的认识是分离的,要么将母亲过度理想化为完美的存在,要么全盘地否认母亲,将其视为需要被消灭的对象。婴儿意识到自己对于母亲有强烈的依赖,但是母亲并不能总是满足婴儿的愿望,生本能和死本能同时投射向了母亲,婴儿害怕自己会毁灭母亲,从而失去她,于是就陷入了焦虑性抑郁。但此时,两种本能所投射的客体已经不再被完全的割裂,而被看作一个整体客体。此后,因为投射和产生的知觉歪曲也逐步减少,婴儿逐渐通过修复机制抵御焦虑。因此,克莱因认为,死本能所引发的焦虑是婴儿发展的动力,也是婴儿心理逐渐健全的必要刺激,但如果焦虑过度,往后就会出现偏执或抑郁等心理疾病(王国芳,吕英军,2010)。

二、印刻效应——习性学观点

除了弗洛伊德所创立的精神分析论外,以 Lorenz 和 Bowlby 为代表的习性学理论同样继承了达尔文进化论的观点,强调物种具有先天行为,受基因控制,并在特定的阶段与环境中表现出来。习性学家提出了一些概念来描述动物所具备的先天特性,许多动物表现出固定的刻板行为序列,一旦被某些特定的刺激激发,动物就会完整地执行这一套固定的行为序列。此外,这些行为的触发无需早期经验,对物种具有普遍意义,一旦建立之后就基本不会改变。比如,飞蛾扑火、蚂蚁建巢、鸟类迁徙等,这些先天行为是物种长期进化的结果,对该物种的生存与发展有着重要意义。其中,印刻和依恋是习性学运动中最为经典的两个发现,其研究结果也被推广到人类婴儿期的种种现象中。

印刻效应(imprinting)是著名习性学家 Lorenz 提出的概念。许多人都知道小鸭子会紧紧地跟随在妈妈身后,但是如果它们第一眼见到的并不是自己的妈妈,而是其他活动的物体,无论是人类还是其他动物,甚至是会活动的玩具,那么它们也会紧紧跟随。这种现象后来又被称为"对象印刻"(object imprinting)。对象印刻具有十分明显的关键期,只发生在小鸭孵化后的 13~16 小时内,在此之后即使再呈现活动物体,也不会发生印刻效应。因此,印刻现象无需后天学习和强化,是雏鸟的本能行为。同样,当雏鸟性成熟后,也会对与自己异性父母长相接近的对象表现出求偶、交尾等行为,这个现象被称为"性印刻"(sexual imprinting)。可以看出,印刻现象对于个体生存和种族延续也有着重要的作用。在大多数情况下,雏鸟的印刻对象都是自己的母亲,这能保证雏鸟找到食物,受到保护,提高生存率。从另一方面而言,性印刻使得雏鸟尽可能地在自己的同种族中选择配偶,避免与其他种族的鸟类杂交,使得种族延续(李丹,1998)。

人类的发展也存在类似的印刻效应,英国心理学家 Bowlby 继承了习性学观点,提出了依恋理论。如同小鸭的印刻效应能够保证与母亲的接近一样,在婴儿期,婴儿也与生活中的特定对象(通常是母亲)产生强烈的情感联系,这种情感被称为依恋。Bowlby 认为,人类对形成依恋关系具有先天的生理准备,是婴儿的本能行为。在依恋关系中,婴儿通过微笑或"咿呀"的声音来向父母表达自己的需要,并鼓励他们满足自己的需求,而当父母离开时,则通过哭闹表达抗议。母亲对婴儿哭泣的回应也是依恋关系的基础,当母亲对婴儿发出的信号做出迅速的反应时,母婴之间更能建立起一种安全的依恋关系。婴儿早期的依恋关系对其一生都有着重要影响,特别会体现成年之后的亲密关系,甚至延续到下一代依恋关系中(Bowlby,1982)。

三、先天语言——认知理论观点

语言究竟是先天能力还是后天习得的,一直是心理学界、生物学界、语言学界争论的焦点。科学家们发现,不仅各个文化地域的婴儿在表达原始情绪时有共同的哭声或动作,动物和人类在沟通上也存在许多共同的特征。达尔文认为,语言无疑是区分人类与其他低级物种的主要特点。然而,不可否认的是,语言也有一定程度的进化学依据。同样从生存与繁衍的角度出发,最初的语言一方面出现在动物对于捕食者声音的模仿,例如动物会对侵犯者低吼,作为对于侵犯者警告的信号。而另一方面出现在性选择的压力下，动物在求偶期间通过歌唱表达自己的各种情绪，例如爱慕、嫉妒或喜悦。人类言语的产生同样离不开本能的力量。

乔姆斯基(Chomsky)，被誉为语言学界的爱因斯坦，他最突出的贡献在于有力地证实了"语言器官"是一种存在于所有语言中的潜在结构，这对于当时人们普遍推崇的行为主义理论无疑是巨大的挑战。Chomsky将人们对语言的关注引入大脑内部的认知机制，而不是仅仅关注外部强化所带来的效果。他主张，人类一出生就拥有获取语言的能力，这个主张源自一个十分普遍的现象，即几乎所有婴儿都在3岁左右掌握了基本的母语，然而，过了这个言语学习的关键期，人类再学习第二语言则需要十分漫长的时间了。这也印证了上述习性学的观点，语言的掌握也有一定的生物准备及关键期。此外，人们每次所听所讲的句子几乎都是全新的，这也是文学创造的魅力，因此语言绝不是简单的刺激—反应的联结。由此，Chomsky将人类与生俱来的语言获取能力归结于"语言获取装置"(language acquisition device，LAD)，这个装置是人类大脑中的"黑箱"，黑箱中装满了所有语言的普遍规则，即普遍语法(universal grammar)。而儿童言语获得的过程就是通过LAD将普遍语法转换为不同文化下个别语法的过程，也是将语句中的深层结构转换为表层结构的过程。深受Chomsky的影响，Pinker继承了其普遍语法与言语天赋的观点，并对言语的进化提出了新的理论。Pinker出版的《语言本能》一书，其核心观点是，人类的语言的发展不是来源于文化干预，而是一种生物适应的产物。他认为，人类生来就能"讲话"，并称这种能力为语言本能。

婴儿在5～7个月的时候，开始发出一些似乎由音节组成的声音，这些声音在所有文化背景下的语言中都是一样，包括它的音素和音节也很一致。而到1岁左右时，婴儿就只对自己母语中所特有的发音敏感，开始说出像句子一样，但无法理解实际含义的话，我们称之为牙牙学语。值得一提的是，先天性失聪的孩子在婴儿时期也会发出和健康婴儿类似的声音。由此，Pinker认为婴儿自发的在展现自己的语言本能,语言不是通过后天干预形成。虽然大多数 3 岁孩子的句子听起来有些不着边际,但许多研究表明,3 岁孩子的语言中,符合句法逻辑的占绝大多数。儿童会具有语法天赋,能够准确地使用助词、单复数,甚至能很快掌握那些复杂的、讲求语法性别的语言,比如德文和法文。事实上,尽管练习对学习语言很重要,但语法的发展似乎不需要明显的练习。这在成年人的语言学习过程中看起来是不可思议的。Pinker 认为,相比于主动操纵声音,以获得父母正向和负向的反馈来学习语言,儿童更像在被动等待大脑的发育来支持语言的发展。由于婴儿出生时的大脑尚未发育完成,如果人类像其他动物一样等到所有器官发育完成时才出生,也许婴儿一出生就能讲话。

如果如同 Pinker 所言,人类的语言是一种进化而来的本能,那么这种本能究竟是为了适应什么呢?语言的产生源自自然选择的压力。原始时期的人类需要一套简便的规则交流狩猎和采集中遇到的问题。因此,语言系统实际上是一套编码信息的系统,这套编码规则能够明确何人、何时、何地以及对错等重要信息,不仅使信息传递,同样促进了技术的传播。具体而言,每一个人的语言系统必须包含一些基本的规则和原理,才能和他人共享信息,以更好地适应复杂多变的环境。这种机制逐渐演变成一种天赋,并延续至今。另外,为何这种天赋在成年时期消失了呢?Pinker 认为,语言是对人类至关重要的能力,需要尽可能地在更早期发展。而语言能力是一个需要大量消耗的昂贵机制,人类的能量消耗是有限的,在成年后机体不得不发展其他重要的机制。由此,人类语言获取的关键期在幼儿期,是个不可避免的结果。某种程度上,成人学习语言的困难是婴儿期语言飞速发展的代价。

先天语言的神经学证据

语言作为一种本能的关键生物学依据在于大脑对应的神经系统。1861 年,一名法国医生 Broca 解剖大脑左半球受伤的病人,发现他们都有失语症的现象,让我们知道语言的机制集中在左脑。相同的现象也出现在聋哑人中,假如聋哑人的左脑受到损伤,那么他们也无法使用手语。布洛卡区受损的失语症的病人在表达上受到影响,他们知道自己想说什么,却发音困难。然而病人在阅读和书写上却不受影响,这种情况被称为表达性失语症。威尔尼克区受损的失语症病人的症状正好与前者相反,说话时他们的语音和语法均正常,也理解书面语言,但是话语却没有任何意义,同样,他们也不能理解别人说的话,这种情况被称为接受性失语症。在威尔尼克区的旁边,角回和缘上回受损的失语症病人,称呼物件及人名的能力丧失,这种情况被称为命名性失语症。综上,我们的大脑似乎早就做好的各种语言功能的准备,为语言的发展提供了生物学基础。

不难发现,由进化论发展下来的一系列本能理论能够解释人类一部分无需逐步分析、不学而成的直觉现象。这些能力帮助人类在充满危险的远古时期更好地生存,延续至今,并且一代又一代地影响现代人的心理与行为。然而,由本能所形成的先天直觉也有着诸如冲动、刻板、自私等不可控的特征。为了更好地适应社会化进程,人类在与环境的交互过程中,也逐步发展出了"后天经验直觉"。

第二节 后天直觉

如何通过后天训练而获得直觉,行为主义理论给出了很好的解释。早期的行为主义认为行为的产生在于刺激与反应之间的联结,经过多次重复训练之后,两者之间的联结更加牢固,因此再次给予相同刺激之时,个体便会直觉性地做出相应的反应。随后,新行为主义理论激进派的代表斯金纳进一步发展了行为理论并提出了强化理论。该理论进一步明确了强化在行为塑造中的作用,即对正确行为给予积极强化则会增加其再次出现的概率,对错误行为给予惩罚则会降低其再次出现的概率,而多次训练之后反应逐渐内化,在相同情境中个体便会依靠直觉做出正确反应,并回避错误反应。但是,无论是早期的经典行为主义理论还是激进派新行为主义理论均过于强调环境对个体的影响,甚至完全否定了遗传及认知因素等内在因素的作用,因此也受到了诸多研究者的批判。在此基础之上,新行为主义的另一代表人物班杜拉摒弃了传统行为主义的环境决定论观点,认为个体行为是内在认知因素与外在环境因素相互作用的结果,并进一步形成了社会学习理论。接下来,将从行为主义理论发展历史的角度,来介绍人类经验直觉从低级到高级的发展进程。

一、非条件反射

上一节我们对先天本能直觉进行了介绍。本能直觉也可称为非条件反射。非条件反射是生物学上的概念,简称"反射",是指不需要经过学习或训练,自然而然发生的反射。如狗看见食物会流口水、手被针扎后缩回等现象均是反射(孙振陆,1995)。反射是神经系统特有的功能,它建立在反射弧的基础之上。反射弧由感受器、传入神经、神经中枢、传出神经、效应器等组成。拿"手指被针扎后缩回的反应"来说,反射的具体过程是这样的:手指被针扎的一瞬间,神经末梢处的感受器接收到信号刺激,经由传入神经将刺激传递到脊髓(神经中枢),脊髓收到反应后通过传出神经发出指令,手指的肌肉(效应器)随即做出缩回反应,完成反射。反射是人人生来都有的反应,婴儿期的个体还不会开口讲话,反射机制的存在能够及时满足生理需求、保护婴儿远离危险,确保婴儿能够健康长大。而这一活动的完成是不需要经过大脑皮层指挥的,它只存在于脊髓等低级神经中枢,因而是直觉的一种,也是人类发展历程中最初的直觉。

二、条件反射

与"本能"直觉相对应,随着年龄的增长,个体逐渐发展出更加适应环境的直觉,我们把它称之为"经验"直觉。"经验"直觉的优点在于,个体能够替换刺激甚至能够主动选择刺激,而不仅仅是被动地对刺激做出反应。"经验"直觉的形成依赖于条件反射,包括经典条件反射与操作条件反射。

(一) 经典性条件反射

> **知识窗：经典条件反射实验**
>
> 巴普洛夫通过对狗的消化系统进行研究，发现了经典的条件反射。他在狗的腺体和消化器官中植入管子，将分泌液导出体外以方便测量，然后将肉末放进狗的嘴里。重复进行这一实验后，巴普洛夫发现在肉末放进嘴里之前狗就开始分泌唾液了。后来狗看到拿着食物的助手，甚至仅仅听到助手的脚步声，就开始分泌唾液。于是巴普洛夫使用铃声为刺激对狗进行了研究。首先将食物放到狗面前，狗会分泌唾液；而在狗面前摇铃声，狗并不会分泌唾液；然后在呈现铃声刺激后紧接着呈现食物刺激，重复进行几次后发现，狗在这种情况下也会分泌唾液；最后取消食物刺激，仅呈现铃声刺激，狗依然会分泌唾液(Pavlov, 1927/1927)。

经典性条件反射建立在非条件反射之上。非条件反射是无需学习的、生来就有的反应。任何能够自然诱发无条件反射的刺激均为无条件刺激如食物，由无条件刺激诱发的行为叫无条件反应即"本能"直觉。通常在无条件反应中无任何意义的中性刺激如铃声经过与无条件刺激的多次匹配，便能预言无条件刺激随后出现，被称为条件刺激，因为它诱发无条件反应的行为是有"条件的"。而由条件刺激单独引发的反应为条件反射即"经验"直觉。在条件反射形成之前，狗只拥有"本能"直觉即对无条件刺激(食物)产生无条件反应(分泌唾液)，不会对中性刺激(铃声)产生无条件反应(唾液分泌)；随后先呈现中性刺激紧接着呈现无条件刺激，会诱发狗的无条件反应(分泌唾液)，狗正在形成对铃声及食物出现情境的经验；经过多次匹配后，狗形成"经验"直觉即仅呈现铃声也会分泌唾液，这时铃声变为条件刺激，狗分泌唾液的现象也变为条件反应。

经典性条件反射的基本规律

(1) 习得与消退

习得是指"经验"直觉(条件反应)首次被诱发出来并随着实验的重

复而不断增强其频率的过程。"经验"直觉(条件反射)的习得一般需要满足两个条件：① 条件刺激作为无条件刺激的信号必须先于无条件刺激出现。② 条件刺激与无条件刺激呈现的时间间隔不能太长。

消退是指条件刺激重复出现多次但无无条件刺激相伴随,"经验"直觉(条件反应)变弱最终消失的过程。所以说"经验"直觉并不是有机体行为库中永久的内容,习得的内容也是会消失的。

(2) 泛化与分化

泛化是指当有机体学会对某一特定的条件刺激形成"经验"直觉(条件反射)后,其他与该条件刺激相类似的刺激也能诱发相同的直觉反应(反射),即反应自动扩展到从未与最初的无条件刺激匹配过的刺激的现象。借助于刺激泛化,有机体能够把已有的经验迁移到新的学习环境中去,从而扩大学习范围。

分化是指通过选择性强化和消退使有机体学会区分条件刺激及与条件刺激类似的刺激,并对它们作出不同的直觉反应。分化能够使有机体对不同的情境作出不同的反应,从而避免盲目行动。

综上所述,依赖经典性条件反射的直觉反应,实质为增强刺激与反应的联结,即增强条件刺激与"本能"直觉(无条件反应)的联结强度。需要指出的是,"经验"直觉还是遵循着先刺激后反应的规律,是刺激—反应过程(林永惠,1997)。由"本能"直觉(食物—口水)到"经验"直觉(铃声—口水),这一联结的转化使得有机体摆脱了生理反应,在经验的基础上对替代刺激产生直觉反应,直觉得到进一步的发展。

(二) 操作性条件反射

知识窗：操作性条件反射实验

斯金纳通过对老鼠的研究,发现了操作性条件反射。放置老鼠的特殊装置为斯金纳箱。斯金纳箱内壁装有杠杆,杠杆下面装有一个食物盘,当箱内的老鼠按压杠杆,就会有一粒食物丸掉到食物盘内,老鼠即可获食。斯金纳将饥饿的白鼠关在箱内,白鼠便会在箱内不安地乱跑。活动中偶然压上杠杆,则一粒食物丸落在食物盘中,白

> 鼠吃掉了食物丸。以后白鼠再按压杠杆，又可获食，经过多次按压，白鼠学会了按压杠杆与得到食物之间的联结(Skinner, 1988/1973)。

1. 操作性条件反射的形成过程

有机体随机作出的反应（直觉行为）与其随后出现的刺激条件（行为结果）之间的关系对行为起着控制作用。这意味着，个体在随机地产生一个直觉行为后，会根据行为结果决定该行为的发生频率。换言之，行为结果会自动激发个体的某些反应，这个过程我们也称之为"经验"直觉。如果刺激条件能够增加直觉行为反应发生的概率，则称之为强化，其中刺激物被称为强化物，它的呈现或撤除能够增加反应发生的概率。斯金纳将强化物分为初级强化物（primary reinforcers）和条件性强化物（conditioned reinforces）。初级强化物是指满足人们生存繁衍的基本需要，例如食物、水、安全。婴幼儿更容易受到初级强化物的影响，而随着年龄增长，社会化的人类行为则更多受到条件性强化物影响，例如金钱、名望、关注。如果刺激条件能够降低直觉行为反应发生的概率，则称之为惩罚。

2. 操作性条件反射的基本规律

增加直觉行为可通过正强化和负强化两种方式实现。正强化是指环境中的某种刺激增加导致直觉行为反应发生的概率增加的过程，这时的刺激物为正强化物。如饥饿的白鼠按压杠杆获得食物，而后白鼠为了获得食物会继续按压杠杆。负强化是指环境中的某种刺激减少导致直觉行为反应发生的概率也增大的过程，这时的刺激物为负强化物。如白鼠处于轻微的电击状态，一旦按压杠杆，电击解除，白鼠会为了解除电击而继续按压杠杆。

减少一些错误的直觉行为也可以通过正惩罚和负惩罚两种方式实现。正惩罚是指有机体做出某种直觉反应后伴随着厌恶刺激的出现，该直觉反应被消除或抑制的过程。如小孩子说脏话之后被妈妈打手背。负惩罚是指有机体做出某种直觉反应后伴随着正强化物的撤除，该直觉反应被消除或抑制的过程。如小孩子过马路时闯了红灯,爸爸没有给他买想要的冰淇淋。

3. 操作性条件反射的程序

不同强化和比例的安排会影响直觉行为增加(强化)的效果。斯金纳在一次实验中发现,多次按压杠杆,偶尔给予食物的老鼠与每一次按压杠杆都给予食物的老鼠相比,坚持作出直觉反应的时间更长。后续的研究者们基于强化的效果,根据改编强化物间隔或比例的可变性总结出 4 种类型的强化程序:

(1) 固定比例间隔(fixed-ratio schedule),当个体每作出一定数目的直觉反应后出现强化。在这种条件下,个体只要作出更多的直觉反应,就能得到更多的强化。较小反应次数的固定比例强化程序适合运用在训练新行为中,这是由于该程序产生反应速率很高。然而,如果过度增加每次强化所要求的反应次数,使反应速率延缓,则会导致反应很快消退。比如在儿童每次做完家务后都给予金钱奖励,儿童可能很短时间就能主动做家务,可一旦减少了给予金钱奖励的频率,儿童也许立马就不做了。

(2) 可变比例间隔(variable-ratio schedule),同样是在个体做出一定数目的直觉反应后出现强化,尽管出现强化物的平均反应次数是确定的,但每次强化所需要的直觉反应次数不同。这种强化程序产生反应的速率最高,直觉反应也最不容易消退。赌博就是利用了可变比例程序,让人总是不受控制地下注,直至深陷其中。

(3) 固定时间间隔(fixed-internal schedule),每隔一定时间出现一次强化,这种强化程序使得个体会在强化结束后直觉反应出现停顿,随着强化时间的临近,直觉反应次数增多,但是强化与直觉反应次数本身无关。如一些学生在其他时间内没有注重知识积累,只在考试临近前拼命复习,这种按月考试就是一种固定时间间隔强化。

(4) 可变时间间隔(variable-internal schedule),尽管出现强化物的平均等待时间是确定的,但每次强化前所需要等待的时间不同。这种程序下的直觉反应速率稳定,直觉反应消退也较固定时间间隔慢许多。如同大学老师在课堂上的不定时点名能够保证大多数同学的出勤。

由此可见,直觉行为并不是"来无影去无踪"的,而是可以通过强化程序训练出来的。依靠强化程序训练儿童,儿童能够较快地产生高级、稳定的直觉行为。在儿童期能够较好地规范个体行为,迅速帮助他们掌握一些基本的社会规则。

经典性条件反射与操作性条件反射均属于"经验"直觉的范畴。如果说经典性条件反射是对替代刺激产生直觉反应的话,那么操作性条件反射就是要个体学会天生所没有的行为,利用直觉行为获取刺激以适应环境需要(林永惠,1997;文敏,2000)。操作性条件反射的实质为行为结果对行为发生频率的影响。该反射先有直觉行为,而后获得食物刺激,是反应—刺激过程。经典性条件反射处于被动接受刺激并作出反应的阶段,操作性条件反射能够依靠行为结果的强化做出直觉行为,进而主动地获取必要刺激如食物等,不仅增加了个体的主观能动性,而且更能适应环境需要。

三、观察学习

> **知识窗:观察学习实验**
>
> 班杜拉通过充气娃娃实验演示了儿童是如何通过观察学习,增加了攻击性行为。他将3~6岁的儿童分为两组观看成人殴打充气娃娃的录像。一组儿童所观看的录像中,成人在攻击行为后得到了实验主试的表扬与奖赏,而另一组录像中的成人则在攻击娃娃后,被实验主试批评。随后,两组儿童被带入放有充气娃娃的实验室。实验结果表明,观看到攻击能够带来奖励的儿童更多地表现出了对娃娃的攻击行为。这说明,尽管没有亲身体验过刺激和反馈,通过原型和替代性强化,儿童也能够学习到某种行为。

经典行为主义的局限在于过分突出环境的力量,S(刺激)—R(反应)的行为模式也只能解释少部分直觉行为的形成原因。社会学习理论的核心在于观察学习,即通过观察和模仿他人(榜样)的直觉行为及其结果来进行学习。观察学习认为个体是在心理和生理发展的基础上有意识地对榜样进行观察并模仿,从而获得大量的行为模式,并在不断重复的过程中行为模式日益内化进而转化为直觉。由此可以看出,观察学习强调行为是在人的内在因素与环境因素的不断交互下逐渐形成的,其中,原型和替代性强化起到了重要作用。

(一) 观察学习中的原型及强化

通过观察学习,个体可以简化直觉行为的获得过程。依据斯金纳等行为主义研究者的观点,直觉行为的形成需要个体对强化的直接体验,对正确行为给予正强化,对错误行为给予惩罚。因此,强化对于幼儿行为的矫正具有显著的效果,例如为了改变儿童上课随意讲话的习惯,当其随意讲话时及时给予适当的惩罚,而表现良好时则给予奖励,多次强化之后儿童便能养成良好的上课习惯,遵守课堂纪律也成为其直觉行为。但是,事实证明仅依靠强化理论是无法完成生活中多种复杂行为的学习的。首先,生活中儿童学习使用筷子、铅笔等精细动作时,一般先观察并模仿父母、老师的使用方式,然后再由父母、老师对其不恰当处进行矫正,并最终形成正确的直觉习惯。所以说,幼儿在学习过程中先通过观察他人的行为模式并进行模仿,经过强化之后对不当行为进行修正,随后将行为逐渐内化成为直觉。因此,直觉原型的掌握对于个体学习进而形成直觉经验具有关键性作用,通过观察学习个体可以快速获得大量准确的直觉原型,从而大大提高学习的效率,有效避免无直觉原型情况下不断试错所造成的资源浪费。例如,在言语直觉的形成过程中,幼儿需观察父母的发音以获得直觉原型并以此为基础而进行模仿;父母则通过强化修正幼儿的发音并形成及加强幼儿语音和语义之间的联结,幼儿在此过程中逐渐掌握母语体系。在社会性直觉形成过程中,个体通过观察父母亲人而掌握基本的生活方式,观察长辈亲友而传承特有的文化习俗等。因此,难以想象,若是仅仅依靠忽视直觉原型的强化理论,人类是如何实现复杂行为的掌握与文化的传承的。

除直觉原型之外,观察学习还强调替代性强化。替代性强化即个体可以通过观察他人行为的后果,从而增加或降低自身以同样方式行事的概率,成语"杀鸡儆猴"体现的正是这个概念。在生活中,有些直觉行为既可以通过直接经验塑造,也可以通过替代经验塑造。例如前文中提到的培养儿童上课习惯的方式,既可以通过对儿童自身行为的强化培养其养成正确的直觉行为,也可以通过对其同学行为的塑造达到同样的效果,具体的操作方式可能是在课堂中若其同桌表现良好则给予奖励,若表现不好则给予惩罚,儿童观察同桌不同表现的后果便会主动模仿其得到奖励的行为,避免出现同桌受到惩罚的行为。但是,有些直觉行为一般通过替代经验学习,若通过直接经验学习不仅会造成浪费,甚至会带来不幸的后果。例如,教幼儿简单的交通规则不需要让其置于真实环境中进行强化,因为此时犯错误的代价太大、危险性过高,父母老师可以通过播放教育动画短片等替代性强化的方式,让其了解交通规则的重要性,这样既可以达到学习的目的,同时也能够避免直接体验而带来的风险。

(二) 观察学习的形成过程

观察学习一方面可以快速获得原型,使学习者能够有针对性地对目标行为进行强化,有效简化行为获得过程,显著提高直觉形成的效率;另一方面也能够使学习者通过替代性经验而获得强化,在降低学习者时间精力损耗的同时,也能够极大程度避免直接体验隐藏风险的出现。事实上,生活中个体大多数直觉经验的获得都是通过观察学习的。例如,在幼儿时期,个体观察父母帮自己穿衣服的模式而逐渐学会穿衣;观察父母行为处事的方式并逐渐内化从而形成自己的价值观念。那么,个体观察学习的过程到底是什么呢?社会学习理论认为,观察学习包含注意过程、保持过程、复制过程与动机过程。

1. 注意过程

当示范刺激出现时,注意过程决定了学习者从大量内容中选择什么进行观察,这也直接决定了观察的数量与类型以及直觉形成的质量与效率。可以说,注意过程是观察学习的关键一步,也是直觉形成的开始。而刺激物属性及学习者特征都是影响注意过程有效性的重要因素。

(1) 就刺激物而言,较高的吸引力保证其能够引发学习者对自身的长时间关注。如电视节目轻松、生动,能够快速获得大家的关注,学习者可以在愉悦的氛围中掌握有效的直觉原型并轻松将其内化形成直觉经验。而对于幼儿等注意力容易分散的群体,一般通过讲故事、播放动画片等形式获得他们的注意,从而为后续直觉原型的获得过程创造充足的条件。

(2) 就学习者特征而言,个体自身的状态也决定其观察直觉原型的速度及水平,例如年龄、兴趣、情绪等都是重要影响因素。一般而言,在婴幼儿到成年阶段观察的质量随着年龄的增长而增长,同时个体对于有兴趣的刺激的观察质量也会远高于没有兴趣的刺激。所以,总体而言,示范刺激的表现形式既要考虑其自身的客观属性,同时也要考虑学习者的内在属性,才能够保障注意过程的有效性。

2. 保持过程

若个体不去记忆观察的直觉原型,那么观察学习便无法进行。保持过程强调个体对注意到的直觉原型的保持,也就是说需要学习者将注意到的直觉原型以符号的形式存储于记忆系统之中,为后续的调用做准备。保持过程主要依赖于两种表征系统,分别是表象系统及言语系统。在婴幼儿时期,由于言语系统发展不完全,个体主要依靠表象系统储存注意的直觉原型。当直觉原型重复出现并得到注意,那么在幼儿的记忆系统中该原型便会以表象的形式得以保存,以后再次出现直觉原型的相关线索时,记忆中的表象会被激活并浮现在脑海中。例如,幼儿经常观看动画片《熊出没》,对其中"熊大"的形象记忆深刻,当他人提到"熊大"的名字时,他的脑海中便会出现"熊大"的形象。随着年龄的增长,幼儿言语体系逐渐完善,此时除了表象系统外,言语系统也开始发挥作用。言语表征系统意味着个体可以通过语词编码的方式储存直觉原型。例如,儿童记忆放学回家的路线,单纯记忆表象可能信息量太大而无法完成,此时可以将视觉信息转化为言语信息,如"直走至红绿灯处左转再右转",这样能够更加精确地保存记忆的路线。实验证明,当个体将注意到的直觉原型以符号的形式进行编码及储存,将更有利于以后对信息的提取及加工,从而更好地促进个体对直觉行为的观察学习。

3. 复制过程

复制过程即将记忆系统中保持的直觉原型转化为相对应的行为。复制过程包括反应的提取、反应的发起与监测。在复制过程的初始阶段,个体首先对储存的直觉原型进行提取。这一阶段依赖于保持过程直觉原型的数量与质量。当保持过程储存的直觉原型出现缺漏时,行为的复制便会不完整或者出现错误。此时,个体需要重新经历注意和保持阶段,保证直觉原型的完整性。在直觉原型提取完成之后,个体开始行为的复制同时监测复制行为的正确性。一般而言,复制的行为很难在第一次就完整无缺,因此需要有效的监测,对错误或遗漏之处进行调整。但是,有时对于一些复杂行为的复制过程,个体很难实现有效的监测,例如学生在学校学习广播体操时,无法完全观察自己的动作,因而无法完成有效的监测。在这种情况下,个体只能依靠可观测的部分线索进行监测,或者借助于旁观者的反馈,但是监测的效果仍会受到限制。

4. 动机过程

行为的结果是影响直觉行为是否再次出现的动机力量。一般而言,人们更愿意重复具有奖励效果的行为而避免具有惩罚效果的行为。如果直觉行为多次显示出个体所期望的结果,那么个体便会有更强的动机意愿再现这一行为,进而形成直觉。行为结果的影响力主要通过强化的作用来体现。班杜拉认为除直接强化及替代性强化之外,强化还包括自我强化。自我强化强调在行为发生之前,个体内心已经设定了一定的标准,并且在活动过程中不断将表现的直觉行为与此标准进行对比,如果直觉行为达到预期的标准便可以通过自我奖赏的方式强化自己的行为(如奖励自己看1小时电视、获得自豪感等),如果直觉行为未达到预期的标准则需自我惩罚(如惩罚自己周末不能看喜欢的综艺、自责等)。自我强化的本质是将学习的外部动机转化为内部动机，将外部刺激的影响转化为直觉意识。从强化方式而言，直接强化与替代性强化属于外部强化，而自我强化属于内部强化，在实施外部强化的基础上需更加注重自我强化的培养，为直觉行为的塑造提供更强的动因。

　　人类高级直觉的形成主要依赖于后天经验的积累，而在此过程中，强化及认知因素均发挥了关键作用。在个体发展过程中，随着认知功能的不断发育，后天经验的积累方式开始从简单依靠强化向依靠认知及强化两种方式的合作即观察学习转化。以观察学习理论为基础，人类大部分高级直觉的获得应包括两个阶段。第一个阶段为认知阶段。这一阶段中认知因素发挥主要作用，个体通过有意识地注意、观察，实现经验的从无到有，为直觉的形成提供基本的行为原型。第二阶段为强化阶段。个体获得原型之后，通过不断重复、训练等方式修正自己的行为，并将原型逐渐内化，在此基础上实现向直觉的转化。

第三章

如何构建直觉

> 张不思去小学报到的第一天,老师给孩子们分发文具,有粉色、蓝色两种。
>
> "你是男孩子,给你蓝色的文具吧。"老师说。
>
> "可是我喜欢粉色啊。"张不思噘着小嘴说。
>
> 张不思一开始做口算作业,都是不假思索地写答案,错了许多,被老师批评了一通。之后,他开始每做一道题都苦思冥想,虽然正确率提高了,作业却做得太慢,又被妈妈批评了。到了三年级的时候,他终于可以既快速又正确地做口算题了。
>
> 到了高年级,张不思有了一个绰号叫"张拍脑袋",因为他总是一拍脑袋就想出一个天马行空的点子。他认识了好友王深思,两人经常合作完成老师布置的任务。王深思知识渊博,但是做决定总要反复思考,张拍脑袋会帮助他快速做决定;张拍脑袋反应快,但是有时思考问题不全面,王深思经常提醒他。
>
> 为什么老师会对男孩有"喜欢蓝色"的印象?
>
> 张拍脑袋为什么最后可以又快又准确地做题?
>
> 张拍脑袋为什么喜欢与王深思合作?

在问题解决过程中,有时我们仅依靠直觉就能获取绝佳的答案。然而,有时我们则需要通过严密的分析才能保证解决方案的准确性。

心理学家就此提出了双加工模型,主张人们存在两种不同的认知加工方式,即系统1加工(也称直觉加工)和系统2加工(也称分析加工)(Evans,2008)。通常,分析加工更适合运用于规则明确的全新任务情境。此时,个体需要充分调动工作记忆才能得出相对理性、准确的答案。而直觉加工的自动化特征可以使个体同时完成多项熟练掌握的任务,从而提高效率。不仅如此,直觉加工的快速性和即时性使得个体在紧迫的情境下能够快速整合周围环境的信息与已有经验,摆脱对认知资源的依赖,及时做出决策。

不过,传统研究往往将分析加工与直觉加工视作两个独立的加工系统。现有研究指出,两者可能处于不断的相互转换之中。一方面,分析加工可以通过熟练化形成经验图式,从而减少认知资源的消耗,并由此转化为直觉加工;另一方面,当直觉加工无法通过已有经验解决新的问题情境时,又需要调动更多的认知资源并转向分析加工,直到形成新的经验图式。由此可见,应对不断变化的新问题取决于分析加工与直觉加工间的相互切换。这一过程就好比儿童一开始认为会飞的就是鸟,但后来发现飞机会飞,却不是鸟,此时他们需要将思维由直觉加工切换到分析加工的状态中,重新构建新的鸟类图式。下面,本章将从直觉加工及分析加工的关系入手揭示两种加工过程的内在特征,并在此基础上探讨如何构建直觉。

第一节 推理决策中的直觉

直觉与分析是具有不同特征的加工过程,在推理研究领域中,研究者通过不同的范式就直觉与分析的关系进行了大量的探讨。但传统的认知观点中往往将直觉与分析置于对立的两端,即直觉大多会引发错误的判断,依靠分析才能够做出正确的选择。本节基于已有研究,通过阐述直觉陷阱及直觉的研究范式,深入地揭示直觉及分析的本质特征。

一、直觉陷阱——刻板印象

(一) 刻板印象的含义

说起直觉,人们脑海中首先跳出的便是刻板印象。的确,直觉与刻板印象之间有着紧密的联系。刻板印象可以定义为:知觉者关于某个人类群体的知识、观念与期望形成的认知结构(Ashmore,1999),是指人们对某个事物或物体形成的一种概括固定的看法,并把这种看法推而广之,认为这个事物或者整体都具有该特征,而忽视个体差异和独特性。久而久之,便形成了关于这些事物或人的直觉,一旦涉及关于这些人或事便首先以直觉判断和解决,而往往缺少分析这一过程。比如公司在招聘前台的时候往往会选择女性,因为女性比男性更具有温和、亲切的特点;又比如当人们看到一张凶神恶煞的人像时,往往认为他更像罪犯一类凶恶的人,而看到一张慈眉善目的人像时往往觉得他是一个友善的人……正是由于刻板印象大多数时候都可能与事实不相符,所以由此形成的用以判断和推理的直觉思维的正确性也有待商榷了。刻板印象的一种最主要的表现就是定型化效应,也叫心理定势。

有这样一个故事:"幼儿园开学那天,报名处来了两个长得一模一样的孩子,老师十分惊奇地问:'咦,你们是双胞胎吗?'她们异口同声地回答:'不是!'在老师还感到惊讶的时候,其中一个孩子回答道:'我们是三胞胎中的两个。'为什么老师一看见两个酷似的孩子就马上觉得是双胞胎而不是三胞胎中的两个呢?"相信不只是老师,绝大多数人也会如此,这正是我们的心理定势导致的,它使得我们倾向于依照自身已经形成的思维方式去看待问题而不会再对熟悉的人或事、物进行分析,简单地说就是想要节约决策成本,做决策的时候更加依赖直觉了。

刻板印象本身包含了一定的社会真实,或多或少地反映了这类人群的实际情况。所以,利用刻板印象可以简化我们的认识过程,使我们能迅速地适应某种环境。但刻板印象也有非常不好的一面,如它是固定化的,很难随着现实的变化而发生变化。因此刻板印象往往阻碍人们看到新的现实,接受新的观点,导致人们形成对某类群体的成见。

(二) 刻板印象的实验证据

种族认同和性别刻板印象是最为普遍的刻板印象,接下来我们可以通过几个经典的研究深入了解这两类刻板印象。种族认同的刻板印象往往通过内隐实验的方法进行测量。Gaertner 和 McLaughlin (1983)就以黑人和白人为被试探究两个种族的被试内在的刻板印象。主试首先给被试呈现若干对字母串,让其对呈现的内容进行反应,若呈现的两个单词结合起来是被试所认同的,那么被试便回答"是",其他情况则回答"否",因变量为被试的反应时。结果发现:白人被试对"白人——积极词汇"正确的反应比"黑人——积极词汇"的反应时要短(如黑人——聪明、白人——聪明)。而这种反应时间上的差异却并未出现在对消极特质词(如白人——愚蠢、黑人——愚蠢)的判断中。在另一个相关研究中,Dovidio 等人(1986)利用伴随靶子单词(积极特质词或消极特质词汇)之后呈现一个启动刺激(白人或黑人)的程序,要求被试对先呈现的靶子单词与其后的启动单词是否属于同一范畴进行判断。结果显示:当启动单词是白人时,被试对积极词汇的反应速度快于当启动词汇是黑人时,反之亦然。对此,Gaertner 和 Dovidio 将这种结果解释为反种族主义,并且将其定义为"与神圣的平等主义的观念系统相连的情感和观念与未承认的关于黑人的消极情感和观念之间"的冲突。

性别和成就之间的刻板印象也通过内隐实验的方法进行测量。Jacoby 等人(1989)通过名望判断实验进行了初步探索。实验分为两个阶段,首先要求被试观看一份含有名人姓名与普通人姓名的花名册。在看完花名册 2 小时之后,主试将再给被试呈现一份姓名清单,其中既包括前一份花名册中的姓名,也包括前一份花名册未出现过的姓名。被试的任务是对"这个人有名吗"这一问题作出反应(答案为"是"或"否")。实验者假设,虽然个体对普通姓名的情节记忆(如外显的意识性回忆)在 24 小时延迟后退化,不过前期冗余知觉熟悉性的呈现方式,也许会导致被试对名望产生错误判断。也就是说被试会由于名望这个因素而对姓名的熟悉性产生误判,即更可能把旧的(对比新的)花名册里面的普通人名当作名人姓名进行判断。结果不出所料,与新花名册里面的普通人名字相比,被试对旧花名册普通人姓名具有更高的错误率。Jacoby认为这主要是由个体对记忆潜在的无意识影响导致的。Banaji和Greenwald(1994)使用上述程序,即在首个代表性别的名字之后添加一个普通的姓名。实验设计为被试内实验设计,主要有4种实验条件(旧的男性、旧的女性、新的男性、新的女性)。结果发现:被试进行名望判断的击中率(正确判断出名人姓名的比例)和错报率(错误将普通人名判断为名人的姓名比例)均下降了。此内隐记忆实验程序在某种程度上提供了男性的成就高于女性这种内隐性别刻板印象的证据。

由此可见,小到个人习惯和喜恶爱憎,大到性别认同、种族认同,刻板印象时刻存在,它在某种程度上一直影响着我们的社会认知。不管是个人还是群体,都免不了会产生刻板印象,且大部分的刻板印象都是由来已久、根深蒂固的。不考虑该刻板印象的正确与否,它和直觉都是通过简化我们的认识过程,起到迅速地适应某种环境的作用。

二、直觉的研究范式

(一) 球拍和球问题

首先请大家解决一个数学问题,但是要求大家根据自己的第一直觉给出答案。问题:球拍和球共花1.10美元,球拍比球贵1美元,球多少钱?

不知道你的答案是多少呢? 是0.1美元吗? 这就是球拍和球的问题,指我们往往会针对一些比较熟悉的场景、比较熟悉的对象做出第一直觉的判断,即跳过分析这一过程,一拍脑袋便给出答案。相信不少人一看这道题就会答0.1美元,但如果仔细一算:若球的价格是10美分,拍比球贵1美元,那么两者加起来是1.20美元,因此0.1美元是错误答案。正确的答案应该按照逻辑推理原则计算才可得出:设球的价格为x,拍的价格为y,列出二元一次方程组:$x+y=1.10$;$y-x=1$,最后解得$x=0.05$,$y=1.05$,所以0.05美元才是正确答案。那么为什么大多数的人一看到这个问题就立马觉得是0.1美元呢? 这其实都是直觉惹的祸。

利用直觉进行推理与决策是十分普遍的，每个人都可以试着回想一下，自己从小到大的决定里面包含了多少比例的直觉决策呢？不难发现，直觉过程渗透在个体生活的方方面面。比如球拍和球价格问题，由于个体对于球拍和球一类十分日常的事物无比熟悉，因而并不会觉得有什么不对，加之问题给出的总价格数值较小、容易计算，更加让我们觉得这是一个十分简单的数学问题，甚至可以通过口算算出，这就正好掉进直觉挖好的陷阱里面了。

关于球拍和球问题，我们可以通过实验研究对其中的某些直觉思维或规律进行探索。如 Johnson，Tubau 和 De Neys(2016)以巴塞罗那 313 名大学生(女性 266 名，男性 47 名，平均年龄 20.50 岁)为被试，以球拍和球问题为材料进行实验，实验材料包括实验组和控制组。实验组材料如：球拍和球的总价为 1.1 美元，其中球拍比球贵 1 美元，问球的价格；控制组材料如：杂志和香蕉总价为 2.9 美元，其中杂志 2 美元，问香蕉的价格。被试在问题材料呈现后需解决不同难度的额外任务从而限制分析加工的参与程度，即额外任务的难度越大，个体可用于解决球拍和球问题的认知资源越少，因而只能依赖直觉加工解决问题。实验结果表明：相较于控制组材料，个体在解决实验组材料时的正确率显著下降，同时随着认知资源的减少，完成实验组材料的正确率也逐渐下降。也就是说，当仅依靠直觉加工时，个体完成任务的正确率降低了。

从球拍和球的问题可以明显看出直觉思维在解决问题时结果似乎并不正确，但是因为直觉思维的调动过程比分析思维更为简便和直接，不需要更多的认知资源，因而符合我们遇到的大多数决策和推理情况，使用频率较高。这与"希望用分析思维正确解决问题"的想法相去甚远。据统计：上万名哈佛大学、麻省理工学院、普林斯顿大学学生参与测试给出的直觉型答案错误率在 50% 以上；而其他普通大学学生错误率在 80% 以上。由此可见，对熟悉的物品、数字问题做出直觉思维决策是人类的共性，对某些问题过于低估或者过分依赖直觉。若我们在遇到任何问题时能够多以分析思维解决问题，再多思考一下，或许结果就会大不相同。由这道题目可见直觉对个体解决问题的影响之大，同时也表现出其与分析思维的差异之大。一个具有分析思维的人拿到这道题或许并不会像直觉思维型的人一样仅凭直觉就给出答案，起码会进行简单的推理、分析和计算，这也是这两类人的绝对分界线。而若放在现实生活里面，前者多是和张拍脑袋一个类型的人；后者则多是和王深思一个类型的人。打个比较形象的比方，分析型思维的人很可能就是球拍，而直觉型思维的人更多扮演球的角色，被打得团团转。这个问题也告诫我们不要过分依赖直觉，必须三思而后行。

（二）基线比例信息忽略

基线比例信息（base rate information）是针对事物一般性和总体性并主要依赖统计数据支持的一种描述性信息；案例信息（case information）与基线比例信息相对，是一种针对事物特殊性和具体性的描述性信息（Raghubir，2008）。与基线比例信息相比，案例信息没有很好的总体代表性，是个案或者个例，看起来可信度很高。所以个体若依据这类信息来对事件的可能性进行推理和判断的时候，往往会出现错误或偏差。推理和决策中的基线比例忽略（base rate neglect）现象指的就是个体在做出决定或进行推理的时候，仅仅注意了案例信息，但忽略了一开始就已经呈现的基线比例信息，又或许是其根本没有给予基础比例信息足够的重视。

首先注意到并对这种现象进行描述和解释的是 Kahneman 和 Tversky（1973），他们通过一系列的实验考察这一现象。在他们关于基线比例忽略的经典研究中，主试首先会告知被试一则基线比例信息（比如 100 人中有 5 名男性和 995 名女性），随后给被试提供人物特征信息，即描述一个随机人物的多个特征（大多比较符合男性的特征）。结果发现，被试在面对基础比例信息和特征信息的时候，会更多地去在意特征信息，并将决策的来源更多的集中于特征信息，以特征信息为依据进行判断。所以被试根据特征信息的描述，会认为主试所描述的特征可能更多是指向男性的，于是便忽略了主试一开始便提供了的那则极端的基线比例信息。而随后的一系列研究也证实了这种现象确实存在,如在国外的另一项研究任务中(Bar-Hillel,1980),被试被要求判断某市 A 出租车公司引起交通肇事逃逸的概率大小,情景设置为：现场会有一位目击证人阐述车辆是 A 公司的,但他的判断准确率只有80%,而在这个城市里还有 B 出租车公司,其出租车占该市出租车总数的 85%,A 公司只占 15%。最后结果发现,尽管给被试提供了两种信息,但是被试往往会更加重视目击者的观点(即特征信息),认为 A 公司引起事故并逃逸的概率为 80%,而忽略了最初的基线比例(15:85)这一基础比例信息,从而进行了错误的推理和判断。

综合以上研究,我们可以发现基线比例忽略现象的产生与直觉作用的发挥是紧密相关的。在前面的章节里面,我们知道了直觉有先天直觉与后天直觉之分,而由先天直觉到后天直觉大致经历了非条件反射—经典条件反射—操作性条件反射—观察学习这样几个过程。那么最后会发现直觉就是在已有理论基础之上形成的一种节约决策成本的方式,直觉并不完全正确,但却实实在在地对个体推理与决策起着十分重要的影响作用。基线比例忽略问题与直觉关联密切,前者因为受特征信息的影响而放弃或者不重视基线比例信息,与直觉决策中跳过分析过程而更多凭借个人经验和已有知识直觉做决策殊途同归。基线比例忽略是研究直觉决策的重要研究切入点之一。通过对基线比例忽略的心理机制进行进一步的阐述,我们会更加能够理解直觉在我们生活中不可替代的作用,还可将直觉与分析进行比较,进一步分析两者的对立局面。

三、推理决策中的直觉加工与分析加工

在推理决策过程中,直觉与分析这两种加工过程究竟是如何对人们的认知过程产生影响的呢？不同的研究者提出了不同的观点。

（一）双加工理论

双加工理论(dual-process theory)是指个体在进行信息加工时的两种不同推理类型：一种是快速化、自动化、直觉性的启发式加工

(heuristic processing),启发式加工不需要占用过多的认知资源;与之相对的分析式加工(analytical processing)是缓慢的、基于规则的,并且需要依靠个体工作记忆加工信息的能力(Evans,2006)。使用直觉思维就好比是个体使用启发式加工的方法进行推理与决策,而分析思维则对应着使用分析式加工进行推理和决策。根据双加工理论:启发式加工是受个体的情绪、环境影响比较大,常常是在个体的经验、动机及其他主观因素影响下的一种选择性知觉过程,即个体在加工过程中,只关注刻板印象等信息,忽略逻辑规则信息;分析式加工首先需要符合概率推断的一般过程和原理,在充分考虑环境信息或逻辑原则的基础之上,以概率理论等客观规则为依据,继而产生合理的判断(Sloman & Darlow,2010)。而在一些问题情境下(两类信息不一致),启发式加工与分析式加工的结果往往是不同的,但因为启发式加工更容易进行,往往会因判断和决策太快发生,结果会导致偏差。由此可见,双加工理论中的启发式加工是一种更容易使得判断和决策产生偏差的决策模式,与分析思维严格对立。前者直接而草率,后者严密而有逻辑。

(二) 非逻辑加工理论与逻辑推理理论

Woodworth(1935)提出的气氛效应理论是推理心理学研究中出现的第一个理论模型,该理论认为推理者的错误推理主要是由于其对前提气氛的错误估计导致的,这看起来与逻辑规则关联不大,所以这种理论在后来被称为非逻辑加工理论。这个理论一经提出,马上得到了很多心理学家的赞同,并在推理心理学领域的研究中占统治地位长达35年。1959年,有研究者认为推理者之所以产生推理错误,主要是因为推理者对前提中的各项内容进行位置交换时产生的不正确的编码所导致的,被称为换位理论(Chapman & Chapman,1959)。由于该理论在解释推理错误的原因时重视人在推理过程中的逻辑法则和性质,所以后来的评论家们把换位理论称之为逻辑推理理论。

大部分所持非逻辑理论的西方心理学家认为,人们在推理过程中完全没有在意形式的法则,而更多的只是在其他因素影响下完成推理行为;而逻辑理论则认为形式逻辑的法则是人们进行推理时首先会考虑的,只是由于某些因素的影响,会使得推理者选择某些不符合形式逻辑法则的结论。认知心理学认为,个体进行解决问题活动时,大多是在自身现有的知识基础支持下进行的。当他要解决的问题是有关演绎推理问题时,他所依赖的是已经知道的有关推理方面的知识(胡竹菁,2002)。而所有的推理题都是有一定结构的,例如,对于如下三个范畴三段论推理题:

1."所有的动物都是生物,所有的老虎都是动物,所以,所有的老虎都是动物"。

2."所有的老师都是女人,所有的男人都是老师,所以,所有的男人都是女人"。

3."所有的 A 都是 B,所有的 C 都是 A,所以,所有的 C 都是 B"。

形式逻辑认为,上述推理题在推理形式上是一致的;但其在内容上却是不一样的:第一题的三个命题在内容上是正确的;第二题的三个命题在内容上则是错误的;而第三题则是由纯字母所构成,可代进任何内容。根据辩证唯物主义认识论的观点,人们的任何知识都只是人脑对客观现实的反映。人们进行推理时所依据的推理知识只不过是命题结构在人脑中的反映而已,所以,这些推理知识也是有结构的。因此,我们在探讨人类推理的心理加工过程时,也就应该分析推理加工与命题结构和知识结构的相互关系。而通观西方心理学家对演绎推理心理学的研究,似乎都未能注意到命题结构和知识结构之间的相互关系。这也正是个体在进行类似推理过程时欠缺推理逻辑规则导致的,即更多地依赖于自身已有的知识经验和直觉对事物进行推理和判断,没有逻辑的推理是空洞的,甚至是错误的。正如"气氛效应"一样,受到前提的影响而不加分析便做出决断,往往得到的答案是错的。而若在同样的情况下能够遵循一定的逻辑法则,便会发现其中的问题所在,能够根据前提提供的信息并对其加以分析、推理从而对结果进行判断。

以往关于直觉的研究往往将直觉与分析加工置于对立的两端,其中直觉处于错误的一方,即当直觉加工与分析加工产生冲突时,依靠直觉加工常会引发错误答案,依靠分析加工则可以引发正确答案。球拍和球问题及基线比例信息忽略问题是研究者研究直觉过程的重要范式,其应用的前提便是认可直觉加工与分析加工是存在定性差异的,也就是直觉是快速的、不需要意识参与的、极少依赖认知资源的,而分析则是缓慢的、需要意识参与的、依赖大量认知资源的。但是近年来有研究对直觉加工与分析加工的划分产生质疑,或许这两者只存在定量差异,因此关于这两种加工过程的特征还需进一步探讨。

第二节 逻辑性直觉

通过前一节内容,可以看出个体在进行推理与决策时,直觉多会引发错误答案,而分析往往会引出正确答案,即将直觉处于与分析完全对立的错误方。但是,逻辑性直觉的提出似乎打破了个体对直觉的原有认知,那么我们在进行推理与决策时,两者必须严格对立吗?直觉究竟又扮演着什么样的角色呢?

一、逻辑性直觉的内涵

直觉是人脑对客观事物及其关系的一种非常迅速的判断或猜测。它一般对应于人类的第一信号系统,是建立在人的直接感觉上的,通过人的感觉(视觉、听觉、触觉等)而进行的一种思维活动;逻辑性直觉思维虽然利用了人类的感性认识(感觉、知觉、表象等)形式,但它绝不是仅仅停留在这一步上,而是超越了逻辑思维形式达到了更高一个层次上的思维,相当于人类认识过程中的"感性—理性—感性"循环中的后一个阶段——感性认识。从表面上看,逻辑性直觉的结果是以直观的形式表现出来的,实际上它已经在头脑中进行了逻辑程序的高度压缩,迅速地越过了"理性认识阶段",是简缩了整个逻辑思维过程的一种思维形式。所以,逻辑性直觉既源于感性认识,又高于感性认识,是一种常常能在极短的时间内完成,并能够对问题迅速作出回答的一种无意识的、跃进式的直觉形式(De Neys, 2012)。

此外,有研究者提出了逻辑性直觉模型。逻辑性直觉是指在推理过程中某些属于分析式加工的逻辑规则表现出自动化、内隐性的属性(De Neys,2014)。该模型认为推理过程中所涉及的简单的逻辑规则只需通过逻辑性直觉就可解决,无需分析过程的参与,也就是说一些逻辑问题可以通过直觉加工完成,如"1+1"这类简单的逻辑运算对于成年人而言可以仅依靠直觉给出答案。而这些逻辑问题之所以只需要直觉加工的参与就可以得到处理,其原因在于它们对于个体来说是简单、易加工的(Bago & De Neys,2017;De Neys,2014),因此在解决过程中只需消耗较少的认知资源。而复杂问题对于个体来说是困难的,因此在解决过程中需要消耗较多的认知资源,必须要分析加工的参与才可顺利完成(De Neys & Bonnefon,2013)。

De Neys(2014)认为,当直觉加工与分析加工的结果产生冲突时,个体可以快速、自动地检测到,即使人们并没有成功抑制错误的直觉反应,冲突检测这一过程仍然是存在的。只是此时的冲突是一种"内隐感觉",暗示人们推理反应可能存在问题,同时还外显地表现为推理反应信息的降低。但在实际生活中,人们往往还是会受刻板印象等直觉信息的影响而做出错误的判断。这并不意味着逻辑性直觉模型的错误。因为人们出现推理偏差并不是因为没有检测到两类反应之间的冲突,而是没有成功地抑制错误的直觉反应(Aczel, Szollosi, & Bago,2016)。也就是说,冲突检测只是给了人们激活分析加工的信号,但分析过程是否有效抑制错误反应并成功得出正确反应还要受时间、认知负担等各方面环境及个体差异因素的影响(De Neys & Bonnefon,2013)。

二、逻辑性直觉提出的依据

(一)直觉优势作用的认可

双系统模型认为,启发式系统与分析系统同时对决策或推理过程起作用,当启发式系统与分析系统的作用方向一致时,决策或推理的结果既合乎理性又遵从直觉;而当两个系统的作用方向不一致时,两个系统则存在竞争关系,占优势的则可以控制行为结果。我们以决策研究中 Tversky 和 Kahneman 提出的经典的"Linda 问题"(Tversky & Kahneman,2015)对此加以说明:Linda,今年 31 岁,单身,外向,非常聪明。她所学专业为哲学。在学生时代,她非常关注歧视与社会公正问题,也参加反核的示威游行。被试在看了上面这段关于 Linda 的描述后,大部分人都认为"Linda 是一个银行出纳且是一个女权主义者(T & F)"的可能性高于"Linda 是一个银行出纳(T)"的可能性,这就是 Tversky 和 Kahneman 所说的"联合谬误"(Conjunction Fallacy)。双系统模型认为,启发式系统应该判定命题"T & F"的可能性更高,因为这与对 Linda 问题形成的刻板印象具有更高的一致性;而分析系统则基于联合规则(Conjunction Rule)做出相反的判定,但启发式系统在竞争中更有优势,结果出现了所谓的非理性偏差错误。

双系统模型之所以受到众多研究者普遍赞同的主要原因,就是它可以解释很多的非理性偏差。在推理研究中,由于卡片选择任务的匹配偏差(matchingbias,即容易选择陈述中提到的选项)、三段论推理的信念偏差效应(belief-bias effect,即已有知识会干扰逻辑推理)都满足 S 标准(Osman,2004),都可以从双系统模型的角度作出清楚的解释。比如,对于下列两个三段论推理的例子:

1. 易使人成瘾的物质没有便宜的,一些香烟是便宜的,因此,一些易使人成瘾的物质不是香烟。

2. 警犬被严格训练过的,犬是凶恶的,因此,一些警犬没有被严格训练过。

询问被试:假定每个例子的两个前提是正确的,题目给出的结论是否一定正确? 在 Evans(2002)的研究中,75%的被试认为例 1 的结论正确,而只有 10%的被试认为例 2 的结论正确。事实上,这两个三段论推理的逻辑结构是相同的,依据前提都不能推出结论。它们的差异在于,例 1 的结论符合人们已有的经验,而例 2 的结论不符合,结果例 1 诱发了更多的非理性偏差,这就是所谓的信念偏差效应。从双系统模型的角度看,两个例子中,分析系统都依据逻辑规则判定结论错误。在例 1 中,其结论与已有经验相一致,所以启发式系统判定例 1 的结论正确,由于启发式系统比分析系统占优势,结果大部分人认为例 1 的结论正确。在例 2 中,其结论并不符合人们的已有经验,启发式系统与分析系统一样,也判定结论错误,所以大部分人认为例 2 的结论错误。

在决策与推理过程中,启发式系统因为加工速度快,所以直觉判断进行得较早,随后分析系统再对该结果做出理性调整(adjustment),由于这种调整本身就具有内在的不充分性,最后的行为结果常常还是取决于启发式系统(Epley & Gilovich, 2004; Epley & Gilovich, 2006; Epley & Keysar, 2004)。在 Epley 与 Gilovich 的研究中,在排除了认知懒惰、认知繁忙的因素后,被试调整的程度仍然不充分,决策结果仍存在非理性偏差,这表明,在调整的过程中人们更可能犯谨慎错误(cautious error),而不是冲动错误(rash error)。调整不足说的解释意味着非理性偏差具有一般普遍性。Simmons 和 Nelson(2006)的研究认为直觉信心(intuitive confidence)才是导致非理性偏差的关键:启发式系统产生的直觉判断越容易,其诱发的直觉信心就越强,这时如果产生偏差,就越不容易被分析系统所克服;启发式系统产生的直觉判断越困难,其诱发的直觉信心就越弱,这时如果产生偏差,就越容易被分析系统所克服。这样,直觉信心假设正好与调整假设的预期相反:该假设预期非理性偏差并没有普遍性,通过操作启发式系统直觉产生的难易程度,即可决定是否出现非理性偏差。比如,在 Simmons 与 Nelson 的一个研究中,要求被试根据阅读的内容做出相应的决策。一组被试阅读的材料印刷得较清晰,容易阅读;另一组被试阅读的材料印刷得较模糊(但仍能辨别),不容易阅读,但两组被试阅读的内容完全一样。结果,这种和内容完全无关的因素影响了被试的直觉信心:阅读清晰印刷材料的被试直觉信心更强,启发式系统的作用更大,结果比阅读模糊材料的被试出现了更多的非理性偏差。

从上可以看出,双系统模型理论有一个隐含的假设,就是:当两个系统的作用方向不一致(即符合 S 标准),得出相反行为结果时,理性分析系统的效果必然是优于直觉启发式系统的,虽然启发式系统的优势在于反应速度快、不受认知资源限制的影响,但常常因此将人引入误区;而分析系统的优势在于合乎逻辑、规则,能保证结果的准确性。但近来的系列研究都对此提出质疑,一系列实验结果显示,相对于非冲突问题,冲突问题会引发个体更长的反应时间(De Neys & Bonnefon, 2013)和更低的反应信心(De Neys & Feremans, 2013)。研究者认为,当直觉加工与分析加工的结果相同时,依赖于直觉加工可以帮助个体更快的做出正确的选择,从这个角度来说直觉加工具有其积极作用。通过双任务范式,研究者发现认知资源对直觉加工的影响较小,而对分析加工的影响较大。例如,Evans 和 Curtis-Holmes(2005)发现,要求被试在 5 秒内做出反应会使其分析过程受到一定程度的抑制,但是对直觉加工并没有产生显著影响。最近,Johnson, Tubau 和 De Neys(2016)为被试设置不同难度的额外任务来控制认知资源的占用程度,结果发现直觉加工的反应时间、反应信心及正确率并没有随着任务难度的增大而产生显著差异,但分析加工过程却受到了显著影响。同时他们发现在非冲突问题中,直觉过程能够在基本不占用认知资源的前提下自动激活正确反应。因此,直觉加工在非冲突及认知资源有限的条件下对解决问题可产生促进作用,也就是说占用认知资源只会抑制分析加工过程,而直觉加工过程不会受到影响。从以上结果来看,直觉加工有其优势效应。

此外,Dijksterhuis 也反对单纯将直觉置于劣势一方,并提出了无意识思维理论(Unconscious Thought Theory, UTT)(Dijksterhuis, 2004;Dijksterhuis, 2006)。UTT 认为:既然有意识的分析系统加工容量有限、加工速度较慢,那么在对复杂问题进行决策时,不受加工容量限制、加工速度较快的无意识思维(对应于启发式系统)应该更优于分析系统。UTT 的这个观点得到其实验结果的支持:在购买汽车(多属性权衡的复杂决策)的实验模拟中,信息呈现后,无论是在立即做出决策的条件下,还是在认知资源限制的条件下,被试做出的决策均优于无认知资源限制、思考一段时间后做出的决策,而且其事后的主观满意度也更高。但若是简单商品(如牙膏),情况则正好相反。人类往往习惯标榜和夸大自己的理性,这样的研究结果的确让人非常惊讶,因为这意味着:在复杂的决策情景中,理性思考后的决策反而不如直觉的、无意识的决策。不但实验室研究如此,Dijksterhuis(2006)的研究还发现:在真实的购买行为中,对简单商品(如厨具配件),经过思考后做出的决策其事后满意度更高;但对复杂商品(如复杂家具),经过思考后做出的决策其事后满意度反而更低,这也与UTT的观点相一致。

直觉的优势作用说明,直觉虽然有时会引导个体做出错误的判断,但更多时候它可以帮助个体更快更好地解决问题,尤其有时在复杂环境下,依赖直觉的决策甚至优于分析,这说明,直觉并不是完全对立于逻辑理性的。

(二) 推理研究中的实验证据

自逻辑性直觉模型提出之后,多位学者通过不同的推理任务研究,为其提供实验支撑。Pennycook 等人(2014)通过对基线比例推理问题的研究,提出了对逻辑性直觉存在的支持。在他们的研究中主要比较了两类推理题目:

1. 冲突问题,人物描述与实际可能性比例不一致,例如"Jack 今年 34 岁。他生活在美丽的郊区的一所漂亮的房子里。他讲话得体,并对政治很感兴趣。他为他的职业花费了很多的精力。本次研究测试了 1 000 名被试,其中有 995 名护士和 5 名医生。Jack 是其中一个被试。问 Jack 是一名医生还是一名护士?"

2. 非冲突问题,除职业比例不同,即是"995 名医生和 5 名护士",其他各处都一致。结果发现,当有时间限制时,被试在非冲突条件下的反应更快,信息更强,这说明基线比例条件这一逻辑原则更倾向于直觉加工。因为在时间有限条件下,分析加工无法产生,个体只能用直觉加工解决问题,若基线比例信息需要分析加工才能处理,那么此时个体在冲突与非冲突条件下的反应时与反应信心不应有差异,但事实是个体加工了基线比例信息并且意识到其与人物描述的冲突之处造成了反应时的增加,信息的降低。

Bago 等人(2017)对三段论推理问题进行了研究,同样为逻辑性直觉模型提供了实验证据。在实验中他们采用的三段论推理问题,例如:"所有狗有 4 条腿,小狗是狗,所以小狗有 4 条腿,问结论是否符合逻辑性?"研究者通过对反应时间及认知负担的控制,结果发现初始反应正确的被试,进行推理任务时反应速度较快,同时反应信心更强。因此,研究者认为直觉加工同时激活了两个成分:

1. 逻辑成分(以个体内心储存的逻辑原则为基础)。
2. 信念成分(以推理任务的显著外部特征为基础)。

直觉加工的最终反应取决于这两种成分的相对力量。

三、直觉与分析的关系——非对立角度

前人研究大都觉得两个系统之间的关系一直是相互排斥的,不可能同时发生,一个系统作用的增强必然导致另一个系统作用的减弱。而近来,大部分研究者认为,两个系统是同时对决策或推理过程起作用的(Simmons & Nelson, 2006; West & Stanovich, 2003; Ferreira, Garcia-Marques, Sherman, & Sherman, 2006)。

Ferreira 等采用过程分离程序(Process Dissociations Procedure, PDP),使用包括任务(Inclusion task)和排除任务(Exclusion task)操作,把同一个任务中自动化成分(启发式系统)和意识控制成分(分析系统)的作用大小分离出来,结果发现,在一个任务中,两个系统的作用关系是独立且平行的,影响一个系统的操作并不会影响另一个系统的作用。比如,Ferreira 等采用行为决策中经典的基本比例忽略情景、联合谬误情景、比例偏差(ratio-bias)情景作为目标问题,结果发现,不同的实验指导语(要求被试依据理性进行决策/依据直觉进行决策)、有无认知资源限制、有无逻辑运算训练都只是影响分析系统对决策过程的作用大小,启发式系统的作用大小并没有变化;当采用结构相似性问题(与目标问题表面结构相似)对被试启动后,启发式系统的作用显著增强,而分析系统的作用大小则相对无变化。两个系统同时、独立、平行地对推理或决策过程起作用,这种观点似乎得到主流研究者的普遍认

同,但是,在动态的推理或决策过程中,两者的关系怎样,这个问题仍不清楚,有待今后相关的研究作进一步探讨(Ferreira, Garcia-Marques, Sherman, & Sherman, 2006)。

事实上,有研究者并不赞同决策与推理过程中两个系统的划分。例如,Cleeremans 等人觉得两个系统的划分不符合认知吝啬原则,他们提出单系统的动态等级连续(dynamic graded continuum,DGC)框架来解释决策推理的过程。DGC 框架认为,启发式的直觉过程与理性的分析过程分别位于决策推理系统的两端,而这两端之间是两种过程共同表征的连续体。而最后的行为结果由两种过程表征的强度(strength)、区分度(distinctiveness)、稳定性(stability)来决定(Cleeremans & Jimene, 2002)。也有研究者代表不同的观点,Moshman 认为,启发式过程有内隐性质的,也有外显性质的;而分析过程有外显性质的,也有自动化、内隐性质的。他认为尽管对两个系统进行了划分,但这样的划分并不能包含进行决策与推理的全部过程。因而,他主张将系统划分为:内隐启发式过程、内隐分析过程、外显启发式过程、外显分析等 4 个过程(Moshman, 2000)。

逻辑性直觉的提出则进一步模糊了直觉与分析之间的界限。就传统观点而言,直觉加工是快速、无意识的,依靠刻板印象等进行决策,而分析加工是缓慢、意识的,依靠逻辑规则进行决策。逻辑性直觉既有直觉过程的部分特征,也具有分析过程的部分特征,它的出现证明这两种加工过程的划分标准并不是绝对的,即有一些相对较简单的逻辑规则可以转化成直觉加工,因此直觉过程与分析过程并不是完全独立的两个加工过程。

总而言之,在问题的实际解决过程中,有些条件下直觉过程可能发挥优势;有些条件下分析过程可能发挥优势,同时直觉加工与分析加工可能并不是两个完全对立的过程,直觉加工与分析加工甚至可能相互兼有对方的特征,实际问题的成功解决需要这两种加工过程的有效合作。启发式系统是人与动物所共有的,与人的生存、繁衍紧密相关,是一个更为古老的系统;而分析系统则是人所独有的,体现着人独特的逻辑、理性,是一个相对年轻的系统,这两者都是人类进化的产物。心理学家借助于双系统模型研究范式,已经把探究决策与推理过程的大门推开了一丝缝隙,仅仅透过这丝缝隙,就已经使人感受到了其散发的无穷魅力。我们期待今后的研究,尤其是借助于认知神经科学的研究,能进一步探索人类决策与推理中的智慧之谜(Evans & Coventry, 2006)。

第三节 分析向直觉转化

一、分析向直觉转化的现象

正所谓"会者不难,难者不会",在解决问题过程中,针对同一个问题有的人需要通过分析加工处理,而有的人只需要直觉加工就能够报出答案。例如,在幼儿园时期,当我们想要买一个3元钱的铅笔和5元钱的饮料时,我们需要掰着手指仔细计算才能知道两样物品总共的价格,而长大之后我们一眼便能看出一共需要支付8元钱。年幼时我们计算"3+5=?"这道算术题需要分析过程仔细思考,而长大后随着计算能力的增强,学习经验的积累,我们通过直觉就可以解决简单的计算题,计算能力的变化过程所揭示的便是分析向直觉的转化过程。生活中这样的例子比比皆是,如个体的学习过程就是知识从陌生到熟悉的过程,即从分析加工变为直觉加工的过程。此外,前文中逻辑性直觉模型也为分析向直觉转化的可能性提供了理论支撑。逻辑性直觉模型认为直觉过程包含两种成分:信念性直觉和逻辑性直觉。信念性直觉指的是个体在生活中获取的经验,逻辑性直觉指的是在个体发展早期已经获得的一些简单的基本逻辑规则(De Neys, 2014)。一些复杂推理任务的完成仍需要分析加工的参与,而简单的基本逻辑规则通过逻辑性直觉就能够处理(Bago & De Neys, 2017)。该模型的提出一方面证明了直觉加工与分析加工过程并非是完全割裂、独立的,两者可以兼顾彼此特征;另一方面也说明逻辑规则等原本需要分析加工处理的内容,经过个体学习训练之后可以通过逻辑性直觉解决。

二、分析向直觉转化的过程

生活经验及实验研究结果均指出分析加工与直觉加工并不是完全独立的两种加工类型,这两者甚至可以实现转化,那么转化的过程又是如何实现的呢?

(一) 定量差异——前提

首先我们必须明确转化过程实现的前提在于直觉加工与分析加工只存在定量差异,而非定性差异。

以往研究往往认为直觉加工与分析加工从本质而言是完全不同的两种加工过程,其中直觉加工过程是快速、无意识、自动化的,以经验为基础,几乎不占用认知资源,而分析加工过程则是缓慢、受意识控制的,以逻辑规则为基础,需要较多认知资源的参与(Thompson,2013)。

但是,近期有众多研究对此提出了质疑。如 Handley,Newstead 和 Trippas(2011)通过指导语来引发不同的加工过程,具体来说即信念指导语下要求被试根据自己的生活经验回答从而引发直觉加工;逻辑指导语下要求被试根据逻辑规则回答从而引发分析加工过程,结果发现当直觉加工与分析加工的结果产生冲突时,直觉加工会显著受到分析加工的影响,具体表现为正确率降低,反应时增加,而分析加工并未受到直觉加工的影响。也就是说,此时分析加工先于直觉加工产生,并对其产生影响。而 Newman,Gibb 和 Thompson(2017)在研究中提出基于信念的直觉加工与基于规则的分析加工都是可快可慢的。此外,也有研究从认知资源角度对双加工过程的特征进行探讨,如 Howarth,Handley 和 Walsh(2016)立足经典的推理问题发现相较于无负荷情况,认知负荷条件下直觉加工及分析加工过程的正确率均有所下降,但是直觉加工下降的比例显著低于分析加工。这说明直觉与分析加工的产生都需要认知资源的投入,而直觉加工所需的认知资源较少,分析加工所需较多。这与 Johnson,Tubau 和 De Neys(2016)的研究结果较为相似。

近期有研究者采用镶嵌汉字任务(任务内容:如判断目标字"口"字是否包含于源字"吕"字中),通过汉字的包含关系操纵认知资源(如包含条件:"又——支",不包含条件"力——支"),通过阈上、阈下的呈现时间操纵意识水平,考察了直觉与分析的加工过程。结果发现,相比较分析条件,直觉条件在阈上表现出优势效应:包含与不包含情况下均正确率更高、反应时更快;但在阈下只有不包含情况出现直觉优势:不包含情况下正确率更高、反应时更快,包含情况下两者无显著差异,且正确率为50%,处于猜测水平。这说明在无意识且认知资源缺乏的双重压力下,直觉加工达到其认知极限,此时也无法发挥作用,因此直觉加工也需要意识及认知资源的参与(于婷婷、殷悦、王舒、周淑金、唐晓晨、罗俊龙,2018)。

总结上述研究结果可以发现,直觉加工与分析加工并不是完全独立的,这两种加工过程可能相互兼有对方的特征,如直觉加工可能也依赖于一定的认知资源与意识成分的参与,而分析加工有时可能是快速的。因此,直觉加工与分析加工的差异不是定性差异,而是定量差异,也就是说这两种加工过程的区别在于加工速度及对认知资源与意识依赖程度的差异,而不在于是否需要认知资源与意识过程。

(二) 消耗认知资源的减少——关键

分析加工向直觉加工转化的关键在于任务解决过程中实际消耗认知资源的减少。

上述研究表明传统观点对直觉加工与分析加工的划分是存在争议的,即加工速度、经验与逻辑等可能并不是两种加工过程区分的关键(Bago & De Neys, 2017; Newman, Gibb & Thompson, 2017),那么应以何为标准对这两种过程进行有效区分。纵观近期研究可以发现,问题解决过程中实际消耗认知资源的不同可能才是造成直觉加工与分析加工差异的本质因素。

1. 以逻辑性直觉为例

De Neys(2014)认为推理过程中所涉及的简单的逻辑规则只需通过逻辑性直觉就可解决,无需分析过程的参与,也就是说一些逻辑问题可以通过直觉加工完成。而这些逻辑问题之所以只需要直觉加工的参与就可以得到处理，其原因在于它们对于个体来说是简单、易加工的(Bago & De Neys, 2017; De Neys, 2014)，因此在解决过程中只需消耗较少的认知资源。而复杂问题对于个体来说是困难的，因此在解决过程中需要消耗较多的认知资源，必须要分析加工的参与才可顺利完成(De Neys & Bonnefon, 2013)。

2. 从加工速度来说

有研究指出基于逻辑判断的加工过程有时可能是快于基于信念判断的加工过程的(Handley, Newstead & Trippas, 2011; Newman, Gibb & Thompson, 2017)。而任务难度是影响不同判断过程加工速度的一个重要因素(Trippas, Thompson, & Handley, 2017)。这一现象也可以从认知资源角度进行解释，即当逻辑判断任务难度较低时，解决任务所需的认知资源较少，此时简单的逻辑判断过程可以通过直觉加工进行处理(Bago & De Neys, 2017; De Neys, 2014)，因此加工速度较快。当判断任务难度较高时，解决任务所需的认知资源较多，此时即使基于信念判断的任务也需要分析过程的参与才能解决任务(Handley & Trippas, 2015)。因此，认知资源可能是区分直觉加工与分析加工十分关键的指标。

(三) 构建完善图式——途径

构建并完善图式是降低解决问题过程中认知资源实际消耗的有效途径。

图式的概念最早由皮亚杰提出，他认为图式即认知结构，是动态的技能组织，具有对客体信息进行整理、归类、改造和创造的功能，以使主体有效地适应环境。有些图式是生来具备的，这便是所说的本能，如吃饭、睡觉等；有些图式是个体在后天与环境的不断交互过程中掌握的，这其中分析过程发挥了重要作用。当个体缺乏某种图式时，他便无法做出特定的行为，如看见毛笔不知道如何写字，拥有自行车却不知道如何使用。通过分析加工，个体将环境提供的外部因素纳入已有的图式中，从而加强并丰富原有图式，同时在此基础上掌握更加复杂的行为。

图式的加强过程便是分析向直觉转化的过程。个体解决某个复杂的新问题所需的图式如果不完善，那么便需要大量认知资源的投入，因此此时需要分析加工的参与。与此同时，人们通过分析加工获得图式，并在多次练习过程中将该图式逐渐内化至原有的认知结构中，此时原有的复杂问题对个体来说难度大幅降低，少量认知资源的投入便可解决相同的问题，因此此时只需要直觉加工的参与。正如前文所提的买物品的例子，在幼儿园时期我们已经掌握了数字的图式，但是对于加法计算仍不熟悉，因此需要仔细思考才能说出两样物品的价格。而随着计算能力的增强，长大之后个体个位数计算的图式已经相对完善，因此只需直觉加工便可解决以前需要分析加工才能处理的问题。所以说，在分析加工向直觉加工转化的过程中，图式扮演了重要作用。个体通过分析加工获取并不断完善相关图式，随后在图式逐渐内化之后，提取该图式所需消耗的认知资源减少，此时个体便可通过直觉加工直接提取相关图式即可快速解决问题。

三、影响因素

实现分析加工向直觉加工的转化是个体学习过程的必经之路，转化的完成意味着个体知识经验的丰富以及工作效率的提高，因此了解分析向直觉转化过程的影响因素具有一定的必要性。

（一）练习与强化

练习与强化是将新图式内化的重要手段。通过分析加工转化而成的直觉加工属于后天形成的直觉，而强化是后天直觉形成的关键因素。因此，在分析向直觉转化的过程中，个体需要通过多次重复练习强化获取的图式，从而更快更好地将其纳入原有认知结构中。在强化过程中，重复训练一方面能够使新图式快速内化；另一方面也可以发现所掌握图式的缺陷与不足并及时加以修正。所以，强化不仅是巩固新图式，实现内化的主要途径，同时也是图式不断完善丰富的有效手段。当然，根据班杜拉社会学习理论，强化包括直接强化、替代性强化与自我强化，根据不同的学习情境选择不同的强化方式对转化过程也会产生重要的影响。

(二) 认知灵活性

认知灵活性是指调整认知加工策略以适应新的或无法预测的环境变化的能力。认知灵活性水平高的个体往往表现为不固执、不拘泥于形式，在活动或程序改变时能很快适应新情境要求。实际上，分析加工与直觉加工间的转化就是认知灵活性的体现。具体来说，当直觉加工无法通过已有经验解决新的问题情境时，个体会及时调整认知策略，投入更多的认知资源从而转化为分析加工模式，直到形成新的经验图式；而当经验图式内化之后，个体随后会进行加工策略的调整，减少认知资源的消耗并转化为直觉加工模式。因此，可以预测认知灵活性高的个体，其实现分析向直觉转化的能力也相对较强。

当前，对认知灵活性的研究大多关注于规则转换任务，即被试从一个任务转换到另一个任务，如威斯康辛卡片分类任务(WCST)便是测量认知灵活性的一种常用工具。该任务包含128张任务卡片，卡片的颜色(红、绿、黄、蓝)、形状(三角形、五角星、十字、圆形)和图形数量(1、2、3、4)不同。任务中首先向被试呈现4张刺激卡片，分别是1个红三角、2个五角星、3个黄十字和4个蓝圆形。随后要求被试根据这4张卡片对128张卡片(反应卡)进行分类，分类的顺序是按数量、形状和颜色依次进行的。操作时不把分类顺序告诉被试，只告诉其每一次选择是正确或错误。WCST共设有13个测量标准，包括总应答数、完成分类数、正确应答数及正确率和错误应答数等(Nils, Lars, & Erik, 2008; Kim et al., 2011)。综合以上指标，可以将被试的认知灵活性分为4个等级：优秀、良好、中等和较差。

(三) 工作记忆

分析加工到直觉加工的转化体现在对认知资源消耗的减少上，那么两者间的相互转化就离不开认知资源的反复投入。因此，能调用认知资源的主体本身应予以重点关注。因为主体所具备的认知资源直接决定了其能够同时处理信息的能力，这一能力可体现在个体的工作记忆容量大小上。换句话讲，个体是通过工作记忆调用认知资源的。所以说,个体工作记忆容量是分析向直觉转化的重要影响因素。此外,工作记忆与认知灵活性有积极的相关性。从功能而言,认知灵活性要求个体将心理表征根据环境进行转换,体现其认知转移和抑制控制能力(Armbruster, Ueltzhöffer, Basten, & Fiebach, 2012),而工作记忆恰恰具备更新、抑制、转换的功能(Baddeley, 2010)。已有研究(Blackwell, Cepeda, & Munakata, 2009)发现,个体认知灵活性越高,其工作记忆成绩表现越好。同时,工作记忆中的转换功能被认为与前额叶有关,包括左侧前额叶皮质前部和右侧前额叶皮质背侧外部(Roger, Andrews, Grasby, Brooks, & Robbins, 2000),而认知灵活性被发现与大脑左侧前额叶有关(Armbruster, Ueltzhöffer, Basten, & Fiebach, 2012)。这表明,工作记忆与认知灵活性呈现较高的正相关,且拥有相似的神经机制。

总而言之,通过有效的方式提高个体工作记忆能力对分析向直觉的转化过程有积极的作用。已有研究者发现工作记忆能力可以通过训练得到提升(Klingberg, 2010)。一方面,通过任务训练的形式来提高个体的工作记忆能力,例如赵鑫和周仁来(2014)采用自适应活动记忆任务对成年人工作记忆刷新功能的训练,具体操作过程为:首先以2毫秒/个的速度,依次呈现一些动物图片,且每次出现的动物个数不相同,有5、7、9、11等四种长度,每种长度各随机出现5次,总共20次。要求被试依次记住最后出现的3个动物,即一直保持记住最近出现的3个动物。最后,向被试呈现出现的所有种类的动物,被试按照顺序依次点击最后出现的3个动物,经过多次训练之后,被试的工作记忆会得到一定程度改善。另一方面,通过一些神经技术如神经反馈法(NF)和经颅直流电刺激(tDCS)也可提高个体工作记忆能力,例如,研究者发现利用 NF 技术对 α 波的训练可以有效改善个体工作记忆(Nan, Rodrigues, Ma, Qu, Wan, Mark, & Rosa, 2012),对 θ 波的训练可改善个体的记忆刷新功能(Enriquez-Geppert, Huster, Figge, & Herrmann, 2014)。tDCS 则是通过人为主动操作某个区域的皮层兴奋性从而改善个体的认知功能,现有研究已经指出左背外侧前额皮质与工作记忆的改善有直接联系(Andrews，Hoy，Enticott，& Daskalakis，2011)。这两种方法通过对脑电波或脑区的直接操纵来实现认知功能的改善,具有一定的简便性和直接性,可以和传统训练方式结合使用。

第四节 分析与直觉的合作

一、如何选择加工模式

在生活中有些问题仅仅依赖直觉或分析加工便可解决,但很多情况下个体需要直觉及分析过程的合作才能做出最佳判断,所以在问题解决过程中个体需要根据不同的情境选择恰当的加工模式。区别直觉与分析过程的关键指标在于任务实际消耗认知资源的多少,而认知资源的消耗取决于个体就该任务所具有图式的丰富程度。具体而言,个体通过练习、强化等方式实现图式的丰富及内化,从而导致完成任务实际消耗认知资源的减少,最终实现分析过程向直觉过程的转化,因此可以看出选择加工模式的一个重要依据便是个体图式的丰富性。

(一) 图式丰富且已内化

在解决问题过程中,如果针对该问题已有丰富的图式经验,那么此时仅仅依靠直觉便可快速解决问题。例如,当被问自己的家乡在哪儿,个体可以脱口而出,不需要任何思考,因为家乡这一图式自小便形成,已经完全内化,一旦受到外界刺激,便可自动激活提取。此外,Evans和Curtis-Holmes(2005)在推理研究中发现,要求被试在5秒内做出反应会使其分析过程受到一定程度的抑制,但是对直觉加工并没有产生显著影响。而Johnson，Tubau和De Neys(2016)为被试设置不同难度的额外任务来控制认知资源的占用程度,结果发现直觉加工的反应时间、反应信心及正确率并没有随着任务难度的增长而形成显著差异,但分析加工过程却受到了显著影响。以上研究结果说明,已经内化的经验图式可以仅依靠直觉过程快速提取至意识层面,且相比较分析加工而言具有快速、较少占用认知资源的优势。因此,当图式丰富且已内化时,个体只需要通过直觉加工的参与便可解决问题,尤其在时间压力条件下,个体只能依靠直觉加工做判断,此时分析加工的参与不仅是对认知资源的浪费,甚至会对直觉过程产生不必要的干扰。

(二) 无图式情况

在以往双加工理论的研究中,研究者普遍认为分析加工速度较慢,占用较多的心理资源,更多地依赖于理性,属于串行加工,不容易受背景相似性、刻板印象的干扰,主要基于规则进行,其加工过程和结果都可以被意识到(De Neys & Bonnefon, 2013)。所以在学习过程中,我们需要分析加工的参与保障学习过程的推进。当面对一个从未接触过的全新问题时,个体无图式可调用,此时必须通过分析加工学习图式来解决问题,而依赖于经验图式的直觉无法发挥作用。例如,个体第一次见到铅笔时不知道它的用处,也不知道应该如何使用铅笔,只有通过学习掌握有关铅笔的图式才能知道铅笔的使用方法,而学习活动的有效开展是建立在分析加工的基础之上的。此外,一系列研究发现当分析加工与直觉加工的结果发生冲突时,加工速度较快的直觉加工往往会对加工速度较慢的分析加工产生不利影响,并导致各类非理性的偏差现象,例如基线比例忽视现象(Bonner & Newell, 2010; Bago & De Neys, 2017)、比例偏差现象(Mevel et al., 2015)和信念偏差效应(De Neys & Franssens, 2013; Pennycook, Cheyne, Koehler, & Fugelsang, 2013)等。因而可以推论,在无图式情况下依靠分析加工处理问题不仅可以帮助个体学习图式,同时也能够有效避免直觉的干扰。

(三) 图式不足或尚未完全内化

有时,我们遇到的问题是既熟悉又复杂的,即个体对某个复杂问题已经掌握了一定的图式,但是这些图式尚不足以解决当前问题。此时,个体需要依靠直觉自动提取已有图式,同时借助于分析加工的参与处理已有图式尚未涉及的部分。其实,生活中大多数问题的解决都需要直觉与分析加工的合作。因为现实情况中面临的问题往往是复杂多变的,即使个体已经掌握了图式,但也需要根据不同的情况找出特定的应对方案。比如，国际象棋大师虽然已经掌握了多种棋谱图式，但是由于对手的出棋方案是不可预测的，因此其在对弈过程中首先需要依靠直觉激活图式从而快速判断可能制胜的部分棋着，随后通过分析加工仔细推敲挑选出最佳方案。可见，即便是经验丰富的个体在解决复杂问题时也需要直觉与分析加工的合作。

关于直觉加工与分析加工的关系探讨，研究者提出了不同的模型，其中包括默认干涉模型（default-interventionist model）和平行竞争模型（parallel-competitive model）(Trippas, Thompson, & Handley, 2017)。默认干涉模型认为直觉加工先于分析加工产生，在问题解决过程中个体首先通过直觉形成一个默认答案，随后分析加工产生并对直觉加工的结果进行监测，若结果一致则维持直觉加工的结果，若结果不一致则推翻直觉加工的结果(Handley & Trippas, 2015)。平行竞争模型认为直觉加工与分析加工是同时产生的，两者相互竞争做出反应(Sloman, 1996)。两种模型均既有支持者也有反对者，但是不管如何它们都印证了在诸如推理等复杂问题解决过程中直觉与分析是相互合作、共同参与的。由于直觉加工是自动激活的，加工速度较快，因此其结果可以被个体迅速意识到，而分析加工是需要意识参与的，加工速度缓慢，因而可以对直觉加工的结果加以检测及调整。

当然，在解决问题过程中，个体所掌握的图式尚未完全内化时也需要直觉与分析加工的合作，这也就是我们常说的"不熟练"。例如，熟练的老司机可以一边开车一边听音乐或聊天，而刚拿到驾照的新手虽然开车的步骤全部掌握，但是在实际开车过程中仍需要专心致志，不能分心。直觉的形成需要图式的完全内化，但是若内化并没有完全实现，那么此时问题的解决仍然需要一定认知资源的投入，而分析加工的参与也可以帮助个体更快更好地将图式内化进而形成直觉。

二、分析与直觉合作的优势

在解决问题时，个体思维加工模式的选择主要有三种，包括仅依赖直觉加工、仅依赖分析加工和需要直觉与分析加工的合作。然而事实证明,生活中直觉与分析加工共同参与的加工模式是多数情况下的最佳选择,这一方面是受现实情境复杂性的影响;另一方面也是由于这种加工模式自身的显著优势。直觉加工与分析加工相互合作既可以发挥直觉与分析各自的优点,同时也能够抑制仅依赖某种加工方式所产生的缺陷。总体而言,直觉与分析加工合作的优势主要体现在以下几个方面:

(一) 弥补图式的不足

图式的不足包括图式不够丰富以及图式经验的扭曲与错误。

1. 图式不够丰富

直觉的产生一方面来自先天的本能;另一方面来自后天经验的积累。实验结果以及生活经验均告诉我们依赖于直觉加工可以帮助个体更快地做出选择,但是在某些情境下仅仅依赖直觉往往会致使我们做出错误的判断。通过经验积累从而不断丰富及内化图式是高级直觉形成的重要途径,但是在复杂问题中现有图式可能无法应对。例如,在考试过程中碰到已经烂熟于心的知识点,我们往往通过直觉便能知道相应的解题思路,这便是以高阶图式为基础的高级直觉;碰到没有复习过的知识点,我们缺少相关图式,只能凭直觉选择看上去正确的答案,也就是凭感觉蒙,这是一种低级直觉,而低级直觉对正确答案的选择几乎没有积极作用。所以说,经验图式对高级直觉具有重要意义,任务过程中相关图式的缺乏将会导致直觉无用武之地。而此时分析加工却成为个体获取相关图式的有效途径,当个体发现直觉自动提取的图式不足以完全解决问题时,可以借助于分析加工的参与进一步完善图式。

另外,在复杂而不确定的任务中,直觉也难以发挥作用,因为过于复杂的情境下,通过经验积累发展图式本身就是十分困难甚至是无法实现的,其中最典型的例子便是股市。股票市场非常复杂,股票的涨跌也受到多种因素的影响,因此即使你具有丰富的专业知识背景也难以仅依靠直觉对此做出精准的预测。股票市场从业人员可以向客户解释他们推荐某一只股票的理由,甚至能够讲述各种指数背后所代表的含义,即便如此他们也仅能提供该股票涨跌的可能性,因为股票极易受到外界一些不可控因素的影响,无法像考试一样凭借直觉做出精准的判断。所以,直觉与分析的合作便十分有必要,个体需要通过直觉把握全局,随后利用分析加工做进一步细致推算。

2. 经验图式的扭曲与错误

社会学习理论强调观察学习在个体学习过程中的作用,但有时通过观察获得的经验并不是正确的,这也直接导致后续直觉判断的错误,在生活中这种现象比比皆是。例如,儿童在广告、网络视频或者父母不良的言传身教中习得了不好的行为习惯,这些行为内化成直觉并在其未来的行动中不自觉地表现出来。因此,错误的图式往往导致错误的直觉表现,有时个体甚至对错误行为不自知,同时由于直觉过程快速、自动化的特点,即使个体意识到表现的错误,但是仍然很难抑制直觉表现,此时应当需要分析加工的参与,让个体意识到行为的不当之处并提供改正的可能。直觉与分析加工的合作既可以保障行为的快速产生,同时又可以对直觉产生的结果进行有效监控,及时修正不良行为,所以可说是修正经验图式的最佳方案。

(二)克服思维定势与刻板印象

1. 思维定势

过分依赖直觉常常会使个体陷入思维定势中。思维定势是指重复先前的心理操作所引起的对活动的准备状态,简单来说就是个体按照同一种方式思考、解决问题的习惯。思维定势有其积极作用,它可以帮助个体明确应该将注意力集中在哪儿,同时忽略哪些不重要的细节,例如在学习完数学例题之后,个体可以按照原本的解题思路迅速知道解题的关键点在哪儿,节约大量的时间精力。但是它的消极作用也不容忽视,前文提到的"球拍和球"问题就显示了思维定势的局限性。

当看到题目时,很多人的第一印象是球拍价值 1 美元,球价值 0.1 美元。因为大多数人受思维定势的影响,将球的价格计算为 1.1－1＝0.1 美元,但仔细分析之后可以发现正确答案为球拍价值 1.05 美元,球价值 0.05 美元。出现这种问题的原因是人们对很多事情的认知已经固化,习惯性地用固定的方式去看待问题。有时候经验图式虽然能够帮助我们快速将注意力集中在重要信息上,但是也常常使我们忽略一些关键的细节,导致错误的答案。产生思维定势则说明个体习惯用固有的图式去应对所有相似的情境,而忽略相似情境中的差异性。而便利法则可以为思维定势的产生提供一定的解释。便利法则是个体在社会认知过程中常常会采用的一种认知法则,即根据一件事进入脑海的难易程度来做出判断。Markus(1991)通过实验证明了这一认知原则的存在。首先,他让一批被试写出6次表现出自己有主见的事情,让另一批被试写出12次表现出自己有主见的事情,写完之后让所有被试评价自己有主见的程度。结果发现要求写出6次有主见的事件的被试相对来说认为自己是有主见的,而要求写出12次的被试相对而言认为自己是没有主见的。该结果符合便利法则的假设,因为相比较而言,写出6次表明自己有主见的事件的难度要远低于写出12次,被试依据成功回忆的便利性来判断自己有主见的程度。生活中这样的示例也很常见,例如当被问及飞机与汽车哪种交通方式发生事故的概率更高时,人们的直觉往往认为是飞机,因为一旦有飞机失事,新闻媒体会进行大量的报道,个体对其印象深刻,这些事件也更容易从脑海中提取出来,但是数据显示汽车发生交通事故的概率要远高于飞机,造成人们错误判断的原因便是便利法则。

过分依赖直觉便是对便利法则的坚决贯彻。由于内化的经验图式对个体而言是极易提取的,此时仅依赖直觉做判断也就是根据图式的提取难度做判断,一旦经验图式本身存在错误或者经验图式与当前环境并不完全匹配时便会导致错误的判断。因此,容易出现思维定势的情境中,分析加工的加入就显得格外重要。在此过程中,直觉加工负责图式的激活与提取,而分析加工负责图式内容的检测以及图式与环境匹配度的判断,这样不仅可以保障思维加工的速度,又能够提高结果的正确率。

2. 刻板印象

只依赖直觉解决问题也会造成刻板印象。正如前文所提到的,刻板印象是人们对某个事物形成的一种固定的看法,虽然有时刻板印象可以帮助我们快速做出决定,但是事实证明很多刻板印象是片面甚至是带有偏见的。

或许,第一印象可以部分解释刻板印象的特性。所谓第一印象,即对某个个体或事物的最初印象,也是我们对这一个体或事物图式形成的关键阶段。最初的图式一旦形成往往难以改变,虽然它并非总是正确的,但是它总是最鲜明、最牢固的。就图式加工过程而言,最初的图式形成之后便会迅速内化进而形成直觉,此后想要改变这一图式就十分困难,久而久之,第一印象极有可能转化为个体的刻板印象。正因为第一印象的重要性,所以人们在与他人初次见面时大多格外注重仪表姿态,以期给他人留下好印象。但是,第一印象常常是个体刻意表现出来的形象,如果仅仅依靠第一印象做判断不免狭隘、片面。所以,此时需要分析加工的参与,时刻对最初内化的图式进行检测与调整,避免陷入刻板印象的陷阱中。

另外,晕轮效应(又称光环效应)也可为刻板印象的产生提供解释。晕轮效应是指评价者对一个人多种特质的评价往往受其某一特质高分印象的影响而普遍偏高。与之相对应的还有负晕轮效应(又称扫帚星效应),主要指评价者对一个人的多种特质的评价往往受其某一特质低分印象的影响而普遍偏低。例如外貌便是极易产生晕轮效应的特质。生活中,当见到一位外表吸引力较高的同事或同学时,我们经常将其外表吸引力类化到许多与外表无关的特性中,比如对其性格、态度等其他人格因素都产生较高的评价。其实,通过晕轮效应形成的图式大多是片面、缺乏理性的,甚至是以偏概全的。因此,当个体通过直觉自动激活相关图式之后,需要通过分析加工修正其中不理性之处,从而对事物持有更加公正客观的态度。

(三) 避免无限纠结,提高工作效率

分析加工是缓慢的、需要意识参与的,主要基于规则进行。依靠分析加工可以帮助个体快速学习,掌握更多的图式,但是在某些情况下过分依赖分析加工反而会造成不良结果,此时也需要直觉加工的参与帮助分析做决策。

分析加工是个体累计经验、完善图式的重要途径,但是若是事事皆依靠分析加工,那么个体便会疲惫不堪,工作效率降低。分析加工学习图式的过程其实便是图式内化,向直觉转化的过程。在学习过程中,有部分图式逐渐内化,而这一部分图式只需依赖直觉加工处理即可。个体的认知资源是有限的,若仅依靠需要大量认知资源投入的分析加工处理问题,那么个体的学习过程只能缓慢推进。相反,适当将部分已内化的图式交由直觉加工则可以将有限的认知资源针对性地用于学习新图式中,不仅舒缓了学习压力,也能够大幅提高整体效率。

　　分析加工依靠逻辑规则处理问题,但有时又会被规则所限制。

1. 同一问题进行判断的规则标准可能是多重的

　　若均按分析加工处理则需要列出每一条规则并一一计算。例如,人们在买车时往往需要对几个备选车型进行比对,并从中挑选最适合自己的。但是,车辆好坏的判断标准有很多,如价格、空间大小、颜色、品牌等,若对诸多标准一一进行比对,那么便会陷入死循环,因为不同的标准可能指向不同的结果,如按价格来判断可能 A 车更合适,按空间大小来挑选可能 B 车更合适。这种情况下,个体可以通过直觉选择几个最为关注的标准,如价格、品牌,放弃其他不重要的标准,如颜色等,既能简化挑选的过程,也可以促使我们更快更好地做出选择,从规则的束缚中解脱出来。

2. 仅依靠逻辑规则处理问题还会陷入"两可地带"的困境

　　正如上文买车示例所示,当判断标准太多时,个体可以依靠直觉挑选出最关注的几个标准帮助决策过程的推进。若进行比较的选项中,其中一个与自我预期十分匹配,而另一个极其糟糕,那么个体无需犹豫便能做出选择。但是,如果两个选项对个体的吸引力程度相似,此时仅依靠逻辑规则判断便只能陷入无限纠结的境地。比如,买车过程中个体选择价格、空间大小为关注的标准,但是可能有两辆车在这两个标准上的结果很接近,具体来说,它们对个体而言具有大体相当的优势和劣势。分析过程在此情形下已束手无策,此时我们只需依靠直觉选出心中的最佳答案即可。

三、促进合作的有效途径

综上所述,解决问题时个体如已有丰富图式,此时仅通过直觉加工即可,如个体并无图式,此时需要分析加工来学习图式。但生活中大多数复杂问题的解决还需直觉加工与分析加工的合作,从而弥补图式的不足、克服思维定势和刻板印象的局限,并且摆脱规则的束缚,显著提高工作效率。因此,在实际决策过程中,我们需要了解促进直觉与分析加工合作的有效途径,帮助个体更好更快地做出决策。

(一) 直觉的关键作用

实现直觉与分析加工的合作,首先必须明确直觉的关键作用。

直觉与分析加工合作中,直觉加工往往是贯穿分析加工的全部过程的。此时,分析过程的展开是建立在直觉加工的已有图式上进行的,若无已有图式那么只能依靠分析加工进行,又何谈两者的合作。人类的视觉系统是直觉重要性的绝佳示例。人类视觉系统包括一个边缘结构和一个视网膜中央凹。边缘系统负责提供整体的视野,避免人类在空间中迷失方向。中央凹使人类能够分辨精确的细节,同时将视线集中于目标之上。在日常生活中,我们既需要边缘系统,也需要中央凹。如果边缘系统受损,个体只剩中央凹视觉,便如同通过一根吸管窥探世界,每次只能看到世界的一小部分,无法判断周遭的环境。如果中央视觉受损,个体便无法完成在视觉上有精确要求的任务,例如阅读,但个体仍具备整体性视觉,因此其自由活动的能力并未受限。从以上可以看出,相较而言,两者之中边缘系统对个体生活的意义更大。

人类的直觉加工与边缘系统相似,负责整体性加工,帮助个体在决策过程中掌控大局,而分析加工与中央凹相似,负责精细加工,保障个体能够对特定的任务进行仔细的思考。与人类视觉系统相似,认知过程中直觉加工亦发挥了基础性的作用,分析式的精细加工的推进需要在直觉式的整体加工的基础上进行。正如默认干涉模型所示,决策过程中直觉加工先激活已有图式,而分析加工是通过对直觉加工结果的检测与完善发挥自身作用的。因此,要实现直觉与分析加工的合作,必须发挥好直觉的关键作用。

(二) 图式的扩充与完善

通过图式的扩充与完善,可以促进直觉与分析的合作。在直觉与分析加工的合作过程中,直觉发挥了关键且基础性的作用,那么为了更好地作出决策,必须从加强个体直觉加工着手,而图式便是其中重要的一环。

高级直觉产生的基础在于图式的丰富与内化。柯林斯等人(Collins & Loftus, 1975)提出的激活扩散模型解释了图式概念的激活过程。激活扩散模型认为各种图式之间是一个相互联系的图式网络,其中有的图式之间联系紧密,有的图式之间联系较松散。当一个图式激活时,与之相关的其他图式也会被激活,但是激活的强度会随着传递距离的增加或传递时间的延长而降低。例如,当"红色"这一图式被激活时,与之相关的图式"火"随后也被激活,接着个体可能会激活"火灾""房屋""消防车"等图式。与原本图式联系紧密的图式便是已经内化的图式,只需直觉加工便可自动提取,而与原本图式联系较松散的图式还尚未内化,需要一定的思考才能被激活,此时需要分析的参与。所以,为了加强直觉加工的功能,当前的关键在于扩充与完善图式,加强各种相关图式间的联系,从而形成一个庞大的图式网络。当其中一个图式被激活时,其他相关的图式也随着自动激活。图式网络中相互联系且又相互独立的图式越多,那么个体的直觉过程也会更加顺畅,而分析加工的任务便是根据不同的情境检测激活图式的恰当性,同时通过不断地学习扩充图式网络的内容。

第四章

直觉型人格

　　张拍脑袋和王深思上高中的时候，很多家庭都有了个人电脑。张拍脑袋和王深思两家人也寻思着，去电脑城买电脑，帮助他们学习。

　　两家人到了电脑城，里面有各色各样的电脑。张拍脑袋在里面转了一圈，指着一台电脑说："就它了。"一家人顺利地买下了这台电脑。

　　王深思却在电脑城里从早晨看到了晚上，仔细地比较着各个品牌、型号的电脑。从显示器尺寸，到CPU，再到价格，他都做了详细的统计和比较。直到最后家里人催得不耐烦了，他才选择了一个性价比最高的电脑。

　　一天，王深思去张拍脑袋家看光碟，看着看着，忽然黑屏了。

　　"你别动，我来检查一下线路，看看是显示器的问题还是主机的问题——当然，还有可能是光驱不行了。"王深思趴在电脑后面看了很久，却没看出什么问题来。

　　张拍脑袋等得不耐烦了，抬手"砰砰"敲了两下电脑，屏幕居然重新亮起来了。

　　"这不结了吗？"张拍脑袋对着目瞪口呆的王深思说。

　　张拍脑袋和王深思的人格，究竟有着哪些差异呢？

第一节 直觉型人格

一、关于直觉型人格

导读故事中,幼儿期的张拍脑袋的人格逐渐发展,显示出直觉型人格的特征。人格体现了个体的独特之处,那么人格是什么?它来自先天遗传还是后天培养?

在心理学中,由于角度的不同,目前对于人格并没有统一的定义。从词源上看,人格来源于拉丁文"persona"一词,是指古希腊演员在表演时所戴的面具。Eysenck从心理学角度提出,人格是人的一种持久稳定的组织,由性格、气质、智力和体质等因素组成,并受到遗传和环境的相互作用的影响(宋剑祥、何亚芸,2013)。

在我国,大部分学者认为人格具有独特性、稳定性、统合性和功能性。"人心不同,各如其面"体现了人格的独特性。"江山易改,秉性难移"是人格的稳定性,但并不是说人格是一成不变的。统合性是心理健康的重要标志,只有当人格结构各方面彼此和谐一致时,人才是健康的,若人格的统合性失调,就容易出现人格障碍。最后,人格在一定程度上会影响人的行为方式,具有一定的功能性。例如,张拍脑袋的直觉型人格影响他的决策行为,随着他慢慢长大,这种影响会扩展到他的职业选择,以及未来的生活。

那么直觉型人格的特征仅仅是快速的做出决定吗?答案是否定的。直觉在生活中被我们称为灵感或是第六感,是丰富的想象力和敏锐的感知力的结果,但是直觉不是凭空的幻想,大多数直觉来自我们的经验积累。在人格方面,直觉型个体不去考虑事情的后果,喜欢根据自己的经验进行选择、易冲动、喜欢即时的奖励。在认知方面,直觉型个体具有敏锐的感知力,富有想象力,具有较高的创造力、智力和内隐记忆力,即直觉型人格在不同的方面有着不同的表现(雷安,2010;Cheng, Kim, & Hull, 2010; Furnham, Moutafi, & Paltiel, 2005)。

二、荣格的理论

关于人格的理论有很多，本章主要介绍荣格的人格理论。荣格是20世纪瑞士著名心理学家和精神病学家，精神分析学派的重要代表之一，分析心理学的创始人。荣格的理论受到弗洛伊德的重要影响，但又与其有所不同。

(一) 心理结构理论

荣格将人格结构分为意识、个人潜意识和集体潜意识。他曾经将人格结构比作一个岛，意识是露出水面的部分。个人潜意识是水面下的地面部分，而集体潜意识是岛的最底层，是基底的海床。其中，意识是唯一可以被个体知晓的部分，自我是个体意识的核心。个体潜意识包括一切被压抑的记忆、知觉经验、梦和幻想等，与个体经验息息相关。个人潜意识的内容是情结，情结是带有感情色调的观念或思想的组合。例如恋母情结、权力情结等。最后是荣格理论中最具特色，也是最具有争议的一个概念，集体潜意识。集体潜意识处于最底层，通过遗传获得，根植于物种祖先的过去，不被人所独有，为人类普遍拥有。大多数学者认为，个体潜意识、集体潜意识与直觉相似，隐藏在深处，很难被人发觉，却能影响个体的行为。

集体潜意识的主要内容是原型，例如人格面具、阿尼玛、阿尼姆斯和阴影等。人格面具是指一个人在日常生活中展示给别人的形象，为了能够取得社会的认可，这种形象符合个体扮演的社会角色的特征，所以这种形象并不一定与真实情况相符。阿尼玛是远始祖先遗传下来的，是男性无意识中存在的有关女性的原型，它可以帮助男性更好地理解女性，找到合适的伙伴。而阿尼姆斯是女性通过遗传获得的关于男性经验的原型，同样，它可以帮助女性与男性更好地沟通交往。阴影代表的是个体同性别的原型，可能是原型中最强大的、最黑暗的，是人类原始性格的遗留，保留了最多的动物本性。

不难看出，直觉类似于我们的潜意识，即自动快速、不能轻易地被个体意识到，但却能够通过某种方式表现出来，影响我们的日常行为。

例如,当一个人的某种品质或者一件物品的某种属性,给人留下良好深刻印象时,人们会倾向于认为这个人的其他品质或这件物品的其他属性都是好的,这就是光环效应,也叫晕轮效应。爱屋及乌是光环效应的典型特征。广告就是利用了此效应,广告经常请明星代言,因为人们看见喜欢的明星代言产品,潜意识里认为产品和喜欢的明星同样好,从而去买明星代言的产品。

(二) 心理类型理论

荣格是人格差异领域的开拓者之一,他划分了心理类型,提出心理类型理论。心理类型是由2种态度以及4种独立机能组合而成。而2种基本态度为外倾和内倾。外倾指向于外部环境,与环境的互动更多,而内倾与外倾恰好相反。内倾型的人更加关注内心世界,喜欢主观的看待问题。荣格认为,现实生活中并没有纯粹的外倾和内倾性人格,大多数人是两种人格特点都有,只是一种比另外一种更占优势。

另外,4种独立机能分别为感觉、思维、情感和直觉。荣格认为,感觉和直觉属于非理性功能,主要与人们对信息的理解有关,并认为直觉是我们在不确定、没有资料参考的情况下,对过去和未来发生的事情的预感。他将这4种类型与上述的2种基本态度组合,构成了8种机能人格类型,8种机能类型分别为:外倾思维型、内倾思维型、外倾情感型、内倾情感型、外倾感觉型、内倾感觉型、外倾直觉型和内倾直觉型。8种类型各有其特征,见表4-1-1。

表4-1-1 心理类型的特征

态度 机能	外 倾	内 倾
思维	根据客观现实行事,思维功能占优势,做事机械僵化	不受外界的影响,固执己见,社会适应能力较差,忽视生活实践
情感	爱好交际,做事时容易受到情绪的影响,多愁善感	情感是内在因素引发,情感藏在内心深处,对他人漠不关心,沉默但却有主见
感觉	喜欢追求新异刺激、获得新的感觉体验,容易沉溺于不良嗜好之中,凭自己的感觉做事	沉浸在自己主观的感觉世界里,对外部世界并没有太多感受,比较沉静

续 表

态度 机能	外　倾	内　倾
直觉	在生活中依赖自己的直觉或是灵感来行事，具有开拓精神和创造性，对外界事物具有敏锐的观察力和感知力	不关心外界真实的事件，善于幻想，行事乖张不易被人理解

荣格理论中所讲的外倾直觉型和内倾直觉型符合大部分直觉型人格的特征。外倾直觉型个体更喜欢依据自己对外部环境的感知来快速地进行决策，而内倾直觉型的个体则与此相反，他们更倾向于依靠自己的内心世界及经验来做出决定。大部分的商人属于外倾直觉型，他们能根据直觉，敏锐地感知外部环境的变化，使公司更好地适应环境，更好的发展。艺术家则更多的属于内倾直觉型，他们大多喜欢沉溺于自己的内心世界中，不太关心外界环境。

(三) 直觉型人格的测量

学者通过对不同人格类型的研究，编制出许多人格量表。大多数研究采用梅彼类型指标人格量表(Myers-Briggs Type Indicator personality inventory，MBTI)、理性-经验量表(Rational-Experiential Inventory，REI)、直觉行为问卷(Intuitive Behavior Questionaire，IBQ)、直觉兴趣问卷(Self-Perceived Interests Inventory)、想象分类任务和比喻倾向测验等来测量直觉。其中，使用比较广泛的便是 MBTI 量表。此量表是由 Briggs 和 Myers 在荣格理论的基础上编制而成。

MBTI 量表具有一定的理论基础，用于专业评估，结果也易于向大众解释。通过测量，我们可以了解自己人格倾向于直觉型的程度，更好地利用自己的直觉优势。另外，MBTI 可用于团队建设，分析团队的个体差异和领导能力。同时，也可用于家庭婚姻领域、教育领域等(田玲飞，2007)，其中在教育领域的应用效果尤为显著，可以根据学生的人格类型来匹配相应的教学和学习模式，使学生得到更好的发展。

第二节 直觉型人格的特点

一、直觉型人格的气质

气质是人格的先天基础,是理解人格起源的重要概念。它描述了人格发展的初始状态,并将个体在行为上的差异与潜在的神经网络联系起来。气质和经验一起发展为人格,它包括个体对自我、他人、身体和社会、世界的认知发展,以及个体的价值观、态度和应对策略。

在生活中,我们会说一个女生很有气质,或是说这个人具有文艺气质。那么,气质到底是什么?直觉型人格的气质又会有什么样的表现?

(一) 气质类型

气质是我们最先表现出的个体差异,它在心理活动的强度、灵活性等方面会表现出一种稳定而持续的心理特征,是与生俱来的,不受环境影响,无好坏之分(杨丽珠,刘文,2008)。从婴儿期开始,有的孩子容易害怕,注意力持续时间很短,容易哭泣;另一些孩子喜欢激烈的游戏,不容易分心,喜欢令人兴奋的事情(Rothbart,2010)。这些反应,以及调节这些反应的机制,便构成了个体的气质。

个体一出生就具有自己的气质,这种气质是独特的。希波克拉底提出的"体液说",是最早的有关气质类型的划分。他认为人的体液分为血液、黏液、黄胆汁、黑胆汁,根据某种优势的体液把人分为多血质、黏液质、胆汁质和抑郁质。每种气质类型都有其特点,见表4-2-1。

表4-2-1 气质类型的特点

气质类型	特 点
胆汁质	反应速度快,活泼好动,果断勇敢,脾气暴躁,好争论,冲动,注意力易转移
多血质	外向却不稳定,精力旺盛,直率热情,灵活,善于交际,易冲动
黏液质	冷静沉着,善于忍耐,反应缓慢,沉默寡言,主动性较差,固执死板
抑郁质	自制力强,踏实稳重,情绪体验深刻,多愁善感,敏感孤僻,优柔寡断

从直觉方面来讲,胆汁质表现出最多的直觉型人格的特征,其次为多血质、黏液质,最后是抑郁质。中国的四大名著家喻户晓,书中的人物形象栩栩如生,每个人物都有其独特的气质。例如,《三国演义》中的张飞是典型的胆汁质代表人物,威风凛凛,但易骄傲,被认为是鲁莽、疾恶如仇的一介武夫,凭自己的直觉冲动行事,在攻取汉中时,被曹休识破计谋,战败而归,最终也是以短取败,被自己的麾下将领谋杀。此外,《水浒传》中的李逵、鲁智深同样属于胆汁质。《西游记》中师徒四人西天取经的故事更让我们津津乐道,火眼金睛的孙悟空具有敏锐的洞察力,正确地利用自己的直觉行事,懂得灵活变通,也易冲动,经常与猪八戒吵架,是典型的多血质类型,具有部分直觉型人格的特征。而经常沉默寡言的沙僧则属于黏液质,冷静沉着,自我控制能力强,能够细致地考虑问题,而不是果断做出决定,所以主动性差,固执死板。最后抑郁质的代表人物则是《红楼梦》中葬花的林黛玉,情绪体验深刻而强烈,多愁善感,优柔寡断,反应迟缓,沉浸在自己内心的世界中。沙僧和林黛玉两者的气质类型与直觉型人格的特点相差较大,但是每种气质都具有各自的优缺点,气质无好坏之分,不具有道德评价的含义,任何气质类型的个体都可以通过自己的努力而获得自己相应的成就。

(二)气质类型与延迟满足能力

现实生活中,我们总是在做着各种矛盾的选择,一方面我们可以得到即时的安逸和快乐;另一方面我们却需要努力进取、克服困难之后才能得到更好的奖励和发展空间。那我们到底该做出怎样的选择?这在一定程度上取决于我们的延迟满足能力。第一章提到的棉花糖实验就是在考验儿童的延迟满足能力,如果儿童能成功地坚持下来,那么他的延迟满足能力相对较高。延迟满足是自我控制的核心要素,是人们为了获得更具有价值的结果而放弃即时奖励的选择倾向。

我国学者提出了幼儿的5种气质类型,分别为均衡型、抑制型、专注型、活泼型和敏感型。以往的研究表明,幼儿的气质类型影响个体的延迟满足能力。马晓明(2007)在研究中发现,气质类型为专注型、抑制型和敏感型的幼儿,延迟满足能力较强,能够为了长远的结果而放弃当时的奖励。气质类型为均衡型和活泼型的幼儿,延迟满足能力较低。

出现上述结果与幼儿各种气质类型的特征有关。专注型、抑制型和敏感型的幼儿活动性较低,对外界环境的反应性较低,不会太过于冲动,会考虑内外环境的因素,较少利用自己的直觉来做出选择;而均衡型和活泼型的幼儿,相比于其他3种气质类型,情绪性较不稳定,注意力不持久,易冲动,倾向利用自己的直觉来做出决定,不会考虑长远的结果,延迟满足能力较低。延迟满足能力对于个体来说是一项重要的自我控制能力,影响个体未来的发展。而直觉型人格做事冲动,反应快速,没有时间来进行深入透彻的分析,更多地倾向于即时的奖励,所以导致延迟满足的能力较低。

气质与人格密切相关。学者依据不同的角度,划分了不同的气质类型,而直觉型人格在不同气质类型上有不同的表现。气质大部分受遗传的影响,但并不意味着后天的环境对其没有影响,父母教养方式和同伴交往等都会对气质产生影响。另外,气质也会影响个体的学习、社会交往等。

二、直觉型人格的思维风格

思维是我们认知活动中重要的部分,人格所具有的各种特征可以通过个体的思维方式进行展现,从而形成自己独特的思维风格。进入幼儿期,儿童的思维得到较大的发展,其特点是以形象性直觉为主要特征,同时需要进行分析思考的逻辑思维也在得到发展,幼儿借助于言语实现直觉向分析思维方式的转换。

(一) 思维风格的理论

幼儿思维的研究最具代表性的学者是 Piaget,他通过三山实验、守恒实验和类包含实验研究幼儿思维。三山实验的过程是让儿童对一个有3座山丘的立体沙丘模型,从前后、左右不同方位观察,然后让儿童看4张从前、后、左、右4个方位所摄的沙丘的照片,让儿童指出和自己站在不同方位的另外一人(娃娃)所看到的沙丘情景与哪张照片一样。结果儿童全部认为别人在另一角度看到的沙丘和自己所站的角度看到的沙丘是一样的。实验结果表明幼儿的思维缺乏逻辑性,具有主观性、自我中心性,不能从他人角度看待事物。

随着个体年龄的增长,思维也得到发展,个体逐渐形成自己的风格。风格是指使个体喜欢某物并倾向于做某事的一般特征,是个体的偏好方式。而思维风格是指一个人的思维方式,是个体运用能力方式的偏好,没有好坏之分。早期,Witkin在垂直视知觉的研究中发现了场独立与场依存两种类型的思维风格,两种类型的区别在于个体对外部环境的不同依赖的程度上,通常用棒框仪和镶嵌图形测验鉴别(孙广治,2004)。

镶嵌图形测验要求被试从复杂的图形中找出指定的简单图形的过程。研究发现,场认知方式影响个体对表情的识别。例如,范美琳(2018)利用镶嵌图形测验测量被试的场认知方式,并将被试分为场依存型和场独立型两组,让两组被试对动态的6种基本表情(厌恶、快乐、惊讶、愤怒、悲伤、恐惧)进行识别,并记录被试的反应时,探讨两种认知方式与表情识别之间的关系。结果显示,场认知方式影响动态表情识别的反应时。场依存型组在识别快乐、愤怒、厌恶、惊讶和恐惧的反应时均高于场独立型组,而在悲伤表情的识别上,两组无差异。

两种思维风格各自的特征,可以解释上述结果。场依存型个体在识别表情时从整体出发,更多地依赖外部环境,易受到外在参照物的影响和干扰,花费更多的时间。而场独立型个体不易受环境的影响,倾向于依赖自身内部的因素进行识别,加工时间较短。直觉型人格更多地表现为场依存型,倾向于从整体着手,善于感知外界环境,但也容易受到外界因素的干扰,花费更多的时间。

另外对思维风格进行划分的是Kagan(1966),他认为思维风格分为冲动型和沉思型,冲动与沉思的差异主要体现在对问题的思考速度上,通常用相似图形匹配实验来鉴别。随后,他根据双加工理论划分了整体型和分析型两种思维风格。整体型倾向于以直觉为主的系统1,从整体着眼,基于先前的经验处事。而分析型则倾向于以逻辑规则为主的系统2,关注事物的细节(Evans,2003)。在双加工理论的基础上,Choi,Koo和Choi(2007)编制了分析性—整体性思维的量表(Analysis-Holism Scale,AHS)来测量个体思维方式。白帆(2011)在

Choi 等的基础上，修订出中文版的 AHS，并进行了广泛的应用。

最后是 Sternberg 的思维风格理论。Sternberg 从认知、人格、活动三方面对思维风格进行了归类，从功能、形式、水平、范围、倾向等方面进行划分。其中，按水平划分为整体型和局部型两种类型。在此基础上，Sternberg 等人编制了《思维风格量表》来测量思维风格的类型，我国大多数有关思维风格的研究是在 Sternberg 理论的基础上进行的。Sternberg 理论和双加工理论所提出的整体—分析型思维两者有异曲同工之妙，两者的整体型思维与直觉密切相关，都体现了直觉的特点，属于直觉思维。

（二）思维风格的特点

Sternberg 认为，文化、年龄、性别、家长的风格、宗教、学校教育以及工作会影响一个人思维风格的发展，其中绝大多数已经得到了实验研究的支持。例如，范洁琼（2009）在研究中发现，教养风格对个体的思维风格存在影响。另外，时午（2016）在思维风格量表和教养方式的差异研究中，也支持了上述观点。这里，我们主要从文化、性别、年龄和创造力等方面介绍思维风格的特点。

文化对个体的一生有着潜移默化的影响，影响着个体的心理和行为。从古至今，东方人倾向于认为世界各物都是相互联系的整体，关注事物的背景，而西方人则倾向于把宇宙看作是由独立的物体组成的，关注事物本身。Nisbett，Peng 和 Choi（2001）对中美学生的思维风格进行了小样本的研究，将学生的思维风格划分为整体型和分析型两种。整体型在处理事情时，倾向于从整体入手，对内容进行整体的感知和理解；而分析型喜欢从局部着手来处理事情，倾向于对问题进行评判性的思考和归纳。他们的研究中发现，中国学生多属于整体型，而美国学生多属于分析型。研究结果与各自国家的文化联系密切，自古以来，中庸之道和整体性是中国人的思维方式，强调集体文化；而美国受古希腊文化的影响，更多地喜欢独立，强调个体文化。两国文化的差异，是学生思维风格的差异重要原因。

思维风格不仅在不同的文化下具有差异，在单一文化下的个体，同样存在不同的思维风格,即存在个体差异。例如,我们会看到许多的情景类益智推理节目,在节目中,人们会制造一个案件,让参与者通过寻找线索,来找到关键人物。在最后的投票环节中,女性参与者总会说自己是根据直觉做出的决定,而男性则更多地对线索进行分析推理,得出结论。以上现象在现实生活中比较常见,说明女性更多的拥有直觉型人格的特征,表现出整体型思维。

性别差异的原因主要与社会文化和带有刻板印象的教育有关。在社会文化方面,男性要勇敢独立、有担当,女性要贤惠温柔、稳重持家,这种社会期待在当今社会依然存在。人们为了达到社会期待的角色,避免消极的评价,便按照此种方式生活。随着时间的推移,这种模式在人们心里成了一种刻板印象。在父母教育方面,受到社会文化的影响,拥有刻板印象的父母倾向于按照男主外、女主内的模式来教育孩子。

思维风格不仅在性别之间存在差异,随着年龄的增长,个体的思维风格也会发生变化。陈曦(2010)使用物体分类任务对儿童、成人和老年人的思维风格进行了一项发展性的研究。物体分类任务是先给被试呈现 3 张图片,拿出 1 张图片让被试判断应该与另外 2 张的哪一张图片放在一起。例如,3 张图片分别是牛、鸡和草。拿出牛的图片,让被试判断应该把这张牛的图片与哪一张放在一起。如果被试把牛和草放在一起,则是根据两者的关系,基于先前的经验进行的归类,属于整体性思维。如果被试把牛和鸡放在一起,则是根据逻辑,判断两者的类别进行的分类,属于分析性思维。研究结果发现,思维风格受年龄影响较大,儿童和老年人更多的是整体型思维占主导地位,而成年人倾向于分析型思维。出现此结果的原因可能与认知能力有关,认知能力随着年龄的发展趋势为"发展—成熟—衰退"。儿童时期,认知能力得到初步发展,在成年期逻辑思维的发展达到顶峰,随着年龄的增加,老年人认知能力有所下降,更多地基于先前的经验进行决策,导致占优势的思维风格也在不断地变化。所以从儿童到老年人,思维风格的发展趋势为整体型—分析型—整体型。

思维风格的另一方面是与创造力的关系。郑磊磊和刘爱伦(2000)

用威廉姆斯创造倾向问卷测量被试的创造力。结果发现,思维风格与个体的创造力有关。整体型思维风格具有高的创造力倾向,因为整体型风格的个体更多地从事物整体出发,较多地依赖自己的经验直觉思考行事,不对事物的细节进行推敲,不受其他环境因素的干扰,灵活而自由。例如,建立起几何学这栋辉煌的大厦的欧几里得,在浴室里找到了辨别王冠真假的方法的阿基米德,发现苯分子环状结构的凯库勒,都是通过直觉思维解决问题的成功典范。

> **知识窗:理性和直觉的思维方式对食物选择的影响**
>
> 在日常生活中,思维方式会影响我们的决策。具有不同思维方式的个体在做出选择时,会以不同的信息作为参照。Ares, Maiche, Giménez 和 Mawad(2014)等人做了一项有趣的研究。该研究让被试对不同的酸奶标签进行选择,然后完成 REI 量表。该研究的目的是考察被试在评价酸奶标签时,理性和直觉的思维方式对消费者选择和信息处理的影响。研究结果发现,倾向于理性思维的个体在选择标签时,会去寻找更多的信息,同时会对营养类信息进行深入分析之后做出选择。原因是营养类信息很难理解,倾向于直觉思维的个体会无意识的忽略它们。但是当营养信息以图示形式出现时,两类被试的差异会减少,表明直觉思维的个体更多依赖直观、易懂的信息进行决策。另外,思维方式也会影响人们对事物的价值的判断,有些人认为某物品价值连城,而思维方式不同的个体则可能会认为其并无太大价值。

第三节 直觉型人格的积极发展及影响因素

遗传是人格形成的自然基础,而人格是遗传和环境交互作用的结果,直觉型人格也是如此。大多数研究者采用双生子研究探索遗传和环境对人格的影响。相关研究结果显示,分开抚养的同卵双生子人格类型相关性低于一起抚养的同卵双生子。因此,应注意环境对直觉型人格形成的影响。

一、家庭

家庭是儿童最先接触到的教育场所,出生所在地、家庭经济地位、父母的受教育水平、教育观念和教养风格等都会对儿童的直觉型人格产生影响。以第一章提到的儿童注意缺陷多动障碍(ADHD)为例,它是常见的神经发育障碍性疾病,主要症状为多动、好冲动和易激惹,具备直觉型人格的典型特征。熊伟(2015)等人在探究注意缺陷多动障碍患儿的家庭因素时发现,社会经济地位和教养方式都是影响儿童ADHD的危险因素。家庭环境可分为四个方面:软环境、硬环境、内环境和外环境,它们对个体发展的作用不可忽视。下面将从注意缺陷多动障碍患儿出发,探讨家庭环境对直觉型人格的影响。

软环境对个体与家庭成员的关系、自我概念的发展和行为问题等有重要的影响,主要包括家庭结构和教养方式。张绍强(2007)等人在研究中发现,在情感温暖方面,ADHD患儿的得分显著低于控制组,而在惩罚、拒绝和过度保护方面高于控制组,这说明父母的不良教育方式与ADHD患儿有着密切的联系。ADHD儿童容易冲动,易激惹,容易出现各种行为问题,父母在教育方面要有更多的耐心和理解,不要任意去惩罚儿童,改变"棍棒之下出孝子"的传统观念,鼓励儿童的积极性,但同时切忌过度保护,做到言传身教。

硬环境包括家庭资源、父母的文化水平和职业状况。ADHD儿童由于注意不稳定,容易出现学习问题,而家庭资源会影响孩子的学习动机。物质条件良好、压力适度的家庭环境会让孩子有更舒服、自由的发展空间,进而增强儿童学习的欲望。樊为等人(2011)发现不同文化水平的父母教养方式之间存在差异,父母文化水平越高,孩子出现心理问题的概率越小,所以父母在对待ADHD儿童时,首先做到的是要清楚的了解ADHD,不要让自己对孩子的误解,影响儿童未来的发展。

内环境指的是一般不被外人所知的人或事,例如父母双方的和睦程度。父母双方越和睦，就会有更多的情感交流，家庭的情感气氛也会更温暖，从而更好地促进了儿童人格的积极发展。刘琳（2005）等人的研究证实了家庭情感气氛对儿童心理发展有重要作用。

外环境，顾名思义，指的是家庭周围的环境，包括周围的人群和外部人际关系等。孟母三迁较好地证明了外部环境对儿童发展的重要性。父母应注意儿童周边的环境，不要让其长期在喧闹不堪的场所活动，让儿童学会冷静，减少冲动行为，更好地发展自身的人格优势。

知识窗：雾霾显著增加自闭症风险

空气污染是一个重要的全球性问题，在过去的几十年里，尤其是在中低收入国家，空气污染严重地加重了疾病的负担，对于幼小的儿童来说，影响更加严重。ADHD患者的冲动系统发达，而自闭症谱系障碍（Autism Spectrum Disorder，ASD）患者的抑制系统发达，导致患者语言交流障碍，重复刻板行为等症状，这些症状在婴儿期就开始出现。西方国家的研究表明，环境中的污染物影响ASD的患病率。Chen等人（2018）研究了空气污染颗粒物（particulate matter，PM）与ASD之间的关系，随机选取124名ASD患儿和1 240名正常儿童进行病例对照研究，并计算他们早期成长的地理环境的空气污染情况。纳入统计的3种颗粒物质分别为PM_1（可入肺颗粒物）、$PM_{2.5}$（细颗粒物）和PM_{10}（可吸入颗粒物）。结果发现，在出生后的前三年接触PM_1、$PM_{2.5}$和PM_{10}会增加ASD的患病率，在出生后第二和第三年PM对ASD患病率的影响似乎更大。Chen等（2018）认为这与儿童发育的关键时期有关，另外他解释出现上述结果的原因是由于空气污染影响了儿童的免疫系统、前额叶皮质和早期神经发育，从而进一步增大了他们患ASD风险。虽然$PM_{2.5}$是空气悬浮物的主要部分，但是研究发现，PM_1对ASD患病率的影响更加的显著，而目前对于PM_1的研究较少，所以未来需要关注PM_1的排放和控制。另外ASD发病较早，很难治愈，会给患儿家庭带来沉重的负担，所以空气污染和儿童心理健康之间的关系需要得到更多的关注。

二、学校

学校是儿童第二个重要的场所,几乎每个人都要接受 10 多年甚至更久的教育,所以学校对儿童直觉型人格发展的影响更不可忽视。

(一) 教师

儿童处于一个特殊的时期,周围的一切都会对其产生潜移默化的影响。在学校中,教师的角色类似于父母,所以教师的教学风格、态度、举止行为等都会影响直觉型人格的发展。在课堂上,有些学生不加思考,仓促地回答问题,属于冲动型学习者、直觉型人格个体;而有些学生则会深思熟虑,分析事物各部分的细节,进行权衡之后做出回答,属于分析型学习者。倪绍梅(2014)在研究中发现,冲动型学习者出现学习困难的概率更大,沉思型学习者在数学考试中表现得更加优秀。另外,吴秀霞(2016)对教师的教学风格与学生的学习方式之间的关系进行研究,结果发现,两者的匹配程度越高,学生的成绩就会更好。

以上研究提示教师,不同的学生有不同的学习方式,在教学过程中要做到因材施教。例如,冲动的直觉型人格学生,在回答问题方面速度很快,但是容易出错,教师对学生的自发性行为要爱护和鼓励,以免挫伤学生积极性和悟性。同时,教师应及时因势利导,解除学生心中的疑惑,使学生对自己产生成功的喜悦感。

另外,直觉型人格的学生有较高的创造力,教师在班级管理时,不要过于专制,应鼓励学生自主思考,自由地表达自己的看法,积极回答问题。教师在教学过程中,也可以创设不同的教学情境,让学生在情境中自主地发现问题、提出问题、解决问题,从而让学生学会更好地利用直觉的优势,发展发散思维,学会灵活多变的看待问题。

(二) 学校文化

在学校中,校园文化对学生直觉型人格的形成同样发挥着作用。Salfi 和 Saeed(2007)在研究中发现,校园文化和学生的成就之间存在相关。随后,Kythreotis, Pashiardis 和 Kyriakides(2010)同样发现了文化与学生行为之间的关系,并提出校长的领导风格也会对学生的成就产生影响。最近,周蕾(2018)发现,学校创新文化的改变会通过影响教师的行为,进而影响学生的创造思维。

基于学校文化的重要性,首先要明确办学理念,让理念与实际行动相结合。具体而言,学校可以引导学生参加各种创意展览,领略直觉带来的魅力和震撼。另外,学校也可以举办各种活动或是团体活动让学生参加,让学生在活动中发展宏观思维,学会与他人合作,学会把握整体的大局,发展学生的创造力,学会正确利用直觉的优点,克服框架效应,懂得灵活变通。

影响直觉型人格发展的因素很多,除了上述的几条外,还有社会文化、早期童年经验和自我调控等因素。其中,自我调控是个体自身的因素,个体自己可以积累生活或工作方面的经验,当我们越来越熟悉地掌握某方面的知识,我们在该方面的直觉性就会越来越强,越来越准。因为直觉不是凭空产生,不是幻想,它与我们的经验息息相关。

第五章

创造性中的直觉

高考结束后,张拍脑袋以艺术生的身份和王深思一起进入了同一所高校。张拍脑袋对建筑设计有浓厚的兴趣,于是报名参加了学校举行的一场建筑创新设计大赛。

这次大赛的任务是设计一个能容纳2000人的图书馆,张拍脑袋上网查找了各国各地的图书馆的图片和信息,还有各种相关的文献。张拍脑袋得到了很多信息,自以为胸有成竹,开始准备自己的设计。

然而,张拍脑袋绞尽脑汁也没有想出好的设计。他愁得晚上辗转反侧,白天上课也无心听讲,只想着自己的设计,头发都白了几根。

比赛还有一周就要提交作品了,但张拍脑袋还是没有完成令人满意的设计,所做的设计不是缺乏创意就是所能容纳的人数不够。他觉得脑袋里一片空白,心烦意乱,于是出门散心,不经意间看到路边海棠花上爬着一只蜗牛。能不能以蜗牛为原型,设计一个图书馆呢?张拍脑袋看着这只蜗牛,茅塞顿开。他立刻跑回宿舍,以蜗牛为原型完成了他的图书馆设计。最终他的创新设计在这次大赛中得到了一等奖。

为什么张拍脑袋看到蜗牛会茅塞顿开?

直觉在他的思考过程中起了什么样的作用?

如 Henri Poincaré 所说,"我们通过逻辑证明事物,通过直觉发明事物。所以,逻辑因受到直觉的影响而不再贫瘠"(Miller,1992)。本章内容,旨在探索和总结创造性与直觉之间的联系,分为三个部分:第一部分从现象学角度阐述和分析了两者的外在关系;第二部分从内在机制和神经学角度出发,进一步分析了它两者的内在联系,即介绍在创造性任务解决过程中,直觉的作用机制及其相关的认知神经科学研究结果;第三部分介绍了一些提高创造性的方法,致力于让读者在生活中能更好地利用直觉去解决创造性问题。

第一节 创造性与直觉

创造性不仅渗透在我们生活中的方方面面,更是人类文明发展的源泉。当下关于创造性的定义,一般是指一种能够打破当前的思维定势,产生新想法的能力,即一种改变个体原有的思维模式的能力,其中产生的新想法既新颖,又对特定任务或情境具有适用性(Dietrich & Kanso, 2010;Fink et al., 2010)。可见,新颖性和适用性是创造性的两个关键核心。那么创造性与直觉有什么联系呢? Guilford(1950)认为,创造性思维是创造性的具体体现。因此,研究创造性思维不仅是探究直觉与创造性关系的关键,还有助于找到系统训练人们创造性的方法。

一、理论层面

创造性思维,是指在创造性问题解决过程中打破常规,改变原有的思想,最终以新颖的方式完成特定任务的思维过程。在理论层面,直觉与创造性思维有着密不可分的关系,一些与直觉有关的特性或思维过程往往也在创造性思维中出现。下面将具体介绍创造性思维的两大关键理论——"顿悟"相关理论和发散性思维相关理论,并从中分析创造性与直觉之间的联系。

（一）顿悟相关理论

创造性思维的主要形式有顿悟、创造想象、类比迁移等（邱江，2007）。其中，顿悟是指当个体在解决某一问题时陷入困境，由于某种机遇，脑海中突然出现了新想法，使问题得以解决（刘春雷，王敏，张庆林，2009）。这也可以视为直觉产生的过程。顿悟是创造性思维和直觉发生的一个重要的共同特征——突然性的体现，因此我们可以通过它把创造性思维和直觉联系起来。

在国外，主要有3种对顿悟认知过程进行解释的理论观点，即表征转变理论、选择性理论，以及进程监控理论。具体来说，表征转变理论（Kaplan & Simon, 1990）认为，当人们在前期问题空间中找不出解决问题的策略时，需要通过重构问题空间以产生新的表征；选择性理论（Davidson, 1995）认为，人们需要从获得的许多信息中挑选出有助于解决问题的关键有效信息；进程监控理论（Ormerod, MacGregor, & Chronicle, 2002; Chronicle, MacGregor, & Ormerod, 2004）认为，人们通过"手段—目的"的分析手段，来缩小问题的初始形态和目标形态之间的差距。总的来看，在直觉产生过程中，大量不同的信息被重新组合，形成初步表述，这与表征转变理论相似，适合解释单步骤问题；直觉涉及知识检索、概念联想和类比迁移等过程，这与选择性理论相似，适合解释有限步骤的问题；进程监控理论偏向分析加工，通过推理的方式解决问题，其中每次缩小差异时可能涉及直觉加工，可以结合前两种理论，解释多种顿悟问题的解决过程。

在国内，张庆林等人提出了"原型启发"理论对顿悟过程进行解释（张庆林，邱江，曹贵康，2004）。他们认为，个体如果能够在解决问题的过程中，激活大脑中适当的原型及其所包含的"关键启发信息"，就能形成顿悟。原型，是指大脑对事物的主观认知，即对当下的问题解决有启发作用的认知，它在直觉过程中属于被检索的记忆或知识。原型中有很多信息，并不是每个信息都对当下的问题解决有启发作用，其中"关键启发信息"对于解决当前问题具有指导性和决定性的作用（吴真真，2010）。例如，在鲁班发明锯子的例子中，"带齿的茅草能割东西"即为

"关键性启发信息"。而"激活",是指原型及其所包含的关键启发信息通过类比迁移等直觉过程,与当前的问题形成联系,有助于解决问题(田燕等,2011)。例如,把启发信息"带齿的茅草会割伤人"与目的"需要发明能割或锯东西的工具"相联系,从而发明了"锯子"。因此,要想原型能成功发挥对问题的启发效应,必须先成功激活原型及其所包含的关键启发信息。

由此可见,顿悟的"原型启发"主要由两个加工阶段组成:

1. 发生"原型自动激活",即个体想到某个对当前问题解决有启发作用的原型,在直觉中属于知识检索、概念联想等思维过程。

2. 利用原型中的"关键启发信息",即具体找出某个原型中包含的关键启发信息,如规律、方案、原理等,在直觉中属于隐喻思维、类比迁移等思维过程。

(二) 发散性思维相关理论

发散性思维被视为创造性思维的核心之一。发散性思维的定义是,从不同角度进行思考,重组现有的和记忆中的信息,进而形成众多新颖的新想法(刘春雷,王敏,张庆林,2009)。独创性、灵活性、流畅性和精致性是发散性思维的 4 个主要特征,也就是创造性思维的主要特征。周淑金等人(2016)从双加工理论方向出发,对发散性思维与幽默的认知神经机制进行比较,发现发散性思维的认知过程有双加工的特点,即发散性思维是由直觉加工和分析加工共同作用形成的。

> **小测试**
>
> 材料中有一盒火柴、一支蜡烛和一枚图钉。请问,如何利用这些材料,把蜡烛点燃并固定在直立的墙壁上呢?
>
> 参考答案:先用图钉把火柴盒钉在墙上,再用火柴点燃蜡烛,把蜡烛放在盒子上即可。

上述问题属于非常规用途任务测验,这类测验是发散性思维的典型测验(Runco & Acar,2012)。发散性思维测验主要包括:非常规用途任务测试、创造性故事等(Dietrich & Kanso，2010；Wu et al.，2015)。实际上，大家在做这类发散性思维测验时，认知上都具有一些共同的特点，如都需要低抑制注意、语义控制和远距离语义联结等(Wu et al.，2015)。

Benedek 等(2014)认为在非常规用途任务测验下，发散性思维的认知过程包含信息检索、信息选择和信息整合。以上述问题为例，信息检索，即大量搜索和提取与目标问题有关的记忆信息，如"蜡烛可以用火柴点燃、火柴盒可以装火柴、火柴盒是纸质的、火柴盒的形状是立方体、图钉可以钉在墙上"等信息；信息选择，即留下或摒弃搜索到的信息，同时与目标问题有关的远距语义进行联结，如保留"蜡烛可用火柴点燃、火柴盒是纸质的、火柴盒的形状是立方体、图钉可以钉在墙上"等，而舍弃"火柴盒可以装火柴"等无用信息；信息整合，即综合处理与问题有关的多个零散的语义概念，如推理出"纸质的火柴盒可以被图钉钉在墙上""火柴盒上可以放蜡烛"等。以上过程与直觉产生的过程相似。

发散性思维中的信息检索涉及常识范畴，如"火柴盒可以用来装火柴"，和非常识范畴，如"火柴盒上可以放东西"。其中，对记忆中的常识范畴进行搜索体现出了直觉加工的特点(Mayseless，Eran，& Shamay-Tsoory，2015)。一般情况下，常识范畴属于个体的理性思考范围，而潜在的内涵则在个体的意料之外(聂其阳、罗劲，2012；Mihalcea，Strapparava，& Pulman，2010)。对于潜在含义的发掘，直觉中的潜意识促进了信息重新整合、隐喻思维等过程。此外，在选择信息过程中，过滤无关信息也是一种直觉过程的体现，如"蜡烛可以被另一支蜡烛点燃"这个信息显然在这个题目的条件下不成立，通过直觉就被自动过滤了。因此，创造性思维加工中离不开直觉加工对信息进行初级检索以及对在信息选择上的自动过滤，直觉在创造性思维加工过程中具有重要作用。

二、实证层面

在实证层面，我们将通过天才相关研究、测量研究和实验研究等三个方面来探究直觉与创造性思维之间的关系。

(一) 个案相关研究

众多杰出的高创造性者表示,他们在创作过程中运用了直觉,直觉在他们的作品中发挥了决定性的作用。作为一个高创造性的作曲家,Federico Ruiz 表示:"如果我对所有问题都仔细考虑,我将一事无成。直觉总是领先于细想,因为它的运作更快"(Policastro,1989)。正如爱因斯坦所说的那样:"要得出一些基本定律时,其实并没有逻辑路径,只有与经验接触而获得的直觉可以支持和运用"(Holton & Faucher,1974)。正是这些天才通过直觉提出的基本定律,触发了一个本质上具有"逻辑性"的研究过程,让学界有了研究的方向和逻辑,掀起了进一步研究的浪潮。从这个过程来看,直觉对创造性思维可能具有一定的启动效应。

除了天才们的证词外,还有许多研究分析了天才的事例,如关于毕加索的研究,关于达尔文的研究等。这些研究表明,上述天才型个体的思维过程显然是从直觉观念开始的,只是直觉观念在长期持续的工作后才能被清晰地表达出来(Simonton,2015)。

《格尔尼卡》

《格尔尼卡》是西班牙立体主义画家毕加索于 1937 年创作的一幅巨型油画,描绘了被法西斯纳粹轰炸的小镇格尔尼卡,有许多无辜百姓被杀害。这幅画采用的写实的象征手法,用纯粹的三种颜色——黑、白、灰,营造出压抑凄凉的氛围,渲染了悲剧性色彩,表现了战争给人类的悲痛和灾难。

以毕加索创作《格尔尼卡》的过程为例:毕加索精心保存了他创作该画时的所有草图,从这一系列的草图中,我们能发现他的创造过程是有一定系统的,并且直觉起着重要的作用。该画的第一个草图特别显眼,且整体上与成品相似。毕加索也曾表示:"我们可以注意到有个非常奇怪的地方——第一个视角几乎会被完整地保留下来。尽管会有些修改，但从第一幅画开始，到最后作品成型，基本不会有大的改变。"这幅作品最终成品的抽象框架就是在最初的草图上表现出来的，而整个过程只是对表现的方式进行不断的尝试和修改，如画中物体的大小、规模、关系、情绪基调等。这反映了毕加索对《格尔尼卡》的直觉概念，且该直觉概念有一定的稳定性。

那么，这些天才为何比普通人更具有创造性呢？从原型启发理论角度出发，可以提出3种假设：

1. 高创造性者遇到科学难题时具有更强的蔡格尼克效应，即相比普通人具有更高的解决欲望。蔡格尼克效应是指，相比已完成的任务，个体对未完成任务的记忆会更好(Zeigarnik, 1927)。个体对问题的感受性会随着不断钻研的过程而提高，因此更容易在面对原型时激活科学难题，形成提问题的直觉。

2. 在高创造性者对科学难题不断钻研的过程中，对问题表征的兴奋性不断提高，无意中对看似无关的原型表征产生了影响，即直觉中的潜意识作用。在原型启发的相关实验中就发现了"位置效应"，即被试在"先问题-后原型"条件下的测试分数显著高于"先原型-后问题"条件下的测验分数(朱海雪，罗俊龙，杨春娟，邱江，张庆林，2012)。

3. 原型表征与问题表征之间不是简单的因果关系，它们之间存在"大脑自动响应机制"的作用，该机制主要是直觉起作用。当个体在问题中遇到看似无关的原型时，对原型表征建立了一个"构造-功能"连结（如茅草"齿状"是"构造"，"能割东西"是"功能"），同时也对问题表征建立了一个"构造？-功能目标"连结，（如"锯子如何构造"就是一个"构造？"表征，"能割东西"则是"功能目标"的表征），那么，原型表征和问题表征在语义上存在的共同成分就会导致一种"自动响应"的直觉，类似于物理上的共振现象。两者联系在一起时，问题解决者能够从原型表征的"构造"中获得启发信息，并解决问题表征中的"构造？"的缺失。这是一种并列加工，高创造性者可能更善于进行这种并行加工，他们更善于洞察问题的关键所在，将纷繁复杂的问题简约成"构造？-功能目标"的表征，并形成一个问题图式，因此可以在工作记忆中同时加工"原型"和"问题"。

(二) 测量相关研究

除了高创造性者的证词和事例分析，一些试图测量直觉和创造性之间相关程度的研究也支持了直觉对创造性思维起了重要作用的观点。大多研究采用 MBTI 测量问卷来评估人们直觉思维方式的偏好，如 Briggs 和 Mc Caulley(1986)采用该量表对直觉与创造性之间的关系进行研究，发现两者之间存在正相关，且发现在科学家、建筑设计师、作家和数学家这 4 类高创造性者中，解决问题时直觉占优势有 98% 的人，但在一般人群中只有大约 25%～35% 的人直觉占优势。与之相似的研究结果有，Hall 和 MacKinnon(1969)发现在一组 40 名被同行评为具有高创造性的建筑师中，所有人都表现出对直观类型的偏好，相比之下，在成员是非创造性的建筑师的对照组中，只有 61% 的人表现出对直观类型的偏好。另外，Hill(1987)也采用了 MBTI 的直觉量表，并与心理认识论的隐喻量表、创造性相关量表 BWAS 结合，发现直觉与创造性之间存在显著相关。

Langan-Fox 和 Shirley(2003)结合 4 种量表，即 MBTI、NEO 大五人格量表、直觉兴趣问卷和直觉经验问卷，被试完成 4 个问卷后进行线索积累任务。结果显示，后三类调查量表的分数分别与 MBTI 上的分数有显著相关，但线索积累任务分数与 MBTI"感觉-直觉"维度上的分数与无显著相关。

除了 MBTI 量表，也有学者采用了其他量表来探讨直觉与创造性之间关系。Raidl 和 Lubart(2001)选择采用直觉行为问卷、理性-经验量表、想象分类任务和比喻倾向测验等 4 种方法测量直觉。结果显示，这四类直觉量表的分数分别与创造性量表的分数有显著正相关，偏爱直觉的人在创造性生产任务和发散性思维测试（概念流畅性和原创性）上得分更高。其中，有利于分析直觉和创造性之间具体联系的主要结果来自直觉行为问卷。但在这四类直觉量表之间，只有直觉行为问卷和理性-经验量表之间存在显著相关关系。

综合上述测量研究可知，直觉与创造性之间具有相关关系，但使用的测量工具还有待进一步改善。例如，采用 MBTI 调查直觉和创造性之间关系的适当性仍存在一定争议。衡量"直觉"的一些 MBTI 项目直接关注了原创性、不一致性、独创性和创造性。因此,高创造性人群在 MBTI 的直觉类型中得分较高是理所当然的。这能用来检测人群的创造性水平,但是否能用来检测创造性和直觉之间的相关则有待商榷。此外,Hill 采用的隐喻量表和 BWAS 也存在争议:隐喻量表被认为是直觉的间接测量,因为它测量的是一种基于 Royce 理论的直觉过程的认知模式;而 BWAS 中的前意识量表也被认为是一种间接测量创造性的方法,因为它就是基于人们在偏好不对称性的表现得分来区分个体类型。

(三) 实验相关研究

我们基于直觉和创造性的实验导向研究讨论两者的外在关系。已有的创造性思维研究主要集中于顿悟、发散性思维等。正如前文理论关系部分中指出,"顿悟"在直觉和创造性中起到连接作用,因此接下来将重点介绍与顿悟理论相关的研究。

在顿悟的相关研究中,国内主要以"原型启发"理论为框架。部分研究以九点连线问题、装缸问题、四等分问题等为材料,采用"先学习原型、后解决问题"的两阶段范式进行实验,发现在第二阶段,只有激活第一阶段中原型所包含的启发信息,才能成功解决顿悟问题,即成功解决问题的关键是从原型中的启发信息(张庆林,邱江,2005;任国防,邱江,曹贵康,张庆林,2007)。部分学者结合双加工理论,进一步考察解决问题时原型事件及其启发信息的激活过程是否运用了直觉加工,发现激活原型及其所包含的关键启发信息是顿悟的重要条件,其中,原型激活是直觉加工的结果,而关键启发信息的激活是分析加工的结果(曹贵康,杨东,张庆林,2006)。此外,吴真真等(2008)采用字谜作为材料,发现学习阶段的原型个数对启发效应没有显著影响,而原型的启发量对启发效应的则有显著作用;陈丽等(2008)也采用字谜作为材料,探究不同情况下所引发的情绪状态对原型启发的影响,结果也间接验证了直觉加工的参与。

从上述研究可见,直觉在创造性思维中起了重要作用,主要体现在原型中启发信息的自动化激活。而这种激活也会受到其他因素的影响，如情绪、原型位置、范式类型、问题难度等。李亚丹等(2012)考察了情绪与竞争对原型启发的影响，发现相比高、中、无竞争水平条件，低竞争水平条件更促进原型启发；相比积极情绪，消极、中性情绪条件下的原型启发效果更好。以上研究采用的都是"先学习原型、后解决问题"的两阶段范式，而朱海雪等(2012)加入"先呈现问题，后呈现原型"的范式，从原型位置效应的角度探讨原型启发的过程，结果发现被试在"先呈现问题，后呈现原型"范式下的测试成绩优于在"先呈现原型，后呈现问题"范式下的成绩。这表明，带着问题去看原型更有利于进行直觉加工，激活原型中"关键性的启发信息"，因此更容易在解决问题时中引发原型启发效应。

部分学者进一步运用阈下启动范式来探究创造性，发现了一系列有趣的现象。如 Katz(1973)先给高创造性组被试和低创造性组被试分别呈现阈下的一系列文字材料(如灌木、草、鸟等)，之后要求被试在10分钟内写一个故事，结果发现高创造性组所编的故事与阈下呈现的材料有更多的联系。Förster(2009)研究发现，阈下启动某些有高创造性的城市名(如纽约、伦敦等)时，被试的创造性测验成绩优于控制组。这表明，城市的名称和背后所具有的暗示信息，即有创造性，无意中促进了个体的创造性。不过，背后的暗示信息必须与创造性思维有关联。这可能是因为个体启动了创造性的表征，从而在独特的心理状态中抑制了常识范畴和一般事物联系的直接激活(Sassenberg & Moskowitz, 2005)。

陈群林等人(2012)采用改进的阈下启动实验范式，探讨了问题难度对创造性问题解决时自动化过程的影响。结果表明，当问题难度较高时，阈下启动条件下 RAT 正确率显著高于无启动条件；当问题难度较低时，阈下启动条件下 RAT 正确率显著低于无启动条件。阈下启动信息的促进效应随着创造性问题难度的降低而减小；当问题是低难度时，阈下启动信息反而会起到抑制作用。可见，直觉加工有助于创造性思维，且当所解决的问题难度较高时更可能出现该结果。

此外，在发散性思维相关研究中，部分学者发现无意识思维比意识思维更具有创造性的特点，意识思维与聚合性思维类似，而无意识思维与发散性思维类似(Dijksterhuis & Meurs, 2006)。其中，无意识思维提高了问题答案的易得性，但这种易得性不是必然会转化到意识层面(Zhong, Dijksterhuis, & Galinsky, 2008)。直觉正是不经意识推理而了解事物的能力，因而无意识可作为发散性思维和直觉之间的桥梁。

小测试

一、装缸问题：有 36 口缸，用 7 艘船来进行装，要求每艘船都要运用，且每艘船只能装单数，应该如何装？

参考答案：没法装。因为如果每艘船装的都为单数，那么 7 艘船所装的总缸数也是单数。

二、九点连线问题：有一个 3×3 的正方形点阵，要求笔不离纸，用不多于 4 条直线把 9 个点连在一起，其间不能沿着已画好的直线返回。

参考答案：想象在 3×3 的正方形点阵基础上，补充为 4×4 正方形点阵。先连接一条边上的所有点，再沿对角线连点，后沿另一条边回到起点位置，再沿另一对角线连点。此时可发现已连了原 3×3 正方形点阵上的所有点。

三、四等分问题：有一个正方形被去掉 1/4 部分面积，呈 L 形。要求把剩下的部分等分成 4 个形状、大小都相同的图形。

参考答案：首先将这个图等分成 3 个形状、大小相同的正方形，然后把每个分解后的正方形再次等分为 4 个形状、大小相同的正方形，此时共有 12 个完全相等的小正方形。最后将等分出来的小正方形按 L 形，每 3 个组合在一起。

四、谜语 1. 你杀死了它，却得流你自己的血(猜一种动物)。

参考答案：蚊子。

谜语 2. 节日的山东(猜一个汉字)。

参考答案：鱼(山东的简称为"鲁"，节"日"即去掉下面的"日")。

第二节　创造性思维过程中直觉作用的机制

本节将结合创造性的认知机制模型与脑机制相关研究，进一步探究创造性与直觉之间的内在关系。美国心理学家 Wallas(1926)首次深入研究了创造性思维的心理活动过程，提出了包含 4 个阶段的创造性思维一般模型，即准备期、酝酿期、明朗期和验证期，这也是最具代表性的创造性思维认知过程模型。美国学者 Sternberg(1999)运用创造性内隐理论分析法，提出了"创造性三维模型理论"，"三维"即与创造性有关的智力——智力维；与创造性有关的认知方式——方式维；与创造性有关的人格特质——人格维，其中的智力维实际上就是一种创造性思维模型。刘奎林(2003)提出了基于潜意识推论的创造性思维模型，该模型强调灵感思维位于创造性思维的重要位置。

基于以上创造性思维的认知模型，越来越多的学者从脑科学的角度进行创造性思维的研究。随着认知神经科学的高度发展，许多研究者选择采用高时间分辨率的脑电技术（如 EEG、ERP）、高空间分辨率神经影像技术（如 fMRI）等更直观精细的手段来考察脑机制，从而在此基础上阐明创造性的本质，探讨直觉在其中的相关过程。

张拍脑袋的设计创作过程也是一个直觉产生的过程，它可以较为清晰地被分为 4 个阶段：先是遇到问题迅速查找相关资料并调取相关记忆、陷入困境后走神、突然出现灵感，最后将成果与要求进行比对和验证。这 4 个阶段分别对应了四阶段模型中的准备期、酝酿期、明朗期和验证期。因此，本部分就以此为框架，介绍与四阶段相关的研究，揭示在创造性任务解决过程中直觉所起作用的过程和生理机制。

一、准备期

准备期为创造性思维的第一阶段，它主要负责知识的积累和信息的搜集,对创造性问题进行有意识的努力。在非实验研究中,准备期是指创造性思维形成之前,对问题相关知识的理解与积累;而在实验研究中,部分学者把题目出现前的一段时间定义为此阶段,也有部分学者把题目出现后个体主动求解的过程定义为此阶段。

(一) 调查研究

在创造性思维形成之前,需要掌握相关领域的技能和知识,而任何领域中专门技能的掌握,都需要至少10年的时间,即"10年定律"(Chase & Simon,1973)。"10年定律"是由诺贝尔经济学奖得主、人工智能研究的开拓者Simon和Chase在研究国际象棋大师的成长时总结出来的。他们发现,达到国际象棋大师的水平必须经过10年左右的训练,无人例外。幼年开始学棋的人,达到国际大师级别的平均训练时间是16.6年;而起步时心智已较为成熟的人,达到国际大师级别的平均训练时间缩短,但也需要11.7年。这个定律强调准备期是直觉形成的基础,对创造性有着重要的作用。

有学者(路甬祥,2000)整理了1901—1999年诺贝尔奖获得者的年龄信息,发现物理、化学、生物与医学诺贝尔奖获得者的平均年龄分别是52.2岁、54.3岁、57岁,从做出代表性工作到获奖的平均时间差分别是16.1年、15.4年、18.1年。可见从做出代表性的工作到最终获奖一般需要10年,印证了准备期知识积累和技术提升的重要性。

并且,准备期的作用在许多高创造性者身上得到验证。莫扎特一直被认为是音乐家中的天才,他5岁就开始作曲,8岁就作为钢琴家和小提琴家登台演出,看似并没有准备期的作用,而事实并非如此。莫扎特在3岁的时候就开始进行严格的作曲和演奏训练,他到6岁时已经和父亲一起训练了3500小时,而他作为演奏家和作曲家的父亲正是他的贴身教师。而且,莫扎特早期的作品并不出彩,大多是他照着其他作曲家的作品在那里"描红",他的第一部大师水平的作品是第九钢琴协奏曲,创作年龄是21岁,此时他已经接受了18年非常艰苦、严格,也是顶尖水平的音乐训练。可见,这位天才同样离不开准备期的训练。除了莫扎特,前文中列举的多个高创造性者的事例,经分析后都可发现创作前技术与知识的积累是不可或缺的,且这些创作者大多表示,直觉是他们创作的源泉,可见直觉是在准备期的大量积累后逐渐形成的。

(二)实验研究

部分研究把准备期定义为题目出现后个体检测冲突的阶段。周淑金(2018)采用具有较高生态效度的创造性产品广告作为实验材料,先通过一个行为实验来对比考察新颖性和适用性在创意广告中的重要性,然后借助于 ERP 技术分别对这两个特征分别进行探讨。结果发现,个体在体验创意广告时,首先体验到的是创意广告的新颖性特征,即觉察到创意广告中的冲突内容,出现 N1 - P2 复合成分。而冲突的存在诱发了更大的 N2 与 N400 成分的波幅,其中 N2 说明冲突检测过程,与冲突检测的 N1 - P2 复合成分共同对应了准备期;N400 说明矛盾语义加工过程。随着被试觉察到创意广告中的冲突内容后,创意广告的适用性可将冲突内容消解并实现整合,从而使创意广告能被理解且具有意义,这个整合成功的过程会使创意广告诱发更大的 LPC 波幅。据此,个体体验创意广告的认知过程至少会经历 3 个过程:冲突监测、冲突加工以及整合成功,其中冲突监测对应了准备期。

尽管准备期阶段具体的时间划分仍有争议,但大多相关研究都观测到准备期时内侧额叶、ACC、颞叶较一致的激活(詹慧佳,刘昌,沈汪兵,2015)。其中内侧额叶、ACC 参与认知控制,提前抑制无关思维;颞叶参与语义激活。可见,机会青睐有准备的头脑,创造性思维中准备期对后阶段中直觉的形成起着不可或缺的铺垫作用。

二、酝酿期

面对创造性问题,个体在准备期阶段可能会陷入解题困境,暂时离开当前问题情境有助于问题解决,这一离开问题的时间阶段就被称为酝酿期。在酝酿期,创造性问题中的冲突暂被搁置,个体从把思维集中于解决一个目标冲突转向其他无关的思维活动,而对目标冲突则在潜意识水平上继续进行加工。

无意识酝酿理论认为,无意识状态的思维过程没有严格的信息过滤器,不同于有意识状态。在酝酿期,无意识加工会选中与问题无关的或新颖的线索,并尝试将信息联系起来;而有意识加工则会直接过滤与问题无关的线索(Shanker,1995)。许多研究者在研究创造性与无意识状态的关系时,假设无意识加工会比意识加工更具创造性,有更多的新颖产物。换言之,直觉加工促进创造性。正如在前文中实验实证部分所述,国内部分研究者认为创造性思维的核心成分是"原型激活",它是特殊意识状态下初级加工的结果(张庆林,邱江,曹贵康,2004)。结合双加工理论解释,从酝酿到明朗是激活了原型,这个激活更倾向属于平行加工而非序列加工,此加工模式更近似于直觉加工。

(一) 一般状态相关研究

已有大量行为研究证实了酝酿效应,并发现其受诸多因素调节,如酝酿发生的时间、酝酿期的时长、间隔任务的类型等(Sio & Ormerod,2009)。在脑科学的研究中发现(詹慧佳等,2015),思维僵局作为酝酿期的主要特点之一,会导致脑右半球信息强度持续增大,这有助于人们获取有效信息,从而可以进一步结合原有的认知表征,产生直觉,得出问题答案。相关研究结果显示,个体在陷入解题困境后不仅有右半球优势,整个酝酿期间还有众多脑区的共同参与,如额叶、颞叶、顶叶等。可见,当张拍脑袋陷入困境时,"脑子里一片空白"的状态并不是真的停止思考了,广泛脑区仍在为直觉的产生而努力加工。

相关研究发现(张忠炉等,2012),有效提示信息有助于问题解决,脑电数据结果显示,有效提示信息分别于 300~400 毫秒,400~600 毫秒,600~800 毫秒,在左侧前额叶诱发了更大的 P300—400、P400—600、P600—800 成分。由此可知,张拍脑袋在看到"蜗牛"这个原型提示时,他的左侧前额叶可能迅速进行了联结谜语与提示信息关系的加工。这体现了整合加工原型和题目,并进行定势转移的思维过程,是形成直觉过程中的关键阶段。

(二) 睡眠状态相关研究

除了陷入解题困境时的一般无意识状态,酝酿期也包含受睡眠、物质滥用(酒精)等影响的认知状态,相关研究发现它们都可能会有利于促进人们的创造性行为,提高人们的创造性。

俄罗斯著名化学家门捷列夫在考虑其著作《化学原理》一书的写作计划时,深为无机化学缺乏系统性所困扰。遭遇瓶颈期的他彻夜不眠的工作,研究也毫无进展,那些元素连同许多未解的问题一直在他的脑海中萦绕。过度的疲惫,使他不知不觉之中睡着了。突然,他觉得元素周期表浮现在他的眼前,元素之间排列的规律清晰了。他喜出望外,一下子清醒过来,随即动手剪制了一些标有元素符号的卡片,按照梦中的印象,反复排列调整卡片的次序。最终元素周期表排列成功了,这个划时代的伟大发现完成了。

从许多高创造性者的事例中可以看到睡眠对创造性的影响,如在上述例子中,门捷列夫就在睡梦中发现了元素周期表的框架。通过这完整的例子我们可以发现,"梦境"事实上属于一段离开当前思考状态的酝酿期。以往的研究发现,睡眠有利于记忆的强化,因为记忆在睡梦中重新整合,提高了形成创造性成果的可能性(Mazzarello,2000)。门捷列夫可能在休息过程中把所有元素相关的信息进行了重新排列组合,这些排列的形成规则超出了平时常规思维下的形成规则,从而产生直觉。

Wagner 等(2004)率先直接验证了睡眠有利于提高创造性。研究通过操纵被试在练习和测验之前的睡眠时间,将被试分为两组,一组正常睡眠 8 小时;另一组则被剥夺这期间的睡眠时间。结果发现正常睡眠组的创造性成果比睡眠剥夺组多了 1 倍。与上述实验类似,有研究基于原型启发理论(龚正霞,2011),将研究群体定为有午睡习惯的大学生,对比午睡正常组和午睡剥夺组的原型启发效应。研究发现正常午睡组的启发效应显著大于午睡剥夺组。这些结果都验证了记忆表征在睡眠期间进行了整合重构,才提高了新信息的易得性,促进直觉形成。同时,人们在正常睡眠后精神状态更好,不易被思维定势所干扰,有利于产生新的问题表征,形成直觉。

另有研究者以数字递减任务(Number Reduction Task, NRT)为研究材料,考察了 36 名被试的延迟顿悟脑神经机制(Darsaud et al.,

2011)。发现相比前期规则学习过程中成功解决问题的被试,未成功解决问题的被试更多的激活了海马区域,可见海马区域可能参与了酝酿期中规则发现的加工阶段。另外,早期训练中尝试解决但未成功解决的被试,腹内侧前额叶在后期的测试阶段中激活显著增强,可见腹内侧前额叶可能参与了内隐规则学习的潜意识加工。

结合意识水平对同样需要规则学习的研究进行分析(Greene, Gross, Elsinger, & Rao, 2006),发现被试对规则进行无意识加工时海马区域显著激活,这对测试成绩有预测作用。而另有研究发现(Andrade et al., 2011),海马区域的功能连接及其强度可能影响信息的转换和无意识加工。综上可知,海马区域、腹内侧前额叶等作用于直觉形成中的内隐规则学习,对信息的无意识加工和信息重构非常关键。

(三) 酒精状态相关研究

酒精也会影响无意识状态的形成,相关研究对酝酿期的探讨有启发作用。Norland 和 Gustafson(1996, 1997, 1998)根据 Wallas 的四个阶段模型系统探究了酒精对创造性的影响。他们发现,在准备期,酒精组被试在演绎推理任务的表现比安慰剂组的表现差;在酝酿期,酒精组被试更多的出现无意识状态,且有更高的独创性;在明朗期,酒精组被试在非常规用途任务中灵活性低于安慰剂组,独创性显著高于控制组;在验证期,酒精组被试的读诗绘画任务成绩差,手工操作能力下降。由此可见,酒精的作用受创造性思维的不同阶段和不同创造性任务影响,可能有利于创造性,也可能不利于创造性。其中,酒精对酝酿期产生最为直接的影响,促进了后阶段中直觉的形成。

酒精在酝酿期的作用可能与大脑的认知抑制功能有关。在高认知抑制状态下易于解决高认知抑制需求的分析性问题,而低认知抑制状态下更易于解决低认知抑制需求的创造性问题。酒精导致个体处于低认知抑制水平,因而有助于解决创造性问题。另有研究表明饮酒能促进思维漫游,从而提高了酝酿效应(Sayette et al., 2009)。综上,可见相对于有意识阶段而言,潜意识阶段的个体更擅长信息整合和联结,思维更具发散性和联系性,因而酝酿期更易产生更多原创性的新颖想法,是形成直觉的关键时期。

三、明朗期与验证期

创造性思维的第三阶段,即明朗期,则是直觉成功形成的关键时期,它是无意识加工后,答案跃然纸上的阶段(Kounios & Beeman, 2009),通常指的是顿悟或"啊哈"体验时刻。而第四阶段验证期,是个体对得到的新颖性结果的适应性验证。顿悟研究对明朗期和验证期的神经机制都进行了系统研究,但这两个阶段不易在实验中进行操作性分离,因此接下来将同时介绍这两个阶段的神经基础。顿悟研究主要可分为远距离联想形成研究、转换思维定势研究和原型启动研究。

（一）远距离联想形成研究

Bowden 和 Jung-Beeman(2003)开创的复合远距离联想任务(Compound Remote Associates, CRA),即被试需要找到一个词,该词与所提供的 3 个词都能组成新的常见复合词。复合远距离联想任务是远距离联想形成的研究中最具代表性的任务模式,它消除了传统顿悟任务解决时间较长的困难,新联结的形成是顿悟发生的关键时刻。相关研究中 fMRI 数据显示,顿悟产生阶段显著激活了双侧海马旁回、左内侧额叶和右颞上回;EEG 数据显示,右侧颞上回在顿悟前 0.3 秒突然出现了高频 γ 波。之后经证实,右侧颞上回是构建远距离联想过程中起关键作用的脑区,它负责在原本无关联的信息之间建立新的联系。

在同样采用复合远距离联想任务为实验材料的脑电研究(Sandkühler & Bhattacharya, 2008)中发现,重组有意识的问题表征可能是前额区在起作用。前扣带回参与设定子目标和信息监控,前额叶参与主动解题过程和信息的检索及提取。可见,右侧颞上回、左内侧额叶、前额叶、ACC 等都参与了远距离联想任务中顿悟的形成,其中右侧颞上回是远距离联想形成的重要脑区。

小测试

复合远距离联想任务：请找到一个词，使其与"pine""crab""sauce"中任意一个单词都能组合成常见的新词。

参考答案：apple(它可以和所呈现的三个词进行组合，分别产生 pineapple, crabapple, applesauce 三个新词)。

(二) 转换思维定势研究

部分研究者认为，顿悟是一种得到问题答案的过程，它的主要特征是突然性、直觉性、清晰性(罗劲，2004)。虽然顿悟的过程历时较短，但是在这其间涉及了众多的复杂认知过程。这些过程包含三个部分：

1. 抛弃原先的、无效的问题解决方案，即打破思维定势。
2. 产生新异的、有效的问题解决方案，即形成新的联结。
3. 个体会有灵光一现的感觉，即有着较强的"啊哈"体验。

这三点同时也是顿悟发生的判断标准。上一部分所述的复合远距离联想任务中，远距离联想形成过程没有包含明显的思维定势转换，因此这部分将通过介绍转换思维定势的创造性问题为材料的相关研究，具体探讨这一过程中的神经机制。

有部分研究者采用 ERP 和 fMRI 等技术对转换常规定势的创造性问题解决过程的脑机制进行探讨(Luo & Niki，2003)。在考察对脑筋急转弯问题的顿悟过程研究中，发现额叶、颞叶、顶叶在内等众多脑区在顿悟条件下被激活，具体区域有额叶、ACC、颞上回、海马等。其中，海马参与了重构问题表征、打破思维定势、形成新颖联结等过程。而需要定势转移的火柴棒问题顿悟研究发现，右腹外侧前额叶和左背外侧前额叶在火柴棒问题的解决过程中被激活。其中，右腹外侧前额叶可能参与了问题表征转换或思维定势转移(Goel & Vartanian，2004)。针对"啊哈谜语"顿悟问题解决过程的脑成像研究发现，顿悟组有明显的前扣带回与左腹外侧前额叶的激活，这反映出左腹外侧前额叶可能与思维定势打破过程有关(Luo，Niki，& Phillips，2004)。此外,考察汉字组块破解问题解决的脑机制研究发现,起作用的脑区包括前额叶、ACC、颞上回、楔前叶、楔叶等,说明除了上述脑区的功能,在此类任务研究中,视觉信息抑制也是表征重构的必要条件(Luo, Niki, & Knoblich, 2006)。可见,在转换常规定势的创造性问题中,额叶、ACC、颞上回、海马、等脑区均有参与直觉过程,其中右腹外侧前额叶和左背外侧前额叶是转换常规定势的关键脑区。

> **小测试**
>
> 一、脑筋急转弯：不必花力气打的东西是什么?
>
> 参考答案：打哈欠。
>
> 二、火柴棒问题：由8根火柴组成的2个正方形,如何移动4根火柴,组出8个三角形?
>
> 参考答案：把其中一个正方形旋转45°,重新摆放在另一个正方形上。
>
> 三、谜语：归心似箭(猜一称谓)
>
> 参考答案：思想家。
>
> 四、汉字组块破解问题：从"学"中拆解出"字";从"四"中拆出"匹";从"发"中拆出"友";从"处"中拆出"外"。

(三) 原型启发

正如前文理论和实证部分所介绍,国内大多以"原型启发"理论为框架对顿悟进行研究。本部分将主要介绍罗俊龙(2012)的3个相关研究,对顿悟过程进行系统研究总结。

第一个研究由3个行为实验组成,通过结果分析提取了与创造性思维相关的多个因素和指标,构建了《创造发明实验问题材料库》,可用于顿悟研究。

第二个研究运用研究1中建立的材料库,在"先原型学习,后问题测试"的范式下,通过3个脑科学实验,探讨了原型启发下直觉形成的神经机制。具体而言,研究2的第一个实验采用fMRI技术,在"一对一"范式下,通过对比解决创造发明问题和常规问题的思考过程,探究了"关键启发信息利用"的脑机制。"一对一学习测试"范式,即要求被试在学习一个原型后做一个与之类似的创造发明问题。该范式需要个体把原型中的启发信息迁移到创造发明问题中,类似"类比迁移",这也是直觉的特点之一。研究 2 的第二个实验采用 fMRI 的技术手段,以更高生态学效度的"群对群学习测试"为范式。"群对群学习测试"范式,即在实验的第一天,要求被试在行为实验室内学习 65 个原型材料,其中包括 36 个创造发明问题和 29 个常规问题;在实验的第二天,要求被试在磁共振实验室里解决随机呈现的问题,同样也包含创造发明问题和常规问题。与前一范式不同的是,当被试在第二天解决问题时,需要先从第一天获得的众多原型中选取并激活与之相关的某一原型,进而才能利用原型中的启发信息。通过对比以上两种范式的神经机制差异,可以侧面验证"原型自动激活"。经对比以上两个结果,发现楔前叶和后扣带回可能参与了"原型自动激活",印证了自动提取记忆中信息的认知过程;舌回可能参与"关键启发信息的利用",印证了迁移原型中的启发信息到当前问题中并产生新的解决方案的过程。根据以上两个 fMRI 实验的结果,研究 2 的第三个实验进一步采用 ERP 技术,在"五对五学习测试"范式下,探讨创造发明问题解决过程中的 ERP 成分,结果显示原型自动激活过程可能与 P300 成分有关,N400 以及晚期负成分可能参与了原型中关键启发信息的语义加工和整合。

第三个研究,在"群对群"范式下,以"先问题后原型"为实验顺序,研究在问题意识的状态下,创造发明任务中原型启发形成直觉的脑机制。实验的第一天,要求被试在行为实验室尝试解决 42 个创造发明问题,假设这些题目在没有原型启发的条件下解决较为困难,因此导致被试产生了问题意识;实验的第二天,要求被试在磁共振实验室里,仪器上随机呈现 84 个原型,其中 42 个原型与前面的 42 个问题相关,另外 42 个原型与前面的问题无关,假设被试在看与问题有关的原型时会激发有效信息,而看与问题无关的原型时则较少受启发。对比这两个条件下的脑机制可以发现,楔前叶、颞中回以及额中回可能参与了问题意识下原型启发促使顿悟思维发生的认知活动。其中楔前叶主要与原型自动激活某一问题的认知功能有关,额中回可能参与了新联结的形成,颞中回可能参与了语义加工。

基于以上三个研究可知,P300 成分与顿悟过程中的原型自动激活有关,N400 成分和晚期负成分与原型中关键启发信息的语义加工整合过程有关;不同范式,即"先原型后问题"与"先问题后原型"会调节原型中的关键启发信息与问题相联系并形成新解决方案的脑机制;楔前叶可能参与原型自动激活,这也是直觉形成过程中最能体现创造性的阶段;原型和问题之间可能有共同语义成分,从而产生共振作用,引发了原型或问题的自动激活。

其他顿悟的相关脑电研究发现,原型激活可能涉及左侧额下/中回、舌回、楔前叶等脑区。在整个顿悟过程中,原型激活及其关键信息的提取可能与楔前叶有关,原型与问题之间形成新的联结可能与左侧额下/中回、舌回有关,注意资源重新分配和知觉重组可能与枕下回和小脑有关(邱江、张庆林,2011)。此外,众多 ERP 研究对原型启发理论下顿悟的脑内时程动态变化进行了记录,结果发现早期正成分(P200—600)可能与 P300 有关,是激活原型启发关键信息的验证;早期负成分(N350,N300—500)则可能与语义信息的加工和提取有关,其中 N300—500 被认为可能属于 N400;晚期正成分 LPC(P600—700,P900—1700)可能与新联结的形成有关(邱江,张庆林,2007;Luo et al.,2011);晚期负成分 LNC(N1500—2000,N2000—2500)可能与新联结的形成或"啊哈"体验有关(Qiu et al.,2008)。

综合以上顿悟研究及其发现可知,明朗期和验证期的脑机制涉及前额叶、扣带回、颞上回、海马、楔叶、楔前叶、舌回、小脑等。前额叶、扣带回都参与了不同范式下的顿悟形成过程;颞上回主要与远距离联想的形成有关;海马主要负责打破思维定势并产生新的联结,外侧额叶主要参与转移思维定势;左侧额下/额中回、楔前叶、舌回主要参与原型激活;而左外侧前额叶则主要负责对答案的适应性验证。

> **小测试**
>
> 一、原型材料：莲叶的表面有一些微小突起，水滴落在莲叶的表面上不会流散，而是凝成水珠滑走。这样一来，滑走的水珠也会把莲叶上的尘土带走。
>
> 情境性问题：车子表面上的尘土很难用清水洗净，使用化学洗漆剂又有可能腐蚀车子的表面。那么，如何设计车子的表面才更容易用清水把车子上的灰尘洗净？
>
> 参考答案：把车子的表面设计成突起结构，突起能使水滴不会流散，而凝结成水珠将灰尘带走。
>
> 二、原型材料：投弹甲虫尾部有3个腔室，分别有3种不同的化学物质，瞬间混合时发生剧烈化学反应，进而向敌人喷出灼热的毒液。
>
> 情境性问题：用水灭火往往受水源的限制，将两种化学药剂混合能够产生灭火效果很好的喷雾，但是在灭火的时候不易控制两种化学药剂的混合。那么，灭火的时候如何控制化学药剂的混合？
>
> 参考答案：将灭火药剂分开存放于一个容器的不同空腔中，使用时能方便混合。
>
> 三、原型材料：两栖动物盒子鱼移动速度十分快，因为其流线型身体及皮肤结构符合空气动力学原理，可以大大减少空气阻力。
>
> 情境性问题：汽车的每100千米耗油量是重要的质量指标，开发商一直在努力开发高效、节能的新款汽车。那么，汽车的外形设计怎样能更高效、节能？
>
> 参考答案：符合流线型设计，可减少阻力。

第三节　运用直觉提高创造性

前文介绍并分析了创造性与直觉的外在关系，也基于 Wallas 的四阶段理论模型介绍并分析了创造性思维的 4 个认知过程——准备期、酝酿期、明朗期、验证期的脑机制中的直觉。本节在此基础上，提供一些运用直觉提高创造性的建议，介绍头脑风暴法等具体的创造技法，训练大家的创造新思维，帮助读者在学习、工作中更好地运用直觉去解决创造性问题。

一、创新意识

"不想当将军的士兵不是好士兵"，培养创新意识是提高创造性的前提。正如前文准备期部分所述，没有人生下来就是才华横溢，天才需要"十年定律"才能展露光芒，而普通人也可以通过大量的努力成为大师级的专家。当人们拥有了创新意识，并保持信心和热情不断地进行创造性思维的训练时，伴随着"啊哈"体验的愉悦情绪而产生的直觉，会不断强化创新意识，提高创造性水平。为了更好地运用直觉产生的过程中啊哈体验的强化作用，可以尝试通过制定一系列创造性问题的子目标，这样既有利于保持对目标的专注度，又可以提高创造性水平。比如在写一篇长文时，可以先思考初步的逻辑构架，将文章划分为几个小节，并制订相关的写作计划，每完成一个小步骤会产生自我强化，另外还可以给自己一定的鼓励和奖励。值得一提的是，目标的设定标准需要适中，不可以好高骛远，否则每个目标都难以达到，可能会降低自信心，形成恶性循环；目标也不可以太过于简单，这样成就感会偏低，对创造性水平的提高效果不佳。最好制订比自己能达到的水平更高一点的计划，比如原本 7 天写一个章节的文章绰绰有余，那么可以改为 5 天完成一个章节。完成过程中可以不断对接下来的计划进行调整，不断积累，最终实现总的目标。

二、创造技法

有了创新意识，就需要用科学的方法进行实践和训练。以下将针对提高创造性，介绍几种主要的创造技法。所谓创造技法，是指根据创造性思维发展规律总结出的一些技巧和方法，它们可以提高人们的创造性思维能力，促进创新成果的实现率。从教育方面来说，创造技法可以激发学生压抑在大脑中的想象力和创造性，提升学生创新意识和水平；从工作方面来说，利用好创造技法，训练并提高员工的创造性思维，有助于培养企业中的创新型人才，帮助企业设计创新型产品，制订企业创新的发展战略。

（一）头脑风暴法

头脑风暴法，也称智力激励法，是由 Osborn(1948)创建的一种激励参与者尽可能形成新想法的创造技法，参与者主要运用直觉思维来解决问题。头脑风暴法操作起来较为容易，主要形式是举办 10 人左右的讨论会，时间限定为 20～60 分钟。会议要解决的问题清晰明确，所有参与者可以畅所欲言，对目标问题尽可能多地发表观点。

为了充分激励参会者的创造性思维，头脑风暴法的进行过程中主要有以下会议规则：

1. 不对任何观点进行评价，包括自我观点评价和对他人观点进行评价。头脑风暴法就是为了让参会者在毫无约束的环境中畅所欲言，提出的新想法越多越好。然而，自我观点评价可能会使个体的思维更容易受到头脑中原有的常识、记忆、逻辑、情感等的影响，从而导致个体提不出或不敢提出新的设想；而对他人观点进行评价，不但会增加自我观点评价的可能性，甚至可能会打击或抑制他人的创造性，进而导致氛围不自由。

2. 提倡针对目标任意自由思考，打破传统想法、常规逻辑思维的约束，充分发挥想象力。可以借助于录音等方式，较高效且无主观价值评判地将所有提出的想法完整记录下来。

3. 激励想法的提出和表达，想法越多越好。追求数量类似于巩固创新意识，这样形成直觉的想法越多，出现创新且可行方案的可能性越大。

4. 可以巧妙地利用并改善他人的设想。观点就是在各个零散的想法相互碰撞时得到升华，不断改善他人的观点可以使头脑风暴法的价值最大化，或许一个人觉得离奇的想法经他人适当修正之后会逐渐变得实际可行。

鉴于头脑风暴法的以上规则,会议组成小组则相应的需要符合以下条件:

1. 参会人数以 5~10 人为宜,主持人易于控制场面。

2. 小组成员中不宜有太多的相关领域专家。专家往往意味着话语权和评判权,因此可能导致其他与会人员处于小心翼翼的状态,为了避免自己的观点不被嘲笑或批评而不敢发表想法,讨论会变成了一场专家的演讲会。

3. 选择来自不同领域小组成员。同一领域的人往往会出现类似的思考模式和观点,提出的方案过于集中,而不同领域的人对同一目标问题思考的出发点和思考模式都不同,更容易产生新颖而有价值的方案。

4. 会议的主持人需要有较高的职业素质。主持人既要保证与会人员严格遵循会议规则,又要在会议出现冷场时进行引导,激励与会人员畅所欲言,使会议一直保持热烈讨论的气氛,最终形成较完整的解决方案。

头脑风暴法是基于心理学理论基础上的方法,它主要鼓励个体尽可能运用直觉进行问题求解。它主要打破了专业知识领域的思维障碍,避免与会人员的观点和思维模式相近;它运用了"思维共振",使参会人员可以在倾听其他与会者的设想的同时激发自己的创造性;另外,因为有时间规定,与会人员的大脑一直处于高兴奋和高紧迫状态,更有利于直觉的产生。

(二) 头脑风暴法的变式

目前,头脑风暴法是世界上应用最为广泛的创造技法。此外,根据具体的问题情境和适用环境,人们还创建了默写式智力激励法(又称 653 法)、卡片式智力激励法以及特尔斐设想法等头脑风暴法的变式。

默写式智力激励法,是德国创造学家根据德意志民族习惯沉思的特质,对 Osborn 的头脑风暴法进行的改良。具体的操作也是进行会议讨论,与会人员为 6 人,明确会议目标后,每个与会人员都会收到几张卡片，要求 5 分钟内每个人在该卡片上写出 3 个想法，因此默写式智力激励法也被称为 653 法。在卡片上填写想法时需要保留一定空间，以便下一位与会人员填写新的想法。在第一轮的 5 分钟里，每人针对目标写出 3 个想法，然后将卡片传给旁边的与会人员；在第二轮 5 分钟里，每人根据前一个人填的想法中得到启发，再另外写上 3 个想法，接着传给下一位与会人员……如此进行分享，半小时内约进行 6 轮分享，总共可以形成 108 个左右的想法。

　　CBS 法和 NBS 法都属于卡片式智力激励法。CBS 法是由日本创造学家高桥诚创建的头脑风暴法改良版。具体做法是举办历时 1 小时，规模为 3~8 人的会议。每个与会人员手上有 50 张名片大小的卡片，另有 200 张卡片放在桌上备用。首先明确会议目标，再开始 10 分钟左右的个人表述阶段，即与会人员各自在卡片上写下对会议目标的想法，每张卡片只写 1 条。接下来，由与会人员按座位顺序依次表述自己的解决方案，每次每人只宣读 1 张卡片，历时 30 分钟左右。每次表述后，其他与会人员可以提出自己的建议，也可以将受启发而新形成的想法写在备用的卡片中。剩下的会议时间里，与会人员可以随意交流和讨论，各自提出想法和方案，从而不断地激发出新的解决方案。

　　NBS 法，是由日本广播公司（NHK）开发的头脑风暴法的变式。具体方法是召开 5~8 人参加的讨论会议。首先明确会议主题，每个与会人员先在 1 张卡片上针对会议目标写下 5 个以上的解决方案。会议开始后，每人出示卡片并加以说明。当他人在表述观点时，如果自己产生了思维共振，出现了新想法，应及时填写在备用卡片上，等与会人员都表述结束了，再进行讨论，从中挑选出可实现的解决方案。

　　以上的变式都保留了"思维共振"的直觉作用，相对于原版的头脑风暴法，可以避免出现场面失控，也可以避免大家七嘴八舌地遗漏了重要观点，还可以避免部分与会人员因为不善于口头表达使得观点无法被准确阐述等情况。但"用笔写下观点"可能无意中对观点做出了评判，即"该观点是值得被写下来的"，从这点来说，该方法所产生的创造性想法与原版"头脑风暴"相比可能较少且较不新颖。

特尔斐设想法，也称专家意见秘密征询法，是一种国外比较流行的直观性预测调查法。它是以匿名的方式，通过多轮函询征求专家意见的方式，进行预测性调查。它不是对现有事物的调查，而是了解某些专家对事物的看法或未来的预测。

专家选定以后，其具体做法分为四轮：

1. 调查组发给专家不带任何限定要求的第一轮调查表，只提出调查预测的主题。专家填写自己的想法后，调查组收回调查表并进行汇总整理，如归并同类事件，排除次要的、分散的事件，最终制成事件一览表。

2. 将事件一览表发给专家作为第二轮调查表，专家在不互相交流的情况下评价第二轮调查表所列的每个事件，并写明评价理由。调查组对回收的专家意见进行统计处理。

3. 统计第二轮收集的专家评价，专家根据统计结果进行第三轮的判断和预测，同样需要给出充分的理由。

4. 根据第三轮评价的统计结果，专家们再次填写自己的意见并寄给调查组。这时专家也可以改变自己的意见，同意别的专家的意见。经过这样四轮的反复，对最后的调查结果进行统计分析，得出较好的调查情况方案。但要注意，每轮调查的时间间隔不宜太长，否则干扰因素会增多。特尔斐设想法更适用于战略性调查和预测。

以上各种创造技法都营造了畅所欲言、互相启发和思维共振的气氛，可见巧妙地运用直觉有利于产生创造性成果。

第六章

学习与艺术创作中的直觉

在大学里，张拍脑袋学习成绩一般，常常在及格线上下徘徊。和大多数同学一样，考试时遇到不会的题目他就利用自己的奇思妙想蒙一个答案，但是由于缺少必要的知识积累，结果往往不尽如人意。

王深思可是学习高手，有毅力、喜欢钻研，但同时又有些无趣。他喜欢研究普通人解不开的数学题。凭借着扎实的基本功，王深思基本上"考的都会，蒙的全对"。

大四的时候，王深思凭借着优异的成绩，去一家国企实习，张拍脑袋则进入了一家设计公司。有一天，他给张拍脑袋打电话，想约他出来玩。

"打断了，打断了！我刚刚进入状态，刚刚有了灵感，结果被你一个电话给破坏了！"张拍脑袋在电话那头嚷道。

"什么？"王深思吃了一惊。

"我在创作，创作！你懂不懂啊！我创作的时候谁都不能打扰我！"张拍脑袋说完，挂断了电话。

凌晨2点的时候，王深思睡得正香，忽然电话铃声大作，将他惊醒。王深思一看是张拍脑袋的电话，连忙接起来。

"王深思吗，今天下午抱歉……我现在刚刚下班，你下午找我有什么事呀？"张拍脑袋在电话那头不紧不慢地说。

> "你知道现在几点吗,现在这大半夜的,你又没有什么急事儿,为什么不能明天说呢?"王深思终于忍不住发火了。
>
> "什么,已经半夜了,怎么可能?"张拍脑袋说着,看了看手机上的时间,大吃一惊,"天啊,我只是画了一张设计图啊,怎么已经两点了? 我都没注意,以为是晚上八点呢! 实在是对不起,我……"
>
> 张拍脑袋和王深思的直觉有什么不同?
>
> 张拍脑袋在画图的时候为什么会忘了时间?

人的一生就是一个不断学习的过程,个体通过学习吸取前人留下的精华,增长见识,开阔视野。我们从三四岁起就进入幼儿园接受学前教育,然后一路升入小学、中学、大学。在这期间,你有没有为考试烦恼过? 是不是在考试前希望自己能"考的全会,蒙的都对",取得令人满意的成绩? 其实从理论上看,"考的全会""蒙的都对"分别对应着两种解决问题的加工模式。"考的全会"指个体使用分析加工成功解决问题,而"蒙的都对"指个体使用直觉加工成功解决问题,就是我们常说的"相信直觉"。可是你可能会觉得直觉有些靠不住,是像运气一样说不清道不明的东西,有时能依靠它成功解决问题,但大多数情况下是行不通的。实际上,"直觉"也有低级和高级之分,用高级直觉解决问题的正确率要比低级直觉要高得多。本章带你深入了解学习中直觉的种类与区别,以及艺术创作中的直觉是一种什么样的体验。

第一节 学习中的直觉

一、低级直觉与高级直觉的转化

学习中的直觉主要指双加工理论中的直觉加工,即快速、无意识,不需要占用很多认知资源的加工方式。直觉通过图式得以体现,利用直觉加工解决问题就是利用图式解决问题的过程。高级直觉与低级直觉的区别在于图式的复杂度不同,基于此,我们结合3个理论介绍学习中低级直觉与高级直觉的转化过程。

(一) 直觉的定义——双加工理论

双加工理论认为个体在认知加工过程存在两种加工方式:分析加工与直觉加工。其中分析加工是缓慢、基于逻辑分析的,并且占用更多的认知资源,"考的全会"是个体使用分析加工的结果;而直觉加工是快速、无意识的,不需要占用很多的认知资源,"蒙的都对或都不对"是个体使用直觉加工的结果(Evans,2008;De Neys,2012)。在这里我们将利用直觉解决问题定义为快速、无意识,依靠经验、不需要占用很多认知资源的加工方式。

(二) 直觉的形成——认知负荷理论

直觉加工是依赖经验知识解决问题的,个体的经验知识即为图式,图式是直觉形成的基础。Sweller 等基于人的认知结构提出认知负荷理论,系统地分析了图式(直觉)的来源过程(Sweller, Ayres, & Kalyuga, 2011)。该理论认为任务施加于工作记忆系统的认知负荷可由工作记忆资源处理,从而形成图式(直觉)。图式是认知负荷理论的关键概念,图式的形成能够降低学习材料的认知负荷,进而节省个体的认知资源。具体而言,认知负荷分为内在负荷、外在负荷两种。内在负荷是指与学习内容相关的负荷,它取决于任务材料中的元素交互程度。相反,外在负荷是指与学习无关的负荷,它通常由不当的材料呈现方式所导致(Leahy & Sweller, 2016; Seufert, 2018)。当个体投入认知资源处理材料的内在负荷时,需要加工学习材料内部元素间的联系,从而形成图式,利用图式解决问题即为直觉。具体表现为,下次遇到类似的材料时,个体无需再次加工元素间的联系,只需从长时记忆中提取出图式即可完成加工,大大节省了认知资源。因此,长时记忆的图式在加工时具有占有资源少、自动化和加工速度快的优点,与直觉加工一致。

(三) 直觉的转化——发生认识论

皮亚杰的发生认识论系统地阐述了"知识"的来源及发展过程。

"知识"来源于动作,通过动作认识物体而形成关于物体的知识——图式(彭聃龄,2012)。图式也是个体在认识世界时形成自己独特的认知结构。总的来说,图式是指个体对世界的知觉、理解和思考方式,是个体认识事物的基础。你可以把图式看成你的所有经验知识,它由一个个小块组成,每块都是你经过学习习得的某个规则,多个小块联结在一起就组成你特有的观点。在发生认识论中,图式是个体所有想法的集合,因此是个体对事物的直觉反应。图式发展即为直觉转化,指个体由旧图式发展出新图式的过程。

皮亚杰认为儿童图式发展(直觉转化)受成熟、自然经验、社会经验、平衡化等 4 个因素影响,其中平衡化是最重要的因素。平衡化讲述了图式发展(直觉转化)的基本过程,包括同化、顺应、平衡等 3 个部分(彭聃龄,2012)。同化是指将新信息纳入已有的认知结构中,根据已有图式解释新的刺激的过程。结合双加工理论的观点来看,同化是个体用直觉解决新问题的过程。顺应是指改变已有的认知结构以适应新的环境和信息,改变已有图式以更好的理解新刺激的过程。同样结合双加工理论来看,顺应指当个体无法用直觉解决新问题,需要通过分析问题找到解决方法,形成新的合适的图式(直觉)。平衡是指个人图式与经验之间的和谐,即形成新直觉。

举例来看,平衡化的具体过程为:儿童认为会飞的都是鸟,所以当他看到飞机时,他认为飞机也是鸟(同化);而当他意识到这种鸟既没有羽毛,也不会拍打翅膀,内心会体验到冲突或不平衡,于是他明白了飞机并不是鸟;最终儿童重组已有模式,形成上位概念"飞行物体"和两个下位概念"鸟"和"飞机"的图式(顺应),达到个人图式与经验之间的和谐(平衡)。

不难看出,儿童通过平衡化适应环境的过程,就是由旧图式形成新图式、低级直觉转化为高级直觉的过程。然而这种平衡只是暂时的,当环境发生改变导致个体利用已有的直觉不能很好地解释和适应新环境时,这种平衡就会被打破,已有直觉通过分析、解决新刺激重新达到新的平衡并形成更高级的直觉。因此,直觉的转化是通过不断解释刺激、分析刺激而形成的。

综上所述,个体依靠旧图式解决问题时(直觉加工),发现以原有的图式无法解决目前的问题;为了解决问题,个体从逻辑、规则的角度出发,寻找解决问题的方法(分析加工);经过多次熟练地解决相似问题后,个体形成新的图式,问题得到解决(新的直觉加工)。因此,在运用直觉解决问题的过程中,还需分析加工的参与。这就解释了为什么张拍脑袋蒙不对题而王深思却可以做到。王深思一直在分析、钻研,他所掌握的图式一直在更迭,与环境的适应度最高,在利用高级图式解决问题时,正确率相对来说就高;而张拍脑袋并没有好好学习,他所掌握的图式没有被更新,已经不适应当下的环境了,在利用低级图式解决问题时,正确率相对来说就低。因此想要依靠"直觉"解决问题,分析加工是必不可少的。只有通过努力钻研积累知识,才能拥有高级"直觉"带来的"外挂"技能。

二、利用高级直觉解决问题的感觉——心流

我们知道在学习过程中拥有高级直觉并利用其解决问题的时候并不多见,那么利用高级直觉解决问题是一种什么感觉呢?下面我们就来带领大家进入用高级直觉解决问题的世界——心流。

(一) 学习活动中的心流体验

1. 心流

心流的概念由 Csikszentmihalyi 于 1975 年提出,之后经过系统整理后形成心流理论。该理论指出,心流是个体对某一活动表现出浓厚的兴趣并由此推动个体完全投入某项活动的一种情绪体验(Csikszentmihalyi, 1975;任俊,施静,马甜语,2009)。作为一种复杂、多面的情绪体验,心流体验由 9 个特征组成,分别为:

(1) 个体明确知道活动的目标。

(2) 在此基础上,活动会给予个体清晰的即刻反馈。

(3) 个人技能刚好能够应对活动的挑战性,即个人技能水平与活动挑战性相匹配。

（4）个体的注意力高度集中于活动。

（5）个体无需多想就能做出正确的行为，即行动意识融合。

（6）个体对活动有较好的控制感。

（7）个体不关注自身的情况及他人对自己的看法，完全沉浸在活动中，即丧失自我意识。

（8）个体感到时间过得比平常快，即时间体验失真。

（9）在没有外部奖励时，个体也会自发参与活动，即体验活动本身为个体的内部动机。9个特征缺一不可，无法使用单一特征代表整体的心流体验。虽然在日常生活中心流体验不经常发生，但只要满足心流的引发条件，几乎在所有活动中均能体验到心流。

心流的三通道模型依据个体感受到的挑战性与技能水平平衡与否划分3种情绪体验：当个体认为活动挑战性与技能水平相匹配时会产生心流体验；当个体认为活动挑战性超出技能水平能够处理的程度时，个体会变得很焦虑；而当个体认为当前的技能水平超出活动挑战性时，个体会产生无聊、厌烦的情绪(Landhäußer & Keller, 2012)。不难看出，"感觉挑战性与技能水平相匹配"是引发心流的核心条件，例如有的研究者通过游戏的竞争性或难度，操纵挑战性引发心流体验(Meng, Pei, Zheng, & Ma, 2016; Vuorre & Metcalfe, 2016)。除此之外，"活动是否能够提供清晰的目标"及"即时的反馈"也可能成功引发个体的心流体验。但这两个条件的满足与否取决于活动的结构性，因此在实际操作中并不常用，一般作为辅助条件出现。

2. 学习活动中的心流体验

用高级直觉解决问题其实是指个体在学习过程中产生的心流体验。在学习过程中产生的心流体验与心流理论中阐述的定义不完全一致。有研究者发现个体在学习活动中感受到的心流的特征只占理论上心流的特征总数的一半(Heutte, Fenouillet, Kaplan, Martin-Krumm, & Bachelet, 2016)。这说明个体在不同情境中感受到的心流的特征不是固定的，而是随情境变化的。目前对于学习活动中的心流成分还无统一定论，不同研究者对学习心流的定义大不相同。其中

Heutte 等(2016)指出普通学习活动中的心流包括认知专注、时间体验失真、丧失自我意识、自觉体验等 4 个成分。具体而言,学习中的心流体验是指个体由于认知专注于学习内容而感到时间过得与往常不同、不在乎外界对自己的看法,最后对学习任务本身产生动机并获得幸福感的一种过程体验。Kiili 等认为在学习游戏活动中的心流包括挑战性、目标、反馈、控制感、可玩性、注意力集中、时间体验失真、产生内部动机、自我意识丧失 9 个成分(Kiili & Lainema, 2006; Kiili, Lainema, Freitas, & Arnab, 2014)。由于不同理论中的心流成分不一致,导致在不同的心流量表中的心流维度的不一致。据此,通过对引发方式、测量方式的梳理,厘清教育情境下的心流体验的情况。

(二) 引发机制——心流体验是如何产生的

利用直觉解决问题也是需要满足一定条件的,在教学活动中采用的引发方式实际指教学设计,教学设计是指教师以完成一定的教学任务和优化教学效果为目的,以教学系统及其活动为对象,来分析教学问题与制约条件,选择确定教学实施方案的活动和过程(王春华,2014)。目前研究者采用的引发方式主要分两种:基于学习游戏的教学设计与基于认知负荷的教学设计。

1. 基于学习游戏的教学设计

学习游戏由于其本身的趣味性,以及方便操纵挑战性等特性,是最易引发心流的活动之一(Vuorre & Metcalfe, 2016; Sharek & Wiebe, 2014)。教育研究者创造性地将游戏与学科内容有机结合,构成学习游戏的教学设计,以此作为引导学生产生心流体验的工具。学习游戏作为教育领域对引发心流的初步尝试,至今得到了广泛的应用。虽然都是基于学习游戏引发心流,但不同的研究基于学习游戏设置的条件有所不同。具体而言,通过游戏学习引发心流基本上可分为操纵核心条件(挑战性)、操纵全部条件(根据理论设计游戏元素)、未操纵条件(依靠游戏本身引发心流体验)3 种方式。

一些研究者选择通过游戏难度操纵挑战性引发心流体验。基于心流理论的观点,活动挑战性与技能水平相平衡是引发心流的核心条件。

因此在组织教学设计时，研究者则需考虑任务的挑战性是否与个体的相关的学业水平相匹配。然而在实际操作中，要严格满足此条件存在一定的困难：研究者很难做到提前预知个体与任务相关技能水平和任务挑战性的匹配程度，因此只能通过设置不同的挑战性等级来保证大多数被试能找到适合自己的任务挑战性。

而学习游戏刚好能够满足设置几种挑战性等级的要求。Sun，Kuo，Hou 和 Lin(2017)设置不同难度的题目操纵防止网络欺诈的游戏的挑战性，当被试正确回答问题时，游戏才会进入下一关卡(抗钓鱼游戏)，每次通关后，被试都需填写心流问卷来反馈心流体验的强度等。这种方式沿袭并创新地利用前人研究中采用的游戏活动，操纵核心条件引发心流体验。但与纯粹的游戏不同，学习游戏在设定游戏难度时需结合学习内容进行，不同的难度等级对应不同挑战性的学习内容。在设计游戏时，不同难度的学习内容需要进行多次测定，实施起来较复杂。除此之外，学习游戏中学习内容与游戏结合紧密，无法迁移到其他学习内容上去，导致学习游戏的应用性不强，而且很难满足日常教学的需求。

一些研究者认为仅满足一个心流引发条件的学习游戏无法确保个体能够产生心流体验，需要根据相应的理论设计满足心流引发条件的学习游戏。在设计游戏时，研究者根据理论中心流包含的所有特征，总结出能够引发心流各特征反应的游戏元素，并将游戏元素应用到学习游戏中。如 Kiili 等(2014)在心流理论的基础上提出游戏心流模型，使得心流理论更加适应游戏学习的情境，后来又进一步结合用户体验和建构主义观点，提出设计引发心流的学习游戏框架。采用此框架设计游戏，学生在六级评分的心流量表的平均得分为 4.6 分，这说明学生在学习游戏中获得了较高的心流体验，从而验证了该框架的有效性。

另外，Liu(2016)结合 Mayer(1997)的学习认知模型及 Kiili 等(2014)的游戏心流理论总结出设计学习游戏所需包含的必要元素，依据这些元素设计学习游戏，结果发现使用学习游戏的被试比使用模拟软件的被试控制感更强，对目标的理解更深入，接收的反馈更多等。

Hsieh，Lin 和 Hou(2016)基于 Kiili 等(2014)的游戏心流模型对游戏元素进行改造，将与游戏心流理论的 5 个引发条件相关的元素应用到游戏中，他们通过屏幕上的倒计时来增加挑战性、通过剩余分数及时反馈被试的表现、通过阅读游戏任务让被试明白游戏目的，不仅增加了游戏的可玩性，还让被试拥有控制感。结果发现被试在五级评分的心流量表上的平均得分为 3.74，这说明被试在学习游戏中获得较高的心流体验。

基于相关理论设计的学习游戏能够更好地引发心流体验，并且这种方法相较于操纵单一引发条件来说更科学严谨；另一方面，它在设计游戏时更为复杂，对设计者也说更有挑战性。除此之外，对游戏元素的过多操作可能无法保持"游戏"部分与"学习"部分的平衡，让个体关注游戏多于学习内容，从而导致研究目标与"提高学习表现"背道而驰。

还有一些研究者未操纵任何条件，利用游戏本身吸引人的特性引发心流。他们认为与其他教学设计相比，学习游戏凭借其有趣、吸引人的特性，能够让被试投入游戏活动、感觉愉悦并产生游戏动机。如 Chang，Liang，Chou 和 Lin(2017)发现个体使用游戏学习产生的心流体验显著高于使用网页学习产生的心流体验。然而未经调整的学习游戏所引发的心流体验也可能是游戏部分引起，而非学习内容。

游戏中有趣的元素虽然能够吸引个体不断卷入其中，但本质上是与学习无关的因素，过多的趣味元素会消耗个体额外的学习资源(Schrader & Bastiaens，2012)。除此之外，不同于前两种设计，研究者为了保证游戏的趣味性，大多设置了简单的学习内容，这种做法对个体的知识积累无大的帮助，在一定程度上是弊大于利的。

2. 基于认知负荷的教学设计

认知负荷理论是以认知结构为基础的学习理论，该理论系统地提出组织教学设计的一系列原则(Sweller et al.，2011)。认知负荷是指工作记忆必须同时注意和处理的内容总和(周爱保，马小凤，李晶，崔丹，2013)。在信息加工过程中，施加于工作记忆的认知负荷分为两种，分别为内在认知负荷和外在认知负荷。内在认知负荷是指与学习内容相关的信息施加于工作记忆上的负荷,它取决于任务材料中的元素交互程度。相反,外在认知负荷是指与学习无关的信息作用于工作记忆上的负荷,它通常由不当的材料呈现方式所导致。基于内外负荷组织的教学设计,将关注重点从游戏设置转移到学习任务上来,从而保证个体基于学习任务产生心流体验。

认知负荷与认知资源的匹配可能是引发心流的核心机制。个体投入某项任务时,必定会产生一定程度的认知负荷,从而调用相应程度的认知资源。一旦个体调用认知资源,便有机会进入心流状态(de Sampaio Barros, Araújo-Moreira, Trevelin, & Radel, 2018)。由此可知,心流引发条件中,任务带来的挑战性即为任务施加于工作记忆系统的认知负荷,自身的技能水平即为个体能提供的认知资源,那么认知负荷是否与认知资源的匹配是产生心流体验的关键。

Cho(2018)通过任务复杂度操纵内在负荷、通过回答方式操纵外在负荷,探究内外负荷对自评难度、自评水平、难度—技能水平平衡及心流的影响。结果发现内在负荷显著影响自评难度,外在负荷显著影响自评难度、自评技能水平、难度—技能水平平衡及心流体验,证明外在负荷对心流的影响。另外该研究还尝试探究心流的引发条件,发现活动难度—技能水平平衡能够显著预测心流体验的程度,但该平衡仅能解释心流体验 10.2%～12.7%的方差。除此之外,有研究者在游戏任务中通过任务复杂度操纵内在负荷探究对心流的影响。结果发现中等程度的内在负荷对应的心流体验最强(Sharek & Wiebe, 2014)。因此,心流的产生依赖一定程度的认知负荷,根据认知负荷组织教学设计能够引发学习心流。

综合来看,基于认知负荷的教学设计更适应未来研究的需要。虽然学习游戏的教学设计较为成熟,能够较好地引导学生产生心流体验。但该教学设计存在设计复杂、无法灵活迁移学习内容、甚至妨碍学习等缺点。更严重的是,学习游戏包括学习和游戏两部分,通常情况下这两部分相互独立,很难完美地融合为一体。这就导致了心流的来源混淆不清,即采用学习游戏引发的心流可能是针对游戏或是针对学习内容而产生的。除此之外,游戏产生的心流会干扰个体注意力,使个体无法集中于学习材料,进而无法提高个体的学习表现。

综上所述,基于学习游戏的教学设计很难平衡好游戏与心流部分,无法确保引发真正的"教育心流"。然而认知负荷理论为组织适合日常的教学设计提供了一个新的视角。基于学习游戏引发心流的教学设计,多依赖设定游戏成分来达到目的,忽视作为学习核心的学习内容的重要性。而正是因为学习游戏将重点过多放在游戏上,才导致对游戏的设定十分复杂,无法满足日常教学的要求。而相对应的,基于认知负荷理论的教学设计抛开游戏元素,仅针对学习内容及材料呈现方式进行组织,不仅教学程序较为简单,而且排除了游戏干扰,保证个体对学习内容产生心流体验的同时也能促进学习表现,在一定程度上避免了学习游戏的弊端。

(三) 测量方式——心流体验是如何被量化的

目前针对心流的测量方式主要有脑电和量表两种方式。有研究尝试通过刺激前负波(stimulus preceding negativity,SPN)成分测量内部动机来代表心流体验(Meng et al.,2016)。心流包含的特征较多,如果要通过脑电成分测量,需同时关注几个有效的指标才能保证完整测得被试的心流体验。因此目前通过脑电测量心流的方法不是很成熟,对教育心流的测量主要还是量表测量。与其他测量方式相比,量表能够较准确、快速测得心流的各个特征。

大体来说,用来测个体在教学活动中产生的心流体验的量表可以分成两类,一类为经典的九维度心流量表;另一类为研究者根据前人研究或理论自行编制的量表。经典量表基于心流理论中心流的9个特征编制而成,广泛应用于创造性、竞技体育等领域(Cseh et al.,2016;刘微娜,2010)。如前文所述,教育心流与理论描述中的心流不完全一致,主要体现于个体在教学活动中感受到的心流的特征与理论描述的相比发生了变化。虽然经典量表结构较为严谨,但在教育领域的使用频率较低。因此,为了更好地测得教育心流的程度,研究者通常会自行编制适用于学习活动的心流量表。与引发心流的方式相对应,测量心流的量表也分为针对学习游戏情境和普通教学情境两种。

1. 学习游戏心流量表

鉴于学习游戏的广泛应用,研究者编制了多种适用于该情境的心流量表。其中使用频率较高的有 Pearce 等人和 Kiili 等分别编制的量表。

Pearce 等(2005)认为基于学习游戏产生的心流并不是所有成分同时发生的"状态",而是一种有先后顺序的过程性体验(Pearce, Ainley, & Howard, 2005)。他们认为心流分为条件及体验两个部分,相对应地心流量表也包括条件及体验两个部分。条件部分包括挑战性和技能水平两个维度,每个维度下各有一个题项;体验部分包括控制感、享受度、卷入度3个维度,每个维度下分别有3、4、4个题项。Sun 等(2017)以 Pearce 等人编制的量表中的条件部分为参考,设计关于技能、挑战性的两个问题测量学习过程中产生的心流体验;Chang 等人(2017)对 Pearce 等编制的量表中的过程部分进行修订,形成更适合当下研究情境的量表。

Kiili 等(2014)提出的游戏心流理论不仅涉及设计学习游戏的原则,还定义了学习游戏活动中的心流体验。早在 2006 年,Kiili 等将个体在游戏中体验到的心流分为条件和体验两个部分。其中条件部分由挑战性、目标、反馈、控制感、可玩性等组成,体验部分由注意力集中、时间体验失真、产生内部动机、自我意识丧失等组成(Kiili & Lainema, 2006)。该模型将心流理论中的"行动意识融合"替换为"可玩性"。他们指出学习需要有意识地建构知识,无法达到"行动意识融合"的状态,即行为无需意识指引,自动生成,但个体对游戏界面的操作控制能够达到此状态。在定义特征时,Kiili 等用"可玩性"指代个体在游戏操作中的流畅程度(Kiili & Lainema, 2006)。据此他们于 2006 年编制了第一版适合学习游戏的心流量表,量表共有 9 个维度,前 5 个维度为条件部分,每个维度下均有 2 个题项,后 4 个维度为体验部分,每个维度下分别有 4、2、4、2 个题项。Hsieh 等人(2016)在研究中使用 2006 年编制的版本,Kiili等人(2014)在研究中使用修订后的短量表,该量表在原量表的基础上抽取题项而形成,每个维度抽取一个题项,既减少了题目,又保持了原有的结构,便于测量。除此之外,还有不少研究者在Kiili等的游戏心流理论的基础上编制适合自己研究情境的心理量表,如杨雅婷与陈奕桦以游戏心流理论为架构,编制数字化心流体验量表作为研究工具(陈奕桦,杨雅婷,文冬霞,2016);李建生、乔小艳和李艺(2013)在Novak, Hoffman和Yung(2000),Sweetser和Wyeth(2005),以及Kiili(2007)等研究者的基础上建构了适用于游戏情境的心流模型,依据该模型编制的心流量表包括条件、体验及结果三个部分。

除了Pearce等和Kiili等编制的量表外,部分研究者参考其他量表自行编制问卷。Liu(2016)根据心流理论提到的9个心流特征、互联网用户所产生的11个心流特征及Sweetser和Wyeth提出的游戏心流模型的8个心流特征,总结出多媒体心流的特征(Csikszentmihalyi, 1975; Novak, Hoffman, & Yung, 1998; Sweetser & Wyeth, 2005),据此编制测量多媒体心流的量表。Hamari等人(2016)结合心流理论(Csikszentmihalyi, 1975)及Shernoff提倡的"卷入"观点(Shernoff & Csikszentmihalyi, 2009)编制量表测量学习游戏中的心流,该量表包括投入、卷入、技能、挑战性4个维度。

2. 教育心流量表

教育心流量表(EduFlow Scale)是Heutte等基于教育心流模型(The EduFlow Model)编制的、适用于所有学习情境的心流量表(Heutte, Fenouillet, Kaplan, Martin-Krumm, & Bachelet, 2016; Heutte, Fenouillet, Boniwell, Martin-Krumm, & Csikszentmihalyi, 2014)。

教育心流模型指出自我效能感及集体效能感是引发教育心流的关键。自我效能感是指个体相信自己有能力应对困难而接近困难,这与心流理论中阐述的"挑战性—技能水平平衡"引发条件类似;而集体效能感是指个体认为处在团体中的成员们可以高效地工作,一起解决目标(Bandura，1997)。当处于学习状态的个体间发生社会互动时,集体效能感比自我效能感更能影响心流的产生,是引发心流的主要条件。

除此之外,教育心流模型还重新界定了教育情境下的心流成分,认为教育心流包括认知专注、时间体验失真、丧失自我意识和自觉体验4个成分。认知专注,指个体在学习时投入全部的认知资源理解材料,以及注意力的高度集中,认知专注是教育心流的认知维度。时间体验失真,指对时间感知的变形,具体表现为个体感觉时间过得比平时快或慢。丧失自我意识,指个体不关心外界对自己的看法,全身心地投入当前的学习任务的情况。当个体感觉自我边界模糊时,个体会有更高的归属感,更多地与他人合作(Shernoff & Csikszentmihalyi, 2009),因此它是教育心流的"社会维度"。自觉体验,是指在学习活动中的幸福感。这种幸福感来源于个体对活动本身的兴趣,而这种兴趣能够持久地推动个体再次卷入学习活动中,即对学习活动产生内部动机。

值得一提的是,Heutte 等认为个体并不是同时,而是随着时间推移在不同阶段体验到心流的几个特征感受的。在学习任务中的心流体验具体表现为:个体由于认知专注于学习内容而感到时间比平常快,不在乎外界对自己的看法,最后对学习任务本身产生动机并获得幸福感的过程。不难看出,个体认知专注能够影响时间体验失真、丧失自我意识及自觉体验的程度,而自觉体验不仅受认知专注的影响,还受时间体验失真及丧失自我意识的影响,是三者的产物,这一点也得到结构方程模型结果的确认。因此,基于以上观点编制的教育心流量表也分为4个维度,与4个成分一一对应,每个维度下各有3个题项。

总的来说,教育心流量表比学习游戏心流量表更规范、更适合日常的教学活动。学习游戏量表的针对性较强,能够较好地测量特定学习活动中的心流体验。但同时量表的使用范围也仅局限于学习游戏,这意味着一旦更换教学设计则不适用于其他学习活动。另外,学习游戏量表的种类繁多,几乎每个研究者均采用适合研究情境的自编量表。整体来看,由于缺少对学习游戏心流的统一定义,学习游戏量表的编制有很大的随意性,包含的维度也各不相同,导致很多量表并不规范。因此,学习游戏心流量表在某种程度上不能适应日常教学活动,有一定的局限性,并且还存在编制不规范的问题。

教育心流量表适合测量各种教育情境下的心流,它的应用范围比学习游戏心流量表的应用范围要广,且更适合日常教学活动。除此之外,量表编制程序规范,无需根据情境改动,长度适中,不会让个体在填写过程中感到厌烦。最重要的是该量表不仅对心流的认知成分进行区分,还从集体角度出发增加了社会成分,丰富了学习心流的含义,为未来研究提供了方向。

在学习活动中利用直觉成功解决问题不常发生,但只要满足条件,几乎每个人都能做到并产生心流体验。如前提及,直觉的高效性取决于图式建构前分析加工的程度;而用直觉解决问题时的良好感觉又能促进个体积极进行分析加工,形成更高一级的图式(直觉)。由此可见,良好感觉心流与成功解决问题是相互促进的,密不可分的。因此,学习过程中不光要有好的感觉,还需要不断地钻研才能走得更远。

第二节 艺术创作中的直觉

一、艺术直觉

(一) 艺术创作是一个直觉过程

艺术是人类文化的重要组成部分,以创造物质文化为表现形态。艺术创作融合了艺术家们的逻辑认知与审美情感。作家创作文学作品,设计师创作设计图,作曲家谱写乐章,舞蹈家编排舞蹈动作,他们的心理过程各不相同。即使在同一个领域中,由于艺术家的知识背景、心理特征和外部环境的作用,他们创作的过程和结果也大相径庭。然而,他们的创作过程,都是需要直觉参与的过程。直觉是艺术家们形成表象、进行想象的重要前提。

表象是指当事物不在人们眼前时,人们可以利用直觉,让事物的形象再现在自己的眼前。这种出现在人们眼前的形象,通常是模糊的,缺少细节的。表象的直观性、概括性及可操作性方便艺术家们通过直觉来形成新的表象,从而对创作素材进行再加工。

表象直觉的直观性指的是,它可以让表象以具体生动的形象出现在人的脑海中。有研究(Bridge, Harrold, Holmes, Stokes, & Kennard, 2012)表明,表象直觉的脑机制与知觉类似。这样,艺术家们不需要时时面对自己的艺术中所要表现的事物,可以通过心中的表象进行艺术创作。例如,著名油画《蒙娜丽莎》的创作开始于1503年,1507年创作完成,这两年里,画家达·芬奇并不需要每时每刻都面对原型本人进行创作,而是可以利用直觉来在头脑中形成表象,从而进行创作。

表象直觉的概括性是指,表象不表征事物的个别特征,而是表征事物的大体轮廓和主要特征。正因为表象的概括性,艺术家们可以在这个概括的特征之上加以进一步构思,创作出与事物原来形象不一样的艺术形象。例如,在《红楼梦》中,王熙凤的形象可能来源于作者认识的某一个人或者某一类人的表象,但是书中"头上戴着金丝八宝攒珠髻,绾着朝阳五凤挂珠钗,项上带着赤金盘螭璎珞圈"等细节描写,很可能是作者通过自己的直觉重塑的结果。

表象直觉的可操作性是指表象是知觉的类似物,人们可以在头脑中利用直觉对表象进行操作。对于表象的可操作性,Cooper 等人(1973)用心理旋转实验进行了证明。由于表象具有可操作性,艺术家们才可以对其进行拆分与组合,创作出新的作品。例如,2008年奥运会的5个福娃,"贝贝""晶晶""欢欢""迎迎"和"妮妮",就是设计师利用直觉,用不同的动物形象的表象加上一些中国元素和奥运元素,设计而成。

除此之外,不同种类的表象直觉增加了艺术创作的灵感来源,促进艺术作品的产生。表象直觉分为视觉表象、听觉表象、运动表象等。画家、设计师在积累创作素材时,通常是运用直觉记忆不同的视觉表象;作曲家在收集素材时,通常是通过直觉对不同的听觉表象进行拆分和组合;体操、舞蹈的设计者更多地利用直觉把运动表象和视觉表象融合在一起,来进行创作;文学家则是收集各种各样的表象,然后将其融会贯通,最终写出文学作品。在艺术家们利用直觉完成了对表象的收集之后,他们通过想象过程,利用直觉对表象进行加工改造,最终创作出艺术作品。想象是指对头脑中存储的表象进行加工,从而形成新的形象的直觉过程(彭聃龄,2012)。想象的加入可以让艺术家突破时间和空间的束缚,创造出新的作品。

艺术创作过程包括两种方式:无意想象和有意想象。无意想象也叫不随意想象,指的是一种没有预定目的、不自觉地产生的想象,是一种完全自由、毫无目的的直觉过程。当人们的意识减弱(比如做梦)时,人们往往会在某种刺激作用下不由自主地想象某种事物。很多艺术家会在梦中获得灵感,从而创作出优秀的艺术作品。西班牙超现实主义画家达利的著名作品《记忆的永恒》,其灵感正是来源于达利的梦境。根据达利的说法,这幅画中表现了一种"由弗洛伊德所揭示的个人梦境与幻觉"。然而,我们大多数的艺术作品,还是来源于创作者的有意想象。有意想象也叫随意想象,是按一定目的、自觉进行的想象。有意想象也是一种直觉过程,与无意想象不同的是,它是一种有目的、有方向的直觉过程。

根据想象内容的新颖程度和形成方式的不同,可分为再造想象和创造想象。再造想象是根据言语的描述或图样的示意,在人脑中形成相应的新形象的过程。再造想象的创造性水平较低,但并非没有价值。再造想象是人们理解知识、解决问题不可或缺的条件,人类的文明、文化之所以能传承下来,离不开再造想象的作用。艺术家们在他们开始艺术学习的初期,都是依靠再造想象进行学习的。再造想象可以帮助人们开阔视野、拓展思维空间,增加对文化、艺术的认识。国画爱好者学画,往往都从描红(在别人画好的图画上一笔一画照着描)开始。著名画家齐白石晚年的时候,也坚持描红,以保证自己的创作水平。可以说,再造想象是艺术直觉形成的前提和基础。

创造想象是指在创造性的活动中,根据一定的目的、任务,利用直觉形成相应的新形象的过程。创造想象具有首创性、独立性和新颖性等特点,是艺术创作的主要形式。中国著名美学家、教育家朱光潜

(1989)曾经说过:"只有再现的想象决不能创造艺术。艺术既是创造的,就要用创造的想象。创造的想象也并非无中生有,它仍用已有意象,不过把它们加以新配合……创造的定义就是:平常的旧材料之不平常的新综合。"优秀的文学家、音乐家、美术家,无一不具有强大的艺术直觉,这就是他们想象力丰富的原因。总的来说,利用直觉创造性对表象进行加工得到的作品,艺术价值更高。

直觉在表象进行加工改造时(想象)可采取不同的处理方式,主要有夸张、黏合、典型化、联想等。夸张又称强调,是通过改变客观事物的正常特点,或者突出某些特点而略去另一些特点,在头脑中形成新的形象。契诃夫小说《装在套子里的人》,就是把胆小怕事,惧怕改变的人的特征进行了夸张写出来的。黏合是把客观事物从未结合过的属性特征,结合在一起而形成新的形象,《西游记》中猪八戒的形象就是对"人"和"猪"还有当时年画上"天蓬元帅"的形象进行了黏合。典型化是根据一类事物的共同特征创造出新形象的过程,如《红楼梦》里贾宝玉的形象,就是当时纨绔子弟的缩影。联想是由一个事物想到另一事物而创造出新的形象,在创造想象中起重要作用的"原型启发",就是通过联想发挥作用的。

在艺术创作的过程中,艺术家通过表象直觉收集创作素材,利用直觉进行想象,对表象进行改造加工,从而形成作品。由此可见,艺术创作离不开直觉。

(二) 艺术直觉:来自脑机制的证据

关于艺术直觉的脑机制的研究,更多是在个体差异范式下开展。例如,Martindale等人(1984)的研究表明,α波振幅的变化提示了艺术创造性加工过程和右半球有着密切关系,并推测创造性绘画任务对艺术创造性高的个体来说是相对容易、放松的加工过程,而对艺术创造性低下的人来说则需要更多努力。也就是说,艺术创造力低的人在艺术创作时,要运用更多的分析思维,而艺术创造性高的人,通常都跟随他们的艺术直觉。

不同领域(例如,音乐、舞蹈、诗歌)的艺术直觉过程往往涉及了不同的脑区,是多个脑区同时参与的高度分布式加工的结果(范亮艳等,2014)。此外,艺术家与普通人在执行艺术创造任务时脑区协同作用的模式具有显著差异(Bhattacharya & Petsche, 2005)。表6-2-1中总结了近年来关于艺术直觉的脑机制的研究成果。

表6-2-1 艺术直觉的脑机制证据

研 究	方法	艺术创造性任务	直 觉 加 工
Fink, Graif, & Neubauer(2009)	EEG	通过想象在头脑中创作一段舞蹈	在自由联想的、自动化的即兴舞蹈创作中,专业的舞者相比新手在顶颞区和顶枕区观测到更多的右半球α波同步性
Bengtsson, Csikszentmihalyi, & Ullen(2007)	fMRI	钢琴家先即兴演奏,再复制性演奏之前的乐谱	即兴演奏中的自由选择与背外侧前额叶、运动区喙部以及运动前区的共同作用有关
Solso (2001)	fMRI	被试需要手绘复制6幅肖像或者是6个几何图形	相比初学者,艺术家组在右后侧顶叶区域的激活水平更低,即对人脸的自动化加工水平更高
Ellamil, Dobson, Beeman, & Christoff(2012)	fMRI	艺术系学生先设计书的封面,再对设计进行评估	想法生成阶段激活了默认网络的广泛区域(例如内侧前额叶、后扣带回和颞顶联合区)
Liu et al. (2015)	fMRI	创作新诗并修订	在诗歌创作生成阶段,专家组的背外侧前额叶与顶叶执行系统的活动减弱,预示着该阶段具有低认知控制和无意识加工的特点
Pinho, Ullén, Castelobranco, Fransson, & De (2015)	fMRI	让钢琴家使用不同的认知策略(表达情绪或特定琴键)进行创作	自由表达情绪组的钢琴家们的背外侧前额叶与默认网络的连通性增强
Brown, Martinez, & Parsons (2006).	PET	曲调生成任务:被试聆听系列未完成的新颖曲调,然后立即自发地生成相应乐段填补未完成部分	音乐爱好者把握曲调规律的过程具有内隐的、无意识的特征,该过程与额叶岛盖部的激活有关

从表 6-2-1 可以看出,艺术创作的脑神经基础主要涉及额叶、颞叶和顶叶(尤其是接近枕叶的后顶叶脑区)以及扣带回等大脑区域。其中,内侧前额叶可能更多地与即兴自由创作中对自我信息的表征有关,颞叶可能与不断产生和输出新颖性的观点有关,包含扣带回的边缘系统则可能主要与创造性活动中的动力驱动作用有关(Limb & Braun, 2008;范亮艳等,2014)。艺术直觉主要体现在颞叶所执行的想象/幻想功能,以及将原本不相关的信息关联起来,并不断地生成新的观点的功能,它提供了艺术创造所必需的认知灵活性。此外,艺术直觉还表现在边缘系统激活而产生的强烈创作动机,以及维持艺术创造性行为涉及了无意识状态下的自动化的内驱力上,是艺术创作的主要形式。

(三) 艺术直觉的特性

直觉加工过程是一个快速的、自动的、无意识的、不需要认知资源的过程,前文中已经做了详细的解释,此处不再赘述。与一般的直觉相比,艺术直觉有它的独特之处,包括感性、自然性、社会文化性 3 个特点。

1. 艺术直觉中包含着丰富的审美情感,具有感性的特点

艺术创作的驱动力来源于人类的情感需要,艺术创作的过程是作者表达自己内心情感的过程,也是内部世界与外部世界之间的一道桥梁。艺术形象并非具体形象的客观反映,而是投射出了艺术家自己的心境。例如,同样是看到柳树,贺知章写出了"碧玉妆成一树高,万条垂下绿丝绦。不知细叶谁裁出,二月春风似剪刀"来赞美柳树的美和暖融融的春意;而柳永却写出了"今宵酒醒何处?杨柳岸晓风残月"这样伤感的别离。有人说,审美情感既是对自我的表达和投射,也是对自我的"超越与突破",这种"超越与突破"主要包括两个方面,"一是超越于日常的实用功利的态度,二是超越和突破了日常的真实体验"(潘智彪,2007)。艺术家们只有具备了这样的审美情感,才能衍生出创作的直觉和灵感。

2. 艺术直觉具有自然性

《庄子》里有一个"解衣盘礴"的故事,讲的是宋元君准备作画,众画

师都来了,行礼后毕恭毕敬地站着,舐笔和墨,只有一位画师在外面,解开衣服盘坐在地上,上身赤裸(正全神贯注地作画)。宋元君说这样才是真正的画家。这个故事表明中国艺术家从古代就开始追求一种与自然合为一体的境界。英国作家 Maugham(1919)曾经描述过艺术创作的状态:"你有一种灵魂把肉体甩掉的感觉,一种脱离形体的感觉。你好像一伸手就能触摸到美,仿佛'美'是一件抚摸得到的实体一样。你好像同飒飒的微风、展露嫩叶的树木、波光变幻的流水息息相通。你觉得自己就是上帝。"他所描述的就是直觉状态。在这种自然、无障碍的状况之下,艺术家所达到的自由创作必定是浑然天成的。针对这种人与自然相通的现象,格式塔学派提出了"异质同构"的观点。格式塔学派把世界分为物理世界和心理世界,两者虽然是"异质"的,却能找到相通之处,如"落日"和"低落的心情",都蕴含着"低落"的元素,所以两者又是"同构"的。

3. 艺术直觉具有社会文化性

我们知道,直觉过程是一种无意识的加工过程,而艺术直觉是一种基于文化背景的直觉,其中包含了集体潜意识(余秋雨,2005)。荣格说不是德国人就写不出《浮士德》和《查拉图斯特拉如是说》,我国作家余秋雨把荣格的话进行了进一步的延伸,分析了美国文化对《老人与海》创作的影响,日本文化对川端康成写作的影响,以及印度文化对泰戈尔的影响。鲁迅创作的《阿 Q 正传》之中,也包含了中国人的集体潜意识。艺术直觉受到集体潜意识的影响,所以,我们看到的艺术作品中,都包含了艺术家所处的文化环境里的东西。童庆炳(2008)阐释了这样的创作体验:"在创作过程中,艺术家的生命受集体无意识的支配,意识到的自我被一股内心的潜流所席卷,在他心中滚动的是一种异己的力量。他不愿看到的东西,自动从笔下自然流出,希望写出的东西却消失得无影无踪。"这也正如荣格所说:"诗人们深信自己在绝对自由中进行创作,其实不过是一种幻象:他想象他在游泳,但实际上却是一股暗流把他卷走。"这股"暗流"就是艺术直觉中的集体潜意识。

由此可见,与一般的直觉相比,艺术直觉的内涵更丰富,对艺术家情感、经历、创作水平的要求也更高。艺术直觉是比一般的直觉更加难以获得的特殊的直觉。

二、艺术直觉的作用

创作过程中，艺术直觉能够帮助我们选择创作方向并对作品进行组织和协调。

（一）艺术直觉具有选择作用

直觉可以帮助我们在收集表象和进行创作的过程中，进行快速选择。艺术直觉的选择作用表现在创作表象与创作素材两个阶段。在收集创作表象、准备创作素材的阶段，艺术直觉可以帮助我们选择怎样的表象是符合审美、应该被收集为素材的。

在我们的日常生活中，每一天都要看到无数的画面，听到无数的声音，遇到许许多多的事情。对于没有艺术直觉的人来说，对表象的记忆或许只是一种自利性的选择——只会着重记忆那些与自己生存相关的表象。然而，如果一个人有了艺术直觉，就能在日常生活中感知到哪些意象是符合审美情感的，值得记录到作品中的。一个优秀的作家知道哪些事情值得写入小说中，正如一个音乐家知道哪些音符值得被写入自己的乐谱。这个自动选择记忆表象的过程，显然是分析思维所不能做到的。在艺术创作的阶段，艺术直觉也会帮助我们选择用什么样的方式进行创作。如果一位画家每画一笔，就用逻辑来分析这一笔应该怎样画最合适，那么，他就不可能顺利地完成他的创作。反之，一个经过了艺术训练，有了艺术直觉的画家，可以在创作的过程中快速地选择怎样调色、用笔。

（二）艺术直觉具有组织作用

直觉可以帮助我们组织整个艺术创作活动。艺术创作是一个复杂的心理活动，比逻辑活动要复杂得多。逻辑活动的规则是外显的、明确的，而艺术创作的规则却是内隐的、模糊的。艺术创作作为一个感性过程，其中的内隐规则无法用公式或算法原理加以表达。如果说逻辑规则是一座灯塔，为我们确定一个明确的目标，那么艺术直觉就像一只若隐若现的萤火虫,时时刻刻牵引着我们向前进。

(三) 艺术直觉具有协调与控制作用

艺术创作是一个动态的过程,在这个过程中,艺术家要不断与环境进行交互,包括不断评估自己的作品,调整自己的创作活动,最终达到满意的效果。对这个过程进行协调与控制的,正是我们的艺术直觉。直觉协调着创作中各个要素的运作,包括协调主要与次要元素、意识与潜意识、内部因素与外部因素的交互等,并且潜移默化地影响着整个创作过程。

三、艺术直觉体验

前文对艺术直觉的创作过程、脑机制及其作用作了简单的介绍,艺术直觉并不多见,仅发生在少数人群身上为了了解产生艺术直觉是一种什么样的感觉,接下来的部分我们将详细介绍艺术直觉体验。艺术创作中的直觉体验是多种多样的,有一定的共同点,但是没有一个公式、一个逻辑原理能够对此做出说明。Getzel 和 Csikszentmihalyi (1976)将艺术创作中的直觉体验称作是一种"心流",并将心流体验与创造力联系起来,多次为这一领域作出贡献。这种体验对艺术家既是挑战,也是奖赏。当艺术家在创作活动中进入心流体验时,他们会感到情感的满足和发自内心的愉悦。前面提到了 Maugham(1919)所描述的一种与自然联系、脱离本体的创作体验。事实上,这种体验并不是一个人所独有的,而是许多艺术家们所共有的,贯穿古今中外以及各个艺术领域。Chemi (2016)通过访谈了 22 位高成就的艺术家,对艺术创作中的直觉体验做了质性研究。对于他们来说,直觉过程是创作的必要条件,在整个创作过程中,直觉起到了动机、促进和引导的作用。Chemi 从访谈中总结出一些艺术创造的共同之处:明确的目标、即时的反馈、面临的挑战与实际能力相平衡、高度专注、关注当下、强烈的控制感、扭曲的时间知觉和失去自我。

(一) 明确的目标

当艺术家们回顾他们在艺术创作中的直觉体验时,他们提到,他们创作中的每一个步骤都有明确的目标,即使在创作目的尚未完全明确的时候也是如此。这个目标可能取决于艺术领域的现状、媒体的报道,以及艺术家们所选择的创作素材。在直觉体验中,通过一次又一次的探索和顿悟,这个目标越来越清晰和完善,最终被艺术家达成。

(二)即时的反馈

反馈是艺术家们通过可感知的材料(如颜色、形状、声音、动作)或媒体(收音机、电影)与自己的作品进行交互的过程。在心流体验中,艺术家们总是能够感知到他们工作的进展。有时他们感觉到创作在朝着他们希望的方向发展,就继续创作;有时他们感觉到与之前的设想有偏差,就对自己的创作进行调整。他们与作品的动态的对话贯穿了整个创作过程。另外,他们也喜欢让同事或者朋友作为反馈者,在适当的阶段邀请他们给自己的作品提出意见。

(三)面临的挑战与实际能力相平衡

为了作出大胆的尝试,艺术家需要在他们应对挑战的能力与创作素材或媒体带来的实际挑战之间找到一个最优的平衡点。如果选择过于简单或者难度过大的创作,都不利于艺术家进入心流体验。

(四)高度专注

"我忘了自己所处的时间和地点,在舞台前,我仿佛进入了另一个世界,这个世界里只剩下创造,工作,创造!"一位女电影制片人在访谈中提到。

艺术家们在创作中总是专心致志的,沉浸在自己的世界中,不愿意被任何人打扰。

(五)关注当下

当行动与意识相融合时,艺术家们的全部注意力都集中在当下的创作中。"关注当下"是心流的一个重要特征。这是一种与正念类似的体验,但两者是以不同的形式来关注当前的时刻。正念是通过对自己、他人和周围世界的弥散性认知来关注当下,而心流是通过对任务的专注。

对于被采访的艺术家来说,"活在当下"意味着忘记过去的失望,也不去考虑未来的事情。一位 39 岁的女艺术家说:"如果你把所有的精力都集中在手头的任务上,不问自己是否累了,创意就会油然而生。"

（六）强烈的控制感

艺术家们总是大胆地选择一些富有挑战性的创作,在心流体验没有发生的时候,这种富有挑战性的创作可能会使他们感到如履薄冰。然而,一旦进入心流体验,他们会体验到对创作过程有着强烈的控制感,认为自己有能力掌控自己和所进行的任务,创作的过程显得轻松愉悦,即使在比较困难的任务中也是如此。有些艺术家甚至用"作弊"来形容这种轻而易举完成作品的体验。

（七）扭曲的时间知觉

许多艺术家都提到,身处心流体验之中,"我忘记了时间""原本漫长的几小时仿佛5分钟那么短"。

我们都知道,影响时间知觉的因素有很多,人的时间知觉与活动内容、情绪、动机、态度有关,在从事内容丰富、感兴趣的活动时,我们知觉到的时间往往比实际时间短。而在心流体验中,这种时间知觉的不准确尤为明显。

时间观念的扭曲对艺术家对自己作品的感觉有积极的影响,促进了直觉的协调作用,有利于艺术作品的完成。

（八）失去自我

在感到对艺术创作有着强烈控制感的同时,艺术家们也会体验到自我的丧失。一些艺术家们认为"有舍才有得",艺术家们在创作时必须忘记自我的需求,否则就不能达到很好的创作状态。在创作过程中,要成为自己的批评家,也必须把自我分割开来。失去自我可能会造成艺术家不能及时意识到自己身体的需求（如饥饿、口渴、疲惫）,但对于艺术创作来说却是一件好事。

以上就是Chemi(2016)通过访谈提取到的,艺术创作中直觉体验的特征,这种访谈也为后续的相关研究提供了方向和基础。

四、艺术直觉的培养

艺术直觉对于艺术创作的影响如此重大,对于希望从事艺术行业的人们来说,培养艺术直觉就成为了必不可少的一门功课。本节主要介绍一些培养艺术直觉的方法。

有人提出了打破固有思维,培养创造性直觉的3点建议(张浩,2010):

(一) 培养反向思维

在认识和评价事物时看到事物中的矛盾,同时看到正反两个方面。这在艺术创作中就是说,在作品中要体现出事物中的矛盾,比如,莎士比亚的作品《哈姆雷特》,就同时体现了人性的高贵与渺小,勇敢与怯懦。

(二) 培养相似性思维

从个性中提取事物的共性。前文所说的《阿Q正传》,就是鲁迅先生在个性中提取共性的结果。

(三) 培养理想化思维

不拘泥于现实,给现实插上理想的翅膀。《红楼梦》中林黛玉德才兼备,美貌出众,就是曹雪芹自己心中理想化的美人。

Botella(2018)为了探究艺术中的创造性过程,和他的团队在艺术类专业学生之中做了一个研究,探索如何培养艺术创造性。通过对专业艺术家的访谈和对艺术类专业学生的观察,他们认为认知灵活性和社会交互是对创造性产生影响的重要因素。认知灵活性是指从多种角度分析问题的能力,而社会交互是学生创作过程中的重要部分。Botella将学生分为两组,分别培养他们的认知灵活性和社会交互,"灵活性"组学生的任务是尝试使用他们从未使用过的新的创作技巧,或者创作之前从未创作过的内容,以此来提高他们在艺术方面的认知灵活性。"社会交互"组的学生的任务则是与其他学生谈论他们的想法和作品,来提高他们的社会交互能力。对学生这两方面的培养取得了明显的成果。因此Botella认为,通过简单的练习可以影响艺术创作过程,在艺术教学中,对学生创作过程的观察是必不可少的。

以上两位作者都提出了培养创造性直觉的有效方法。不同的是,前者提出了3点思维上的建议,有助于我们在思考问题的过程中培养自己的创造性直觉。后者则是通过一个简单的测验和对学生进行干预,提出了培养学生创造性直觉的方法,给希望培养学生艺术直觉的老师们提出了建议。综上所述,艺术创作者自己也可以用不同的思维方式拓宽自己的思路,培养自己的艺术直觉。作为艺术老师,也可以采取一些手段,激发和培养学生的艺术直觉。

本节主要介绍了艺术创作的心理过程、脑机制,和艺术创作中直觉的特征、作用、体验和培养方式。直觉在艺术创作中能起到关键性作用,希望对正在从事、渴望从事文艺类工作的读者能有所裨益。

第七章

正视直觉的利与弊

> 大学毕业后,张拍脑袋在设计公司正式就职。张拍脑袋是一个具有传统道德的人,友好而热情,易于相处,直来直往的风格让他赢得了一些朋友,也找到了心仪的女友,但是他却经常说错话而得罪领导。
>
> 张拍脑袋经常在网络和电视上看到有人买彩票中了大奖的故事,他十分心动,觉得买彩票中奖很容易,于是经常去买彩票。结果他累计买了1万多元的彩票,只中了几百元,害得女友和他大吵一架,差点分手。
>
> 为什么张拍脑袋的人际关系会出现这样的情况?
>
> 为什么张拍脑袋会有"买彩票中奖很容易"这种错误认识?

第一节 直觉的优势

直觉从个体出生开始便无时无刻不在影响着其学习与生活,在这一节我们将系统的从学习与生活方面剖析直觉的优势。

知识窗:惊人的直觉能力

当我们降生于这个世界,睁开眼睛的一霎那,我们便拥有了惊人的直觉能力。

> Fantz(1961)曾经利用视觉偏好范式做过实验,在实验中给新生儿呈现一些面部图案(其中包含面部图案或具有人脸特征的似面部图案,以及与人脸特征相似的视觉刺激图案)。结果发现新生儿明显对于具有面部特征的,明暗对比强烈的面部图案或似面部图案感兴趣。
>
> Kalnins和Bruner(1973)的实验证明了婴儿对于轮廓清晰的图案更加偏爱,实验中把婴儿放在婴儿车中,让其观看无声彩色影片。实验结果发现无声影片画面清晰时,婴儿的注意力集中于该影片,当影片中出现母亲或者熟人的微笑时,婴儿会目不转睛地盯着屏幕。相反,如果影片中的图案相对模糊时,婴儿注意力会发生转移,但当影片画面由模糊转为清晰时,婴儿又会转而注视屏幕。
>
> 对于声音的区分又是怎样的呢?Decasper和Fifer(1980)做过一个实验,实验中把婴儿放在婴儿车中,并在其嘴边放置一个可以记录吸吮频率的特殊奶嘴,紧接着给婴儿呈现不同类型的声音材料。结果当播放女性或类似女性声音时,新生儿吸吮奶嘴的频率高,当声音为母亲声音时,新生儿吸吮奶嘴的频率最高。

一、学习中的直觉

(一) 游戏学习中的直觉

游戏一直是贯穿于人类生命早期的一种社会性行为,早期儿童会通过游戏来进行最初的学习。在这个过程中,缺少一定知识经验的儿童通常是借助于自己"天生"的直觉进行学习,这种"天生"的直觉经常被看作是一种不经过有意识思考而又能了解事物的能力,儿童自出生以来就具有强大的直觉能力。

在心理学发展中,最早对儿童游戏阶段进行划分的是皮亚杰,他通过观察儿童的认知发展特征而进一步提出认知发展阶段理论,并据此划分出儿童游戏的3种类型:练习游戏、象征性游戏和规则游戏。

1. 练习游戏

练习游戏是儿童在婴儿期为了获得"机能性快感"而重复产生的行为,也就是说,儿童在生命早期没有丰富的知识经验,只能依靠天生的直觉来进行社会性活动。

练习游戏,顾名思义即儿童在游戏中通过摆弄身体或者直观操作玩具及物体而产生的一些重复行为,比如,将婴儿放置在玩具旁边,这时婴儿会重复将头转向玩具一边。在练习游戏中,儿童通过一些重复的肢体运动而获得机能性的快感。在婴儿所处环境中,需要对于外界环境刺激(如玩具)做出反应,以此来获得快感,所以练习游戏本身是一种强化过程,玩具就是一种刺激。婴儿需要对刺激不断做出反应,最后形成直觉性行为,所以练习游戏本身也是一种直觉学习。由于儿童还没有发展出完善的逻辑思维能力,在知识经验不足的情况下,作为有先天优势的直觉思维会帮助儿童在游戏中更好地进行学习。

2. 象征性游戏

象征性游戏是游戏阶段的巅峰。伴随着儿童知识经验的逐渐丰富,他们开始用符号来代替环境中的事物,比如会将棍子当作刀剑,窗帘当作长裙,使意识思维与环境刺激融为一体。此时儿童不再对环境中的直接经验做出反应,而是将学习到的知识经验与已有认知结构整合,从而对外部环境刺激进行同化以获得快乐,再以一种适应性行为的方式表现出来。

相对而言,象征性游戏是一种认知和情感的综合反应行为。在内部思维与外界刺激关联的过程中,儿童会直觉性地选择自己亲近、熟悉的内容进行表达。比如儿童在玩"过家家"的时候,会有多个角色可供选择,但在一般情况下,儿童往往利用直觉,不经过太多的思考便选择自己所熟悉的角色。

3. 规则游戏

当儿童的言语逻辑能力和肢体灵活能力充分发展后,他们也掌握了新的思维能力,诸如守恒性、可逆性等,并开始进行一些有规则的游戏。规则游戏强调规则需要全体游戏成员在游戏过程中共同遵守,并对执行情况相互监督。由于规则游戏的特殊性,在游戏过程中,需要分析思维与直觉思维相互配合。

在通过规则游戏进行学习的过程中,分析思维可以更好地帮助个体分析并检验一些假设。但是如果这种假设过多,分析思维会做很多无用功。此时仅使用分析思维是一件费时费力的事情,所以需要直觉思维的帮助。这是一种直接了解认知和假设的思维方式,可以在最初分析问题时帮助个体缩小搜索范围,促进游戏学习的顺利开展。

(二) 语言学习中的直觉

个体在游戏中学习,在游戏中成长,在游戏过程中个体不断发展言语知识能力,从而能更有效地进行学习。语言学习的过程也需要直觉的协助。"语言直觉"探讨的就是语言与直觉的关系,是谈话者的共有语法知识的体现,需要靠深入分析才能正确理解其复杂性。

1. 乔姆斯基的语言直觉

乔姆斯基提出了人类语言问题的核心概念——语言直觉能力。乔姆斯基认为这种能力是先天的,因为人类生来就有认识语言内部构造以及生成语言的能力,同时这也是一种内隐的能力。虽然婴儿时期能接触到的句子十分有限,语言学习资源少,但是婴儿的语言学习并不是机械式的重复。通过一段时间的学习,婴儿可以说出以前所没有接触过的句子,即利用语言直觉不经过分析性思考就可以产生合乎语法的语言(戴忠信,2010),这是一种通过与生俱来的直觉能力进行学习的过程。

乔姆斯基(1959)认为人类大脑具有一个先天机制:语言习得装置(language acquisition device),该装置拥有神奇的直觉能力,它可以帮助个体判断语言是否合乎语法规则。比如相对于学习中文的外国人,土生土长的中国人天生具有一种中文的直觉能力,可以更加准确地判断中文语法的合理性。

2. 第二言语的习得

在儿童第二言语的学习过程中,直觉也发挥重要的作用。前文有提及直觉学习是一种相对感性的学习方式,利用感性的直觉进行学习。

人们对语言的发展过程进行了两种划分：习得与学得。语言的习得是指在语言环境中，利用母语直觉进行自然的人际交往，这是个潜意识发挥作用的过程，体现了不自觉到自觉转变的状态；而语言的学得是指利用语言规则进行学习的过程（黄阳，2010），体现了个体有意识学习的过程。

Krashen(1976)关于语言学习的假设将儿童当前的第二语言水平定义为"i"，经过可理解的语言信息的输入，实现从"i"到"i+1"的发展。儿童学习第二语言是一个语言习得的过程，也是一个潜意识发挥作用的直觉学习过程。具体来说，在外界环境刺激下，儿童接收语言输入并进行转化，在持续的语言输入条件下，反复实现从不自觉到自觉的转变，最终形成对语言规则的掌握。

（三）内隐学习中的直觉

学习是对复杂信息进行认知加工，进而将其储存在大脑中的过程。这种记忆储存的过程分为两种：

外显学习：在有意识情况下，对于特定刺激或者刺激之间连接的学习方式，更倾向于表层学习。

内隐学习：在个体没有意识到的情况下，利用过去的知识经验对深层刺激结构进行学习的方式，是一种深层次学习方式，所以说内隐学习在机体适应性行为的组成部分中处于核心位置。

Reber(1967)最先对内隐学习进行了研究。实验过程中，首先将被试随机分为A组和B组。给A组被试呈现一系列符合语法规则的字符串，B组被试则不呈现字符串。接下来要求两组被试按照是否合乎语法规则的标准对所有字符串进行区分。结果发现A组被试正确率显著高于B组，这表明A组被试内隐地学习到了字符串的语法规则。

内隐学习的前提是个体没有注意到做出判断所依据的知识结构。这种知识结构分为两种：有意识的结构知识和无意识的结构知识，其中有意识的结构知识包含记忆和规则，无意识的结构知识包括直觉和猜测。

郭秀艳等(2011)使用人工语法范式来研究内隐学习中的直觉。实验材料是具有一定复杂规律的字符串。被试被随机分为两组,一组被要求进行记忆,另一组被要求探索字符串的规律性。在测试阶段开始前,告知被试字符串具有复杂的规律,他们需要根据该规律对其进行分组。实验结束时,被试需要报告自己作出判断的依据是直觉、猜测、记忆还是规则。实验结果发现,要求记忆字符串的被试更早发现复杂规则,这进一步说明无意识在内隐学习扮演了重要角色。同时判断依据的结果表明,直觉在内隐学习中发挥着特异性作用,直接促进整个内隐学习的效果。

直觉不仅可以促进内隐学习的效果,同样也是内隐学习的重要表现形式:

第一,直觉无需理性的推理,仅依靠无意识的加工。

第二,直觉判断过程是个体无法意识到的,在意识层面之下。

在神经科学方面,心理学和解剖学印证了内隐学习和直觉的生物学基础都可以追溯到基底神经节,即这两者都是依靠基底神经节的调节作用调整具体表现形式(晏玉荣,曲洪志,2006)。

因此,直觉是内隐学习的重要表现形式,内隐学习的过程中必然有直觉在发挥作用。

二、生活中的直觉

(一)解决问题中的直觉

生活中我们会遇到一些问题,我们有时候会深思熟虑,有时候则仅仅依靠直觉解决问题。心理学中将解决问题定义为,由一定情境中引起的,在一定目标引导下,经过一系列的思考,应用各种认知技巧解决问题的过程(罗慧婷,2012)。Bowers, Farvolden 和 Mermigis(1995)最早运用"三合一配对"(Dyads of triads, DOT)对直觉在解决问题中的作用进行研究。实验过程中,首先向被试呈现两组问题,其中一组问题具有内部一致性,可以解决(单词之间具有联系);另一组不具有内部一致性,不可解决(单词之间没有联系)。被试的任务是判断哪一组具有内部一致性并找出合适答案,判断结果代表被试的一种猜测。结果发现,被试正确选择并做出判断的比例远远大于随机概率。研究者对结果进一步分析发现,被试是通过直觉整合无意识信息从而解决问题。

一般来说,我们对于一些未能解决的问题会产生熟悉感,是接近于目标状态的观念,是一种直觉的形式(司继伟,2000)。张卫(1999)发现我们假定在解决问题的过程中初次加工处理失败,当前的信息并不能支撑起解决问题架构。面对失败,直觉可以激活大脑中与问题相关的内隐记忆,激活的程度与问题性质相关,统合这些信息将会产生信息的内隐一致性。当激活程度达到顶峰值时,我们对解决问题思路产生顿悟,大脑中相关信息自动化加工与整合过程会使阈下信息从认知网络表征线索的节点开始扩散,并在表征答案的节点集中,实现问题的解决。简单来说,直觉会引发顿悟并促进问题的解决。

有时候我们会面临一些紧急情况的问题,需要在极短的时间内给出解决方案,这时更需要直觉。李虹、陈石和倪士光(2013)以复杂的逃生任务为例(着火后的三种逃生选择),考察直觉在两种不同判断任务中的优势作用。两种判断任务分为简单判断依据和复杂判断依据:前者的最佳逃生方式有3个优点和1个缺点,最差逃生方式有3个缺点和1个优点,中等方式的优缺点介于两者之间。后者的最佳逃生方式有9个优点和3个缺点,最差逃生方式有9个缺点和3个优点,中等方式的优缺点介于两者之间。实验的因变量是任务解决策略的选择。结果显示,在复杂问题中,直觉组利用复杂判断依据进行正确选择的成绩更加优秀。这是由于在判断依据和任务都复杂的情况下,作出判断及解决任务都需要大量的认知资源投入。一般而言,我们是先判断再决策,所以面对大量认知资源在判断阶段已经被占据的情况,个体对复杂问题进行决策时,用于分析过程的认知资源就会显得不足,这样直觉的优势就会凸显。所以说,在紧急问题的解决中,直觉与内隐知识的交互作用可以更好地帮助决策者在紧急情况下选择解决方案。

直觉思维对问题解决具有优势作用,主要表现在帮助个体迅速地做出问题解决决策,其次,有利于帮助个体建立合理的目标体系,制定合理的解决方案并且付诸实施,提高实践能力。

(二) 道德判断中的直觉

道德判断是针对社会道德问题进行决策的过程。历史上有很多道德判断理论,传统道德判断理论认为个体经过一系列的逻辑判断或假设检验然后形成道德判断。举例来说,当 A 遇到一个道德问题,如"老人摔倒该不该扶",A 首先要在大脑里搜索相关的信息,接着对各种信息进行权衡,最终形成一个道德判断。

Haidt(2001)根据实验提出了心理学上的一个重要概念:道德失声现象(moral dumbfounding effect)。当被试阅读如"兄妹发生性关系"等一系列虚构的道德故事时,可以在较短的时间内做出道德判断,且大部分人都无法给出做出判断的理由。Haidt 将这种个体在道德决策时能够进行快速并十分肯定的道德判断,却无法给出支持这种判断的适宜理由的现象称为"道德失声"。他提出了道德判断的社会直觉模型(social intuition model, SIM),其核心是:一系列的逻辑推理并不能产生道德判断,至少不能迅速地产生。道德判断包含直觉和推理两种加工过程,直觉加工是由快速的道德直觉产生的,含有大量的情绪成分,驱使我们做出道德判断。而认知推理过程是在道德判断后才发生的,旨在为我们做出的判断寻找支持的理由(江琦,纪婷婷,邓欢,马静,2012)。

社会直觉模型的核心是直觉,模型中有 6 条通路,分别代表着道德判断的 6 条途径:

1. 直觉判断,无需付出额外努力,直觉直接形成的判断,是一个迅速自动化的过程。

2. 事后判断的过程,寻求做出初步道德判断的理由并付出努力。

3. 他人说服的过程,这个阶段通常会利用语言向他人合理的解释自己的道德判断,虽然可能会产生争吵,但是也是可以引发共鸣,从而引起他人新的道德直觉。

4. 社会劝服的过程,本阶段自身的道德判断在社会基础上产生,并足以对周围的人产生影响。

5. 推理反过来影响判断的过程,如果推理者对自己做出的道德判断不够自信,在逻辑判断之后,他会使用逻辑推理来检查最初的判断。

6. 推理反过来影响直觉,当做出道德推理后,会从不同角度来重新看待这个问题,这样就会出现相互矛盾的道德直觉,这是一个反思的过程(徐平,迟毓凯,2007)。

通过社会直觉模型做出的道德决策是一种直觉的反应。

1. 决策是在无意识过程中做出的,在我们意识层面以下所做出的判断决策。

2. 道德决策需要迅速对道德问题做出肯定或否定的判断,因为我们对于道德问题不能做出模棱两可的选择,这是一个二选一的过程。

3. 道德决策也具有主观性,这说明的是个体无意识状态下对于道德问题的直接反应也包含了一定的情感效应(唐江伟、路红、刘毅、彭坚,2015)。在决策形成的过程中,经验会促使知识结合,满足更深层次的加工,情绪会在个体大脑中留下痕迹——情感记忆,这种具有预见性的情感反应使我们快速做出决策。面对一个两难的道德问题,深思熟虑会使道德判断过程受阻,直觉可以帮助个体在多重压力的情况下,将多渠道的认知信息整合成完整的框架,迅速作出判断。

道德决策涉及对他人心理状态和生理状态的多重考虑,这需要大量的道德信息,而个体本身能够注意到的信息是一定的,直觉可以帮助个体拓展无意识的丰富信息(肖前国、朱毅、何华敏,2014)。在进行道德判断的两种渠道中,利用直觉解决道德问题时,决策者往往依据自身的客观经验和主观感受,在问题所处情景中综合考虑,促进直觉加工,最终形成道德决策。

(三) 人际关系中的直觉

1. 曝光效应

为什么一首歌曲我们喜欢循环播放,一部电影喜欢看很多次,喜欢和自己熟悉的人待在一起,对身边的异性日久生情呢? 这就是我们今天要讨论的这个社会直觉现象——曝光效应。

曝光效应发生时个体通常没有注意到,并对于直觉内容产生了积极的评价,也就是说,个体对于一些知觉内容和情感性内容的反应要比认知性反应迅速并可信。从进化心理学角度来分析曝光效应,在人类的进化发展的历史上,我们更倾向于认为熟悉的事物代表着安全,陌生的事物代表着危险,在人际关系中我们关注彼此的信任性和安全感,所以增加熟悉性会增加双方在人际关系中的信赖感。

但是如果一开始我们对于这个事物或者个人持有消极印象,即使频繁增加熟悉感,也不会产生曝光效应,反而会产生更加厌恶的感觉。另外,心理状态也会影响外部表现,过多消极情绪的曝光会产生消极影响。例如,若你很喜欢的朋友不断向你表现出消极气氛,那么他在你面前出现频率的增加只会导致焦虑情绪的产生,最终使你不愿与其亲近。

知识窗:曝光实验

Moreland 和 Beach 在 2004 年做过一个实验,要求被试观看某个高校的毕业照片图册(图册中并没有被试认识的人),之后给被试呈现一些人的照片,呈现次数多则 30 次,少则 5 次,最后要求被试根据对图片的喜爱程度进行评价。结果发现在图册中出现次数越多的人被喜爱程度越高,即出现次数与喜爱程度呈正比,也就是说看的次数多了,我们对于对方的喜爱程度也会增加。

2. 自动特质推理

在日常生活中,我们有时会在没有明确的目标也没有思考的情况下,无意识地做出结论,这是一种典型的社会直觉现象,被称为"自动特质推理"(Spontaneous trait inferences)。这是指在缺乏明确目标的情况下,观察者仅观察他人目前的行为就形成对他人特质的初步判断过程(Uleman, Saribay, & Gonzalez, 2008)。自动特质推理的基础是直觉模型,该模型强调个体在没有注意的情况下对环境中某个个体稳定的特征进行激活,随后扩散至大脑认知结构并形成初步认知过程。这实际上是考察个体在一定环境中自动觉察对方目标和意图的能力(Shoda, Mischel, & Wright, 1994)。直觉模型反对传统的归因理论,认为只有在突发情况下个体的行为才可以反映特质,达到揭露效果。

Tulving 和 Thomson(1973)最早利用线索回忆范式(cued recall paradigm)研究自动特质推理,实验材料为 3 种类型的行为句子(句子中包含内隐特质/强烈的语义连接/无联系),要求被试先随机记忆 3 种类型的行为句子,随后呈现一个干扰任务,最后要求被试回忆之前呈现的行为句子。结果显示,被试回忆内隐特质句子的成绩显著高于其他两种,也就是内隐特质可以有效提高回忆效果,这说明在回忆的过程中被试已经建立了行为者——内隐特质连接。

Carlston 和 Skowronski(1994)运用直觉反省范式研究自发特质推理。实验包括两个阶段,第一阶段实验材料为人脸和特质的随机组合,并要求被试进行学习。一周后进行第二阶段,被试需要匹配人脸和对应的特质形容词。研究结果发现,这个过程中会出现节省效应,被试会把第一次学习的特质词进行提炼,并在第二次学习的过程中根据人脸的特征自动推理,形成对人脸的印象。

人们擅长进行自动特质推理,当随机呈现 100 张不同行为的人物图片时,人们会直觉地根据人物的"面相"判断他的特质,这种现象的发生是迅速的,不受注意控制的。尤其在时间紧迫的情况下,这种"行为者—特质"的直觉联结可以有效地帮助我们解决生活中的难题。

3. 情绪感染

你有没有发现,在一群微笑的人群中,你的嘴角会不自觉上扬;在一群球迷为了自己喜欢的球队欢呼时,你也会不由自主的呼喊,这种现象叫作情绪感染(emotional contagion)。它是指在一定的环境中群体成员通过捕获他人情绪的变化,从而实现不同情绪信息聚合的过程。情绪感染也是集体中每个人情绪传递的过程,是一种无意识的直觉行为。

情绪感染需要具备几个关键点:

(1) 需要双方的接触,一个人无法完成情绪感染的过程。

(2) 这个过程是一个传递的过程,一方的情绪要逐渐的屈从于另一方的情绪,以实现传递的连接。

(3) 情绪感染的过程具有普遍性。

情绪感染的过程分为：模仿过程、反馈过程和情绪感染过程。

（1）情绪感染的开始是模仿，我们对于他人的行为或表情经常无意识地进行同步模仿。但是这种无意识的模仿过程更加倾向于密度和力度都低的微弱情绪（邓欣，2016），所以在情绪感染中个体对微弱信息的知觉更加敏感。

（2）反馈过程，情绪信息输入大脑后会引发神经冲动进而影响个体的主观感受，随后大脑会对这个情绪信息做出反馈，导致相应行为。

（3）情绪感染，具体表现为与他人处在相同情绪的心理状态中，实现情绪的共鸣，最终完成情绪感染的过程。

所以说情绪感染是一种社会直觉，是一种无意识的行为。来访者中心疗法就是将情绪感染与人际关系结合，当人际交往中的一方利用言语和非言语方式进行交流时，另一方会选择无条件的积极关注，给予对方尊重。这样的人际关系有利于实现情绪的融合，在行为上表现为附和对方的话语，最终达成情绪的一致性。

第二节　正视直觉的陷阱

在上一节中我们认识了直觉的种种好处，你可能会希望拥有更强的直觉思维能力来助益你的人生，那么你的直觉思维能力到底如何呢？下面的小测验或许能告诉你答案。

一、直觉思维能力

（一）常识直觉

1. 下列动物哪个对人类最为致命？

A. 狗　　　B. 狮子　　　C. 蚊子　　　D. 人类　　　E. 河马

2. 下列人类的死因中，哪种带来的死亡数量最多？

A. 肿瘤　　　　　　B. 艾滋病

C. 自杀　　　　　　D. 交通事故

E. 心血管疾病

(二) 感觉直觉

1. 下面两个位于大正方形内部的小正方形,哪一个更为明亮?

2. 上边的线段长,还是下边的线段长?

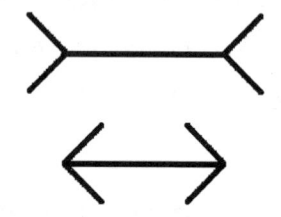

(三) 概率错觉

1. 中国居民的存款金额的首位数,在数字 1~9,以 1 开头的概率是多少?

2. 乳腺癌在病人中的出现概率是 1‰〔医生的先验概率,P(H)〕。如果病人得了乳腺癌,放射线专家能够正确做出诊断的概率是 79%〔击中率,P(D|H)〕。如果病人乳房有良性病变但不是乳腺癌,放射线专家将其误诊为癌症的概率是 9.6%〔虚报率,P(D|-H)〕。问题:乳房 X 片检查结果为阳性的妇女实际患乳腺癌的概率是多少?

通过前面的内容,你也许建立了对直觉思维的系统观点,但是这里我们尝试从另一视角来看待这个问题。从分析思维到直觉思维是认知过程不断自动化的过程。人的大脑将一系列不断重复调用的认识过程打包成一个整体的认识图式,当再次遇到相似的情境时,便直接从记忆库里调用整体的认识图式而不再关心其中的细节。

在我们的成长过程中,我们的基本肢体运动技能和认知技能,即使熟练如走路、使用筷子或分辨字词等,都需要生命早期的大量练习。而如今我们在做这些事的时候丝毫没有觉察到自己是如何控制和协调肌肉、如何统合光与影的,这都源于幼年时期的训练,进而实现相关行为和认知的自动化。

如果你熟悉编程的话,这一打包的动作非常像封装(encapsulation),在面向对象编程方法中,封装是一种将抽象性函数接口的实现细节部分包装并隐藏起来的方法。封装将一些数据和基于数据的特定操作捆绑在一起,使其构成一个不可分割的"原子"单元,只保留一些对外接口与外部发生联系。

适当的封装,可以将对象使用接口的程序实现部分隐藏,不让用户看到,同时确保用户无法任意更改对象内部的重要数据。它可以让代码更容易理解与维护,也加强了代码的安全性。日常生活使用的各种软件也是进行了各种封装,尽管我们不知道软件内部工作的细节,我们依然可以在它的接口里输入一些信息,它在内部的"暗箱"里经过一些操作后,最终帮助我们得到所想要的结果。

通过一系列封装而形成的直觉思维并不总是带来好处,本节开头的测验或许可以提醒你这一点,如果单纯依赖直觉来回答会错得离谱。接下来我们看看直觉的"封装"过程中可能存在的局限性及其原因。

二、硬件/生理问题

作为"碳基的计算机",我们"硬件"可谓来源悠久。虽然物种在不断进化,但是越是底层的器官变化越少。我们的"软件",即我们的知觉和高级认知系统也是如此。我们的视听觉信息的初级处理系统和我们生物学上的近亲很相似,埋藏在潜意识里的直觉系统在人类的进化中慢慢塑造成形,行为习惯是出生以来经验沉积形成的结果。

如果电脑的硬件出现问题,上面的软件也很难正常运行。同样地,如果个体的神经系统出现损伤,其直觉系统也会出现异常:

面孔失认症(prosopagnosia)俗称脸盲(face blindness),是指个体

不能识别熟人面孔甚至是自己的面孔的现象。该症状可以分为两类：

（一）获得性面孔失认症（acquired prosopagnosia，APA），是由后天大脑损伤或其他的认知障碍引起的。

（二）先天性面孔失认症（congenital prosopagnosia，CPA），产生的原因可能是基因缺陷，也可能有其他解释，该症状的特点是一生下来就难以识别面孔（林菲菲、陈旭、周春霞、马建苓、冉光明，2013）。先天性面孔失认症患者比获得性面孔失认症患者多，并且有很大一部分患者具有明显的家族遗传特征。患者没有正常的识别面孔的经验，生活中他们可能会使用一些替代性的方法去识别面孔，如依赖声音、发型、穿着、步态等非面孔线索，并且认为别人也是这样来识别面孔的。这也可能弱化了他们面孔失认的症状，从而难以发现自己的面孔识别障碍，但数据显示面孔失认症的发病率高达 2.5%（T. Grüter，M. Grüter，& Carbon，2008）。

面孔失认症与颞枕叶区域、颞叶、杏仁核、前额叶皮层以及皮质（白质、灰质）的病变有关，面孔识别依赖于一个包含上述区域的分布式的神经网络，不同区域受损的患者会表现出不同的行为缺陷。

面孔识别是一项重要的社会性技能，在进化史上占有重要地位，以致我们的大脑为此进化出一个专门的大脑机制。另一方面，由于人类在长达几十万年的时间里都是生活在 50～100 人的小群体中，依靠一些替代性的方法能够一定程度上弥补面孔失认的缺陷，但是工业时代的城市化造成人口的大规模集中，这给面孔失认症患者造成极大的不便。

盲视（Blindsight）是指某些人对视野中的某一块区域视而不见的现象，但令人惊奇的是，这些病人却能够对自己看不见的视觉信息做出反应。例如在病人声称的视野盲区内闪过一道光，尽管他们报告说自己什么也没看见，但是仍然可以指向这个刺激或将眼睛转向这个刺激。要解释这个现象不得不说大脑中存在的两条视觉通路：

视觉信息最初由视网膜捕捉，经由丘脑外侧膝状体，传到枕叶的初级视皮层，两条视觉通路以初级视皮层为发源地，一条通向腹侧，被称为"腹侧通路"(Ventral Stream),或者"what 通路",这条通路沿着大脑皮层的枕、颞叶分布,包括纹状体皮层、前纹状体皮层和下颞叶,主要功能是辨认和识别物体;另一条通向背侧,被称为"背侧通路"(Dorsal Stream),或者"where/how 通路",沿着枕顶叶分布,包括纹状体皮层、前纹状体皮层和下顶叶,主要功能是帮助运动系统发现和使用物体。where 通路受损的病人不能完整地描述他们看到的物体,却仍然可以正确抓取物体或绕着物体走。与之相反,"what"通路受损的病人虽然能够描述物体的大小、形状和颜色,却不能伸出手准确地抓住物体,虽然能回忆起家具是什么样,却回忆不出它在房间里是如何摆放的。

阿尔茨海默症(Alzheimer's disease,AD)或称老年痴呆症,是一组病因未明的原发性退行性脑变性疾病,它的真正成因至今仍然不明。目前将阿尔茨海默病视为一种神经退化的疾病,并认为有将近七成的危险因子与遗传相关,疾病的进程与大脑中纤维状类淀粉蛋白质斑块沉积和 Tau 蛋白相关。该病最常见的早期症状是难以记住最近发生的事情,病人的长期记忆(情节记忆)、语义记忆和内隐记忆(身体记住如何做一件事,例如使用叉子吃东西)受到的影响比较少。阿尔茨海默症病人的程序性记忆好于陈述性记忆,他们依然可以学习新的技能,但是之后又会为自己的良好技能感到惊奇,因为他们完全不记得之前的学习经历(Kalat,2011)。

由于我们对直觉认识如此习以为常,例如识别面孔、辨别明暗或记忆等,以至于当我们初次看到由于生理性损伤而被扭曲的直觉现象常常惊讶不已。当你对这方面的生理知识学习得越多,则更加会惊叹于在以万年为单位的进化历程中各种器官的巧夺天工,而人类最先进的机器与之相比也显得拙劣。另一方面,即使是再精密的"机器"也不可能总是完美地运行,尤其是碰到"设计者"始料未及的情境时。

三、错误的输入格式

任何计算机程序都对输入信息有特定的格式要求:例如一个加法程序,用来计算输入的两个阿拉伯数字的和,但是如果你输入的数字是汉字形式,这个程序就会报错,甚至崩溃;另一种情况是程序尽管接受了一个不合法的输入格式,程序却依然能够运行,但是结果却不是我们所想要的,例如我们的加法程序是基于十进制的,而输入的却是二进制数字时,例如 10＋11,二进制下 10 表示 2,11 表示 3,相加的结果是 101。如果程序错误地把它们当成十进制的数进行相加得到的结果为 5,这个结果自然是没有意义的,且通常这种不合法的输入产生的偏差是难以觉察的。

人类是在自然环境中进化的,如果将其看成自主的编程过程,它的输入信息就是进化过程中相关的环境信息。然而随着人类社会的发展,尤其是近几百年的工业化,我们每天接收的信息与曾经的进化环境越来越不同。而我们的生理结构和几十万前的祖先并没有大的变化,我们的潜意识中很多观念和推理形式和他们也没大的区别,尤其涉及性、危险和空间推理等。人类生存环境的巨变无疑会给我们的生理和认识带来挑战,有时候引起一些意想不到的窘况,下文将具体进行介绍。

(一) 知觉错觉

我们的知觉系统已适应我们祖先进化的环境,换言之,我们的知觉系统已为"进化适应的环境"所塑造了(Gigerenzer,包燕,2001)。然而,我们的视觉系统在某些人造光线如钠灯或水银灯下,便不再保持颜色恒常性。可见,当适应的环境发生变化时,我们的视觉系统也会被欺骗。

物体表面反射的光越多,亮度就越高。在昼夜交替的情况下,一个物体反射的亮度也在跟着环境一同变化。如果人的视觉系统只依靠亮度测量的话,那么就无法分辨强光下的黑色平面和昏暗下的白色平面,而我们却能够轻易分辨,这归功于人眼具有的亮度恒常性。由于从视网膜到皮层,视觉信息经过几层不同种类的神经细胞的转换,最终皮层对所得到的信息进行推理。例如视网膜上亮度和颜色是皮层通过比较不同位置的信息来决定的(Land, Hubel, Livingstone, Perry, & Burns, 1983)。

在自然环境中,知觉恒常性(包括亮度恒常性、大小恒常性、形状恒常性等)能让我们忽略干扰因素,更好地认识事物的本质,像这种捉弄我们知觉算法的图片在自然界也基本不存在。现代社会的生存环境与曾经的进化环境相差得越来越大,我们的大脑接受的是各种自然环境中存在的参数,而如果接受的输入变量是自然界不存在的,有的时候会产生荒谬的结果。

本节开头的感觉直觉的第一个测试题中,两个亮度一样的方块,为什么在深色方块里的小方块亮一些,而在浅色方块里的暗一些呢?两个方块既然是同样的颜色,说明它们反射的光是一致的,即亮度是一致的,然而我们感受到的明度却不同。第二个测试题中是著名的Müller-Lyer错觉,两条同样长度的线段,在分别加上向外或向内的箭头后,它们仿佛变得一长一短了。这些都显示知觉在加工明度或长度等信息时,并非依靠单一的明度或长度等信息,还结合了之前或现在的其他信息(Kahneman, 2003)。我们的视觉算法通常能很好的工作,而这些视觉错觉图片显然是经过特殊设计的,可以捉弄我们的视觉。

我们已经发现很多种类的知觉错觉,而产生的原因也各种各样,其中一些像上面的例子一样,将正常的知觉算法放到一个特殊设计的场景中,错觉就可能产生。看来我们的知觉算法并不是尽善尽美的,在特殊情况下还是会产生"bug"。既然连底层的视觉都有"bug",那么认知和推理层面呢,是否也存在类似的"认识错觉"呢?

(二) 频率形式

作为进化的产物,我们的直觉算法适应了当时的进化环境,某一算法的前提和参数都来自特定的情景,即我们进化祖先的生存环境。人类的推理算法是否像亮度恒常性一样,是为我们进化祖先的生存环境中曾出现的一定格式的信息而设计的?

在古典经济学理论中,基本命题是完全理性,即人的行动持理性的假设占据了主导地位。理性人的一个重要假定就是行为人在不确定性条件下对事件发生概率的思考判断符合贝叶斯准则,这是指概率统计中的应用所观察到的现象对有关概率分布的主观判断(即先验概率)进行修正的标准方法。而概率错觉第二个测试题按照贝叶斯公式计算为：

$$P(H \mid D) = \frac{P(H)P(D \mid H)}{P(H)P(D \mid H) + P(-H)P(D \mid -H)}$$

$$= \frac{0.01 \times 0.79}{0.01 \times 0.79 + 0.99 \times 0.096} = 0.077$$

正确结果为 0.077，然而通常大家给出的答案是正确结果的 10 倍左右。

在心理学中，研究者不太关注贝叶斯推理的数学形式，心理学中的贝叶斯推理是指在已知基础比例的情况下，利用击中率和虚报率对基础比例进行调整的过程，即直觉概率推理判断的过程（史滋福，王香香，陈姣，张庆林，2010）。

Kahneman 和 Tversky(1973)在实验中给被试呈现以下一段关于 Tom 的描述："Tom 是一个高智商但缺乏真正创造力的人。他希望按部就班，把所有事情都安排得井然有序，他写的文章沉闷而机械，但偶尔也会闪现一些老套的双关语和科学幻想。他很喜欢竞争，看起来不怎么关心别人的感受，也不喜欢和其他人互动。以自我为中心，但也有深刻的道德感。"然后要被试估计，Tom 最有可能是以下哪个专业的研究生：企业管理、工程、教育、法律、图书、医学、社会学？

结果，绝大多数被试都认为 Tom 最有可能是工程系学生。为什么呢？因为 Tom 最像一个学工程学的学生，与我们心目中一个理工科学生所应当具有的形象完全吻合（或者说代表了一个理工科学生的形象），所以我们认为 Tom 最有可能是工程系的学生。这就是典型的代表性启发式思维方式。当面对不确定的事件，我们往往根据其与过去经验的相似程度来进行判断或预测。说简单一点，就是基于（过去经验的）相似性来预测（当前事件的）可能性。

另一方面，被试完全忽略了学生在各个专业中的基础比例（base rate）。就算上述 7 个专业的学生都一样多，那么任何一个学生是工程系的学生的概率和他是其他任何一个专业的学生的概率是一样的，即

1/7。根据另外一组被试对所有学生在各个专业中所占的比例的估计，学工程学的学生应该比学其他专业的学生更少，即还占不到1/7。如果考虑到这一点，那么任意抽一个学生出来（比如Tom），他是学工程学的可能性应该是很低的。这种在判断时忽略基础比例而导致的谬误就是所谓的基础比例谬误（base rate fallacy）。

尽管许多类似的研究都反复传送这样的信息：人的推理能力很差劲，在大多数时候都忽视了基本比例，忽视了虚报率，而不能按贝叶斯定理将基本比例、击中率和虚报率整合在一起。

Gigerenzer和Hoffrage（1995）提出，被试在贝叶斯推理任务中的成绩差是因为问题描述中包含的数据格式（概率格式）不符合人们的思维习惯，以频率格式代替概率格式后，被试成绩有了明显的提高（50%左右），并且用进化论的观点对频率促进效应做出了解释：人们的心智更适应频率形式，非频率形式倾向于导致较低的推理成绩。此外，他们认为人类对再认事物的偏好源于自我保护和泛动物化进化的本能或潜意识。

Gigerenzer及其同事（2002）从生物本能和启发式策略的角度提出了"生态理性"的假设，认为一些看似"不理性"的行为其实符合人类进化和适应的需要，首次将进化论的观点引入决策研究中，提出人的决策能力是与环境相适应的，人类的决策认知也是长期进化的产物。

四、不可靠的直觉推理

在上文概率错觉的第一个测试题中，中国居民的存款金额的首位数，以1开头的概率是大约是1/3，离我们由直觉得出的1/9相去甚远，这便是著名的本福特法则（Benford's Law），指的是在一堆从实际生活得出的数据中，如公司账目、街道号码、国家选举票数、经济数据等，以1为首位数字的数的出现概率约为30%，它的确切值等于lg2。越大的数字，以其为首位的数出现的概率就越低，首位数是2的数出现概率是17.7%，而首位数是9的数出现概率仅有4.6%。本福特法则显示出我们的直觉有时候会对世界产生错误的认知。

认知过程就是信息处理的过程。人脑是一个有选择的、序列的信息处理器,它处理信息的能力是有限的,因而会在认知过程中产生信息处理偏差。例如顺序偏差是指对最先或最后进入大脑的信息给予优势地位,进而产生首因效应或近因效应。

Fiske 和 Taylor(1991)认为,人类是"认知吝啬鬼"(cognitive misers),由于有限的信息加工能力,人们总是竭力节省认知能量,试图采用将复杂问题简化的策略。其过程为:

1. 忽略一部分信息以减少我们的认知负担。

2. 过度使用某些信息避免寻找更多的信息。

3. 接受一个不尽完美的选择,因为这就足够好了(卿志琼、陈国富,2003)。Fiske 和 Taylor 认为人类需要接受和处理大量的信息,因而采用认知吝啬的策略是理性的。

我们凭直觉做出的许多决策产生于思维的"启发式"(heuristic),即我们认知工具箱中的一些简单规则。依靠几个简单的启发式能让我们更容易地进行概率估计和预期数值,这种方式也使我们显得很聪明。

启发式包含代表性启发式、可得性启发式和锚定启发式(Kahneman & Tversky,1974)。

(一)代表性启发式(Representativeness heuristic)

代表性启发式是一种用于估计似然性的经验法则。人们在不确定性情况下,假定将来的模式与过去的相似,并寻求用熟悉的模式来判断,不考虑模式产生的原因和概率。

一般情况下,代表性是一个有用的启发法,但在分析以往经验,寻找规律或结果的概率分布的过程中,可能会产生严重的偏差,从而得到错误的启示,导致判断错误。如果我们在公共汽车上看到一个人鬼鬼祟祟,像个小偷,我们可能会认为他就是一个小偷,并提高警惕性。有时相似性确实和可能性有关,因此这种判断是正确的,但有时我们则可能会因此忽略其他相关信息而做出错误的判断。

使用"代表性"进行判断可能产生的偏差有:

1. 对先验概率(或基础概率)不敏感

进行概率计算时,先验概率是一个主要的因素,然而在代表性启发中却无视了先验概率的影响,像上面提及的 Tom 实验一样。在类似的实验中,Kahneman 和 Tversky 向被试提供一段关于 Dick 的描述:"Dick 是一个 30 岁的男性,他已经结婚了但仍没有孩子,他是一个有能力、充满激情的人,希望在自己所在的领域取得成功,他受到同事们的喜欢。"被试需要判断 Dick 是工程师还是律师。因为这段描述是中性的,所以一半被试认为 Dick 是工程师;另一半认为 Dick 是律师。并且被试判断时并没有考虑过先验概率,不管 Dick 所在的群体有 70% 是工程师 30% 是律师,或者 30% 是工程师 70% 是律师,被试都认为 Dick 是工程师或律师的概率是 50%。

2. 对样本的大小不敏感

在统计中样本的大小对统计结果有重要的影响,例如样本量越大,获得的参数就更稳定。例如一个地方有一大一小两家医院,大医院每天有 45 个婴儿出生,小医院每天有 15 个婴儿出生。接下来的一年里,有一家医院的初生婴儿有 60% 是男婴,那么是哪家医院?大医院?小医院?还是概率相等?结果大部分被试认为两家医院出生 60% 的男婴的概率相等。但是恰恰相反,小医院更有可能产生 60% 的男婴,因为样本越大,男女的比例越不可能偏离 50%。

3. 对概率的误解

如果一系列事件是随机产生的,人们倾向认为其中任一片段都能反映该事件的随机本质,即使是很短的序列。Kahneman 和 Tversky (1972)的一项研究中,要求被试猜测抛硬币可能出现的序列时,大部分被试认为硬币出现"正反反正反正"的概率大于出现"正正正正反反"或"正正正反反反"的概率,尽管三者在数学上的概率是一样的。人们常常错误地认为概率会自我校正,硬币的正反面出现的概率是 0.5,如果正面连续出现多次,人们期待下一个出现反面以恢复平衡。但是硬币并没有记忆,不可能根据之前的序列决定下一次抛掷。实际上,随着概率过程的展开,偏差并不会被"纠正",它们只会被稀释。

4. 缺乏预测性

如果让人们去预测某一只股票的价值或体育比赛的输赢时，由于他们不是专家，通常只能运用代表性启发来做判断。基于有限的，甚至不相关的信息来做预测，也就很难得到可靠的预测结果。

5. 缺乏有效性

当个体基于代表性启发做出预测后，他们对预测的信心主要取决于代表性程度，如对 Tom 的人格的描述与工程系学生的匹配程度。他们很少或根本不考虑影响预测准确性的因素，即使个体意识到该问题，这种盲目的自信依然持续存在。

6. 对回归假象的误读

回归假象是指在许多测量情形中，第一次测验时的高分组和低分组这两个极端组的分数在第二次测量时向平均数回归的现象。例如在医学上，一些极端的临床症状或体征或化验指标的病人，即使不进行治疗处理，第二次测量时它一般都会向正常值靠拢。巴菲特说过："别人恐惧的时候我贪婪，别人贪婪的时候我恐惧"，也是说股市涨跌背后的"均值回归"。在飞行训练中，飞行员在经历一次非常平稳的降落后，下次的降落通常很糟糕，在被教练训斥一通后，下次的降落表现又有所提高。如果对回归假象一无所知，就容易高估惩罚作用，或低估奖赏的作用。

（二）可得性启发式（Availability heuristic）

可得性启发式是依据容易想起来的事例判断一类事件出现的频率或概率。一个类别的实例越多，也就越容易回忆，这种情况下可得性启发式是有效的，但是还有很多因素会影响回忆或可得性，从而导致认识偏差。

1. 由于实例的可检索性而产生的偏差

如果类 A 和类 B 有相等数量的实例，而类 A 的实例更容易回忆，或者说更容易检索，按照可得性启发个体就会误认为类 A 的实例更多。导致类 A 更容易检索的原因可能有个体对类 A 更熟悉、类 A 的不同寻常性，或个体最近接触过类 A。例如亲眼看到火灾或车祸，常常会高估火灾或车祸的发生概率。

2. 被搜索集合的有效性所造成的偏向

人们搜索记忆中的信息集合而做出的判断,常常取决于某一信息集合能反映到脑海中的有效性,有的信息集合不能有效地反映出来,判断者就会形成认知偏向。在一项研究中,Tversky 和 Kahneman 使用单词作为材料,被试的任务也很简单,即判断 5 个字母(K, L, N, R, V)更可能出现在单词的第 1 个字母的位置还是第 3 个字母的位置?结果 2/3 的被试认为这些字母更可能出现在第 1 个字母的位置。相信你的估计也会差不多,因为回想首字母是 K 的单词比回想第 3 个字母是 K 的单词要容易得多。实际上,这 5 个字母作为单词的第 3 个字母的频率都要比出现在开头的频率高。

3. 由想象力造成的偏差

人们在对某类事物的发生概率做估计时,由于对该事物不熟悉,只能根据一定规则,在脑海中构筑该类事物的实例,并以此计算其发生概率。然而构筑实例的容易程度并不总是与事情发生的实际概率相一致。

在常识直觉的两个测试题中,人们通常更容易想象狮子和艾滋病的危险性,然而这两者都不是题目的正确答案,正确答案是蚊子和心血管疾病。2016 年因蚊子叮咬而死的人约 78 万人,下一个最致命的动物是人类自己,约有 54.6 万人死于各种暴力活动,包括谋杀、战争、恐怖袭击等,还有 1.3 万人死于犬类,而狮子只杀死了 100 人,连河马杀死的人(500)都比狮子高。但是狮子咬死人比蚊子"咬死"人更容易上新闻,从而你也更容易留下印象。根据发表在《柳叶刀》的 2017 全球疾病负担研究公布的数据(Roth et al., 2018),2017 年全球死于自杀的人数约为 79 万人,死于艾滋病的约为 95.5 万人,死于交通事故的约为 133.5 万人,而死于肿瘤的约为 955.6 万人,最后,心血管疾病带来高达 1 779 万的死亡人口,与"一战"造成的死亡人数相当(1 500 万~1 900 万)。蚊子和心血管疾病很难激起人们的想象,从而人们低估了它们的危险。

4. 因果错觉

因果错觉是指当两事件 A 和 B 同时发生时,会给人造成一种这两者之间有一种因果关系的错觉。但是除了 A 导致 B,还可能是 B 导致 A,存在事件 C 导致 A 和 B,或者 A 和 B 的同时发生只是巧合,不存在任何关系。

(三) 锚定启发式(anchoring heuristics)

锚定启发式指在推测中,以初始值为参照,经过调整获得最终的判断。Tversky 和 Kahneman(1973)第一次对这种现象进行了总结。初始值可能提供预测所需的部分信息,接下来进行调整时,很多情况下人们由于缺乏充足的信息,所以调整的幅度很小,不同的初始值会导致不同的预测。

锚定效应有三种表现形式:

1. 不充分的调整

Tversky 和 Kahneman 在一项实验中,要求被试首先回答非洲国家和美国面积的比值是否正确,接着给出自己的估计值。结果被试给出估计值在初始值附近徘徊,对初始值的调整很小。人们不光被所给的初始值锚定,还被自己基于不完整信息的估计值所锚定。Tversky 和 Kahneman 要求两组高中生在 5 秒内计算黑板上的算式,一组被试计算 8×7×6×5×4×3×2×1,另一组被试计算 1×2×3×4×5×6×7×8。由于没有足够的时间,被试根据前几项的乘积估算整体的结果。由于降序排列组的前几项乘积大于升序组,所以这一组的估计值也更大。最终,第一组的估计值中位数是 2 250,第二组的估计值的中位值是 512,而正确答案是 40 320。

2. 连续和独立事件的估测偏差

人们偏向于高估连续事件发生的概率,而低估独立事件发生的概率。这也是一种锚定效应,之前成功或失败的频率作为初始值,如果缺乏更多的信息做参考,对后续事件的预测会围绕初始值轻微浮动。例如赌博中一个人连续赢了几场,他会倾向于认为接下来自己还会赢。在生活中,我们对连续事件发生概率的高估,会导致对某一计划的成功过分乐观。在完成一项计划的过程中,只要某一环节出错或有所延误,就会导致整个项目的失败或延期,如果任何基本组件发生故障,复杂系统将会发生故障。复杂系统如核反应堆或人体,即使每个组件发生故障的可能性很小,如果涉及许多组件,整体故障的可能性也会很高。我们对独立性事件发生概率的低估,会导致我们不能充分意识到某一复杂体系出问题的真正风险大小。

3. 主观概率分布的估测偏差。这是指人们在估测某一数值的置信区间时,这一心理置信区间往往过于狭窄。因为人们首先想到一个最可能的估计值,然后再做调整,像大多数其他调整一样,调整得并不充分,得到的区间过窄。

Kahneman 和 Tversky 认为启发式思维并非懒人专属,经验丰富的专家在仅凭直觉思维时,也会落入同样的陷阱,尤其在面对复杂和模糊的问题时,只是偏差出现的概率、幅度大小不同而已。

维基百科上已经列有 175 种不同的认识偏差,如框架效应(Framing effect)、自动特质推理、信念固着等。

框架效应是一种认知偏差,最早在 1981 年由 Tversky 和 Kahneman 提出。框架效应的意义是,面对同一个问题,在听到不同的描述后,人们会选择乍听之下较有利或顺耳的描述作为方案。当以获利的方式提问时,人们倾向于避免风险;当以损失的方式提问时,人们倾向于冒风险。

Tversky 和 Kahneman(1981)用"亚洲疾病"问题为例说明了人们对期望值相同而表述不同的选项的偏好反转(preference reversal)。亚洲疾病问题:美国正在对付一种罕见的亚洲疾病,预计该种疾病的发作将使得 600 人死亡。现有两种与疾病作斗争的方案可供选择。假定对各方案产生后果的精确估算如下所示,正面框架:A 方案,200 人将生还。B 方案,有 1/3 的机会 600 人将生还,而有 2/3 的机会无人能生还。负面框架:C 方案,400 人将死去。D 方案,有 1/3 的机会无人会死去,而有 2/3 的机会 600 人将死去。Tversky 和 Kahneman 发现,正面框架下大部分人选 A,而负面框架下大部分人选 D,而实际上 A 与 C、B 与 D 是等同的选项,即对于期望价值相同的选项,人们却作出了不同的选择。

此项研究的结果显示,在正向框架下有更多的人选择 A 方案,这表明了人们在正向框架下会更多地表现出受益时偏好规避风险(risk-averse preference for gains);而在负向框架下则有更多的人选择了 D 方案,这表明了人们在负向框架下会表现出受损时偏好追求风险(risk-seeking preference for losses)。

我们变来变去的判断再一次提醒我们,直觉是有局限性的。直觉反应快速而节约资源,但有时缺乏理性。

自动特质推理:在观察别人的时候,我们会禁不住地进行评判。我们会在无意间快速而自动地推断出他人的特征。在一项实验中,Darley 和 Gross(1983)给普林斯顿大学的研究生播放了关于四年级女孩 Hannah 的一段录像。录像中 Hannah 在参加口语测试,有一半问题答对了;另一半答错了。学生们在此之前分别看过 Hannah 的另外两段录像。在其中一组学生看的录像里,Hannah 身处低收入者居住的市区,父母是蓝领阶层,这些学生推断 Hannah 的学术能力比较差。在另一组学生看的录像里,Hannah 身处中产阶级居住的郊区,父母是白领阶层,这一组学生推断 Hannah 具有比较强的学术能力,能够答对大多数题目。特质推断是在不知不觉中发生的,因为学生们都声称自己没有受到 Hannah 所处环境的影响。

信念固着:一旦人们为错误的信息自发建立了自己的一套解释方法,那就很难再让他们否定这条错误信息,俗称"先入为主"。Anderson 等人在 1980 年的时候,曾经做过一个实验。他们首先给参加实验的被试灌输了一种错误的信念,然后要求被试解释为什么这种信念是正确的。最后,研究者告诉被试真相以便让他们彻底否定最初的那个错误的信念。尽管被试被告知,最早的那个信念是为了实验而凭空捏造出来的,但只有 25% 的人接受了新的正确的信念,仍然有 75% 的被试坚守最初的那个错误信念。实验结果表明,一旦人们为错误的信息(或判断)建立了理论基础,那么就很难再让他们否定这套错误的信息了。

五、直觉的不可控

尽管直觉和封装的程序有上述的相似之处,但也存在着一个重要的不同之处,即程序是程序员有意识设计的,直觉却是无意识下形成的、不可控的。直觉来自进化,或者源于我们的经验,当直觉发生时又是自然而然,不经过我们的意识领地。

(一)直觉形成的不可控

通过进化,我们远古的祖先会思考有助于他们采集果实、生存与繁衍的策略,他们(和我们)天生都具有立即做出决策的思维能力。相比现代环境,快速得出结论更适合人类诞生时的环境。

在条件作用中,与天生令人厌恶或招人喜爱的物体相似的刺激会通过联想,引发直觉性的厌恶或喜爱。无论是先天还是后天的直觉,它们的形成过程均不需要我们的意识的参与和控制。

(二)直觉调用的不可控

生活中很多重大的决策需要我们凭直觉预测出我们未来的感受。然而我们的直觉常常会对情绪的强度和持续时间做出错误的预测。与吃饱了再购物相比,人们饿着肚子购物时会更冲动。

有些情绪的神经通路会绕开与思考有关的皮层区域。其中一条通路从眼睛经过丘脑(大脑中的感觉交换机),抵达杏仁核。杏仁核是大脑原始核心中的一对情绪控制中心。这条从眼睛到杏仁核的捷径绕过了大脑皮层,因此在理智介入之前,你的情绪反应就已经被引发了。

杏仁核传送到皮层的神经投射比它接收到的更多。因此大脑研究者 LeDoux 和 Armony(1999)提出,情感劫持思维比思维管理情感更容易。当皮层对威胁做出进一步的解读后,思维才接管了控制权。在森林里,树叶的沙沙声让我们远远地跳开,让皮层有时间来确定这声音是捕食者弄出来的,还是只是风吹树叶发出来的。我们的有些情绪反应显然没有经过审慎的思考。所以说,心灵并不总受制于大脑。

在大量新近研究中,即使被呈现的刺激是阈下刺激,也就是刺激时间非常短或强度非常低,根本感觉不到,但由此产生的启动效应依然会表现出来。看不到的东西不一定不在头脑中。一个轻微得觉察不到的电击,会增加以后遭遇电击时人们感受到的强度。以难以觉察的方式闪现单词"面包",会使人们更快地找出相关的单词,比如黄油,而不是其他无关的单词,比如瓶子或气泡。以阈下方式给人们呈现一种颜色的名称,当这种颜色出现在电脑屏幕上时,人们能够更快地识别它。在每一种情况中,看不见的图像或文字都启动了对后一个问题的反应。

我们的直觉算法既来自远古的馈赠,又在我们的生活、学习和工作中不断地累积,由于在后台运行的直觉算法的支持,我们才能有更多的精力去处理其他问题。另一方面,我们的直觉算法也不是完美的,有的显得过时,有时候则调用得不合时宜,甚至我们会形成错误的算法,此时我们就需要直觉和分析的结合,才能更好地进行认识世界。

第八章

直觉的应用

> 张拍脑袋和女朋友结婚后,生活过得不错,而且有了一个女儿。并且,他与朋友王深思一起创建了一家公司,公司运营还不错。不知不觉中,张拍脑袋已经进入了中年。他回忆起跟妻子走过的这些年,不禁感慨万千,想起年轻时没有给妻子一个浪漫的婚礼,倍感遗憾。最近,他想让公司转型,正好有个合作对象是一个婚庆公司,他想借此机会补办婚礼,一方面弥补多年前的遗憾;另一方面也有利于公司的发展。没想到的是,他的女儿不同意,原因是觉得爸爸把婚礼跟公司的利益挂钩,没把妈妈放在心上。在此之前,张拍脑袋和女儿在学习和生活上有很多矛盾,女儿总觉得他做事情欠考虑,张拍脑袋为此很头疼,再加上王深思和公司的其他高层并不同意他主张公司转型的决策,他感到压抑和焦虑。在朋友的建议下,他组织公司的管理人员参加了团体沙盘游戏,并且跟女儿一起去心理咨询室体验了OH卡牌。在这个过程中,张拍脑袋遇到的问题与直觉有什么联系呢?直觉在我们的生活中是怎么体现的呢?

在上一章节中,我们了解到直觉具有两面性,刻板的自动化过程有时阻碍人们的理性决策,而有时,丰富的过往经验能帮助人们在认知资源有限的情况下快速提出合理的方案。要想更好地应用直觉,关键在于合理规避直觉带来的陷阱,最大程度发挥直觉高效的整合作用。本章节将从商业、教育、心理治疗及军事等 4 个领域介绍直觉在其中发挥的作用。

第一节　直觉在商业中的应用

在商业领域中,直觉扮演着一个非常重要的角色。企业要想长期发展下去,不仅仅要做好公司内部的管理,更重要的是要善于把握市场时机。然而,机会稍纵即逝,管理者只有善于利用直觉,凭借自己对市场敏锐的感觉,及时出手。无论是在最初的创业阶段,还是企业发展期、成熟期,直觉在商业上的运用无处不在。接下来,我们将从商业发展的各个阶段介绍直觉在其中发挥的作用。

一、什么是创业直觉

新时代的到来,不仅带来了更多的机会,也带来了更大的压力。新时代的青年,或许都有过创业的想法,有的人瞬间产生一些想法,就决定创业了。这种一时的冲动很有可能就是在大脑无意识的情况下做出的决策,也就是我们所说的直觉。

直觉在商业上的应用与一种"创业警觉"有关,这是一种杰出企业家对于市场机会的敏锐把握,这一种独特的商业嗅觉,使企业家能够迅速识别并注意到这种商机,并迅速关联前期的经验而做出决策。

直觉是创业者在剖析自身创业经历,尤其是自身创业行为及决策时经常提到的概念。Crossan 等人(1999)认为这种直觉对于形成各种创业的想法和识别创业机会具有很大促进作用,近几年来的研究称其为"创业直觉"。创业直觉是指创业者在面对不同的创业决策情境及决策信息时,自发、快速地利用已有的知识、经验和记忆而产生的整体感知,我们以往说的"商业头脑"是对于直觉在商业中作用的更好诠释(张慧玉,李华晶,胡望斌,2016)。杰出的企业家们通过以往经验和判断的积累,拥有更为出色的"商业头脑",因此他们拥有敏锐的市场洞察力,能准确地判断市场趋势。Shane(2003)提出了"创业者—机会耦合理论",认为个体对于机会的发现具有主观性,这种主观发现的起点在于创业者的创业直觉。而直觉加工具有快速性、即时性和无意识性,直觉的这些特点,有助于个体摆脱认知资源有限性的束缚,对周围环境里的信息进行快速整合,进而做出灵活、有效的判断和决策。

二、直觉判断与创业阶段

方世建和秦玲玲(2017)的研究发现,创业的过程一般分为3个阶段:创业初期对于机会的识别阶段、机会评价阶段以及机会的利用和开发阶段。例如,一个人准备创业,首先便是要了解市场需求,对于市场需求的了解过程就是市场机会的识别;在经过各方面的长期了解后,会进入抉择时期,来确定该在某一方面深入下去;决定好要在哪一方面发展,就要利用各种途径,抓住机会来大力发展自己的事业。想要了解直觉到底在商业中产生了什么影响,就要先了解商业决策中哪些因素会影响直觉判断的产生和利用。学者们在进行深入探索后总结了6个方面:直觉型专家知识、躯体状态、情感启发式、认知风格、任务特征因素、环境特征因素。这6个方面不同程度地对创业决策产生影响。

俗话说"创业容易守业难",在公司的发展中,把握和利用直觉,使这种直觉型思维发挥作用是至关重要的。许多管理人员和经理将直觉作为重要决策的有效方法(Miller & Ireland, 2005)。企业在发展的过程中,必然经历各种困难和挑战,而企业成功发展的决定力量便是管理层。根据Gustafsson(2006)的研究发现,具有丰富经验的管理者在面对的决策环境具有不确定时,表现出较强的环境适应能力。面对低不确定性的决策环境时,经验丰富的老手习惯采用理性的加工方式,在高不确定性环境中习惯采用直觉处理模式。研究也表明,专家更容易做出高度准确的直觉判断。但是这种直觉型的专家模式是经过至少10年的积累才形成的,因此要想能够拥有这种商业嗅觉,需要长年累月在目标领域的积累。

三、商业广告的秘密

信息时代的到来，既是机遇又是挑战，一个企业的发展离不开商业广告的宣传，而广告学似乎也蕴含着直觉的智慧，因此打好商业战，广告的作用毋庸置疑。法国人罗培尔·凯兰说："我们呼吸的空气是由氧气、氮气和广告组成。"我们都有体会，各种公共场所中，形形色色的广告充斥你的眼球。那广告是如何帮助公司宣传产品，让人们心甘情愿地被广告所吸引，产生购买欲望的？从巴甫洛夫的经典条件作用来看，这是一个条件刺激与无条件刺激之间建立联结的过程。例如我们在电视上看到一个香水广告，是由当红明星来代言的，在广告中我们看到自己喜欢的明星使用这款香水，那么香水是一个条件刺激，而明星是一个无条件刺激。当我们看到香水时，就非常容易联结到某个喜欢的明星，因此就会增加对某款香水的喜爱度。这种明星效应带有某些暗示性，能刺激观众产生购买欲望。研究发现，具有暗示性的品牌名称会加深消费者对品牌的印象，从而激发消费者对品牌的购买意向。消费者的认知需求和专业化水平也会影响消费者的购买决策（孙瑾、张红霞，2012）。关联网络理论认为，广告的作用在于信息之间的相互联结。Keller(1993)整合品牌效应与关联网络理论发现，人们所了解的品牌知识组成一个记忆系统，某品牌名称作为一个节点存储于人们的记忆中，与此相关联的品牌就是存储于这个记忆系统的另一些节点。这些节点之间依靠网线联结，连线的长度决定彼此之间的联系紧密程度。因此，当一个节点被激活时，与此相关联的其他节点也会相应地被激活。例如当我们偶然看到一些品牌信息时，会马上联想记忆网络中于此信息相一致的品牌。同时 Keller 还发现，暗示性的品牌名称能使消费者直接产生相关联想并加强对它的记忆，这一加工过程类似于直觉。

一则好的广告是应该具备 3 个特点：劝说性、暗示性和简洁性。这似乎与直觉有着密不可分的关系。顾客所感受到的劝说性是产生购买欲最直接的原因。例如,我们看到一则化妆品的广告,广告画面很美,还有自己喜爱的明星,在这种氛围衬托下,观众对于此品牌的化妆品更有购买冲动,而冲动是一种潜意识的倾向,又与广告的暗示性密不可分。个体似乎受到某种暗示却没有意识到,最终买下可能并不需要的东西。广告既要能够突出产品特点,又要通过较为委婉的暗示,使人产生联想。但暗示要把握好度,避免过度深奥和复杂,起到相反的作用,降低消费者对产品的兴趣。顾客留意广告的时间很短,往往采用的是一种不加分析的直觉加工,因此人们对广告的直接印象是关键。有研究表明,大多数的消费者不愿花费更多精力来接受广告信息,因此,广告词的简洁性至关重要,用最简洁的语言来让顾客了解自己产品的特性(张云徽,1997)。有这样一个例子,有一家印刷厂,它的广告词是"除了钞票,什么都印",这样短短的 8 个字既体现了该厂业务种类齐全,又生动幽默,使顾客印象深刻。此外,广告要与时俱进,具有创新性,这就需要设计者具有创新思维,力求达到最好的宣传效果。

四、利用直觉选拔和分配人力

一个企业最重要的资源便是人力资源,因此更好地引进和分配人力资源同样是重点。企业家要学会根据不同的认知风格来选拔和分配人才。直觉型认知风格有利于发散思维的过程,形成具有创造性的想法。因此公司的管理层既需要直觉型认知风格的领导者,也需要分析型认知风格的领导者。Brigham 等(2007)的研究发现,直觉型认知风格的创业者在非结构性环境中工作满意度较高,而分析性认知风格的创业者在结构性环境中工作满意度较高。结构性是指公司环境是否具有明确的规则和程序,对应地,非结构性是指工作内容灵活而多变。因此,合理地安排员工的工作岗位,才能做到人尽其才。在企业不同的发展阶段,认知风格的差异都会产生重要的影响。Kickul 等(2010)发现,在新企业生成的机会识别阶段,直觉型风格创业者的自我效能较高,而在后续机会开发与挖掘阶段,分析风格创业者的自我效能较高。

企业的建立阶段，直觉型人格的人习惯于利用当时少量的信息做出准确的推测，这种高效的决策方式是企业所需要的。

同时，一个公司存在的问题结构也会影响直觉判断的有效性。在一个问题结构连续体中，一端为智力型问题，有明确客观的判断标准；另一端是判断型问题，是指一种美德、道德的或者行为上的价值判断，没有客观标准（方世建、秦玲玲，2017）。研究发现，分析型加工有助于解决定义明确的智力型问题，而直觉判断善于把模糊不清的定义整合，因此更有利于解决缺乏明确定义的判断型问题。因此公司问题的解决要采取有效的方式。例如，在公司选拔人才环节，财务助理职位的候选人有4个人，4个人都各自有各自的优势，但空缺岗位只有一个。那么如何选择一个更合适的人选将是公司面临的一个不确定性的问题，这时候，通过直觉判断来选择更有效率。直觉确实是企业成功的开端，一种打破固有思维，凭着感觉做事的魄力才是一个直觉型领导的优势所在。商场如战场，机会一瞬即逝，只有拿出敢为人先的精神，才有可能走向成功。考虑周全自然没有什么过错，但是如果一味地畏首畏尾也会错失许多良机。直觉也存在弊端，不经过思维的直觉是一种冲动，真正的优秀企业家的商业直觉是在丰富的经验积累的基础上产生的，一种自动化了的加工模式。

第二节 直觉在教育教学中的应用

我国拥有五千年文化积淀，教育为中华文明的源远流长奠定了坚实的基础。科技制度的完善促进了教育事业的发展。宋朝，是科举制由严密走向开放的关键时期，而明清的八股文则使教育与科举成了统治者奴化子民的工具，严格限定的格式与题材限制了人们的思想，阻碍了文化的发展。给予学生更多自由发挥的空间，灵活地采取不同的教育方式，是培养学生直觉加工的重要方式。本节从教师教学与学生学习两个方面来探讨直觉思维在教学中的应用。

一、学习中的直觉

(一) 直觉在学习中的体现

作为一名学生,各个学科的学习都离不开直觉思维的作用。直觉思维不仅是对于教师的直观教学的一个挑战,也是衡量一个学生创造性与想象力的重要指标,直觉思维是不经过一步步分析步骤而突如其来的顿悟或灵感,是在右脑开展的非语言处理信息的一种思维(朱惠丽,2009)。关于顿悟与灵感,格式塔学派提出的完形—顿悟说认为,学习是通过顿悟过程实现的,个体的行为取决于对当前问题的分析,这种分析依赖于过去经验的利用。建构主义学习理论对于学习的定义是个体根据过去的经验,与环境中感受到的信息进行相互作用,主动构建意义的生成过程,它强调学生学习的主动性,创造性和情境性。心理学的各学派的理论都认为直觉确实在学习中产生了非常大的作用。

(二) 直觉在学习中的有效运用

学生作为学习的主体,在学习生涯中,更应该学会将直觉思维应用到学习生活中。我们有时会看到这样的例子:"今天早上我六点起床,刷牙洗脸后吃了早餐,然后我就背起我的书包准备去上学了,到学校的时候快八点了,我赶紧跑进教室,开始了一上午的学习,不知不觉就到了中午,我和同学去了学校的食堂吃饭,吃的青菜和米饭,吃完饭我们就回去睡了午觉,下午又是学习,下午四点半放学,我又背起我的书包回家了,回家后,吃完妈妈做的晚饭,做完作业玩了一会就睡觉了,我的一天就这样结束了,很开心。"这是很多小学生写作的通病,就是记流水账,作文内容枯燥乏味,毫无新意。

对2008—2010年的全国高考作文的调查中发现,考生的作文趋同化倾向令人吃惊。柏章发(2010)总结了近几年考生作文主要有4个特点:内容俗套化、结构模式化、文体单一化、文风浮夸化。学者们不禁疑惑,是什么限制了孩子的创造力和想象力?这种现象不仅仅限于语文学科上,数学是逻辑思维的代表学科,因此老师把这种逻辑至上的观念传递给学生，往往会忽略直觉思维在其中发挥的作用，似乎所有脱离逻辑的事情都是偶然的，不确定的，甚至是不符合常理的，不容存在的。但是数学也是离不开直觉思维的学科，例如，高中生们常常遇到的三角函数题"$\cos 60°+\sin 30°-\tan 45°$等于多少？"对于这种题目的解答，我们首先要做的便是思考$\cos 60°、\sin 30°、\tan 45°$ 3个符号的转化公式，然后快速计算出三者的得数，这样才能进行常规的加减运算。在这个思考的过程中，我们更多地运用了直觉加工，直接省略大部分的思考时间，在头脑中进行搜索，快速地完成匹配，然后在此基础上进行逻辑分析加工。以这两科为例，可以说明直觉思维一直以来是教学中容易忽视的部分，这对于教师与学生来说是一个很大的启发。

因此在学习的过程中，学生首先要做好的便是日常的知识积累，广泛涉猎不同学科知识，培养自己的直觉思维能力，在注重逻辑的同时，培养创造力。但是有时候对于直觉的把握经常捉摸不定，因为直觉具有不确定性。弗洛伊德认为直觉是有无意识向意识层面凸显的过程。往往在大量的苦苦探索之后，以"众里寻他千百度，蓦然回首，那人却在灯火阑珊处"的状态而出现（朱惠丽，2009）。这种灵光一闪的感觉，便是灵感。有部分学者认为，灵感便是直觉，也有学者认为灵感与直觉属于不同的两部分。但较为一致的是，大家普遍认可灵感与直觉存在显著相关。以往的研究发现，创造性似乎与年龄有很大联系，具体来讲，创造性与年龄存在显著的负相关，即年龄越大，创造性越低。直觉思维的培养要从小抓起，求学阶段不仅仅是一个人记忆力最好的阶段，也是培养创造性的最好时期。因此，从学生一方来讲，要积极发展自己的创造性思维，不要墨守成规，止步不前，要学会从不同的角度发现问题的解决办法。在学习上，不要只注重逻辑，全面否定非理性的思维。最好的学习方式是在直觉加工的基础上分析加工。

二、教学中的直觉

（一）直观教学

当代的教学在讲究增强学生感性认识以帮助他们理解抽象事物基

础上,更注重培养学生的直觉思维和想象能力(迟艳杰,2009)。所谓的直观教学就是让学生从观察实际物体开始,利用各种图片或模型来达到教学的目的。例如化学课上,老师通过模拟实验发生的过程来促进学生对理论知识的了解,或者介绍某一个实验时,通过 PPT 播放图片来展示具体操作流程,使学生能够调动自己的思维,想象实验的过程,诸如此类的教学方式能起到事半功倍的效果。双加工模型认为,教学过程是一个直觉加工和分析加工共同作用的过程,教师传道、授业、解惑,是学生培养创造性思维和想象力的重要途径。社会学习理论的代表人物班杜拉提出了观察学习的概念,认为人类的大部分学习不是行为结果的塑造过程,而是更有效的直接学习榜样的过程。班杜拉的一个经典实验是让一些儿童来观察成人榜样击打充气娃娃,之后把儿童带到另一个实验室,让其自由活动,并观察他们的行为表现。结果发现大部分儿童会做出与成人相似的击打充气娃娃的行为。这种直观的教学过程在生活中运用广泛。

(二) 直觉教学的有效运用

当今的知识型社会对教师教学提出了更高的要求,教学模式处在不断的创新中。教育学家 Comenius 提出了"教学即研究"的概念,认为教学是一个动态发展的过程,要求与时俱进。教师教学首先要做好的一个工作便是培养自己的直觉思维能力,教师的直觉思维将直接影响学生思维形式的发展。在教学过程中,教师会面对各种各样的学生,因此一个优秀的教师必须学会灵活变通地处理各种突发状况。教学效果是对一个老师最基本的考验,毕竟教学不是一个人脱口秀,而是一种互动艺术。例如,你在讲台上讲得眉飞色舞,结果讲台下的学生一个个无精打采,哈欠连连,这个时候你是准备继续装看不见接着讲还是想一个比较好的办法来调动学生的积极性呢? 一个优秀的教师应该能够准确地感知学生的学习情绪,将深奥的道理形象化,枯燥的知识趣味化。在教学的过程中,教师在合理利用自身直觉思维的基础上更要注意培养学生的直觉思维能力,也可以理解为培养学生的创造力和想象力。教师在教学过程锻炼学生的直觉思维能力,可以从以下几个方面入手。

1. 情境教学

情境教学可以充分激发学生的想象力,使学生能够从课本中走出去,使知识在学生头脑中以鲜活的形象呈现,如在语文古诗词的教学中,"碧玉妆成一树高,万条垂下绿丝绦"、"会当凌绝顶,一览众山小"等诗文的学习中,可以先让学生想象诗人是在什么样的环境下写出当前的作品,甚至进行角色扮演,这样不仅可以锻炼学生的创造性思维,激发学生的好奇心,更能够使原本枯燥的课堂活跃起来。

2. 培养学生的自主性

鼓励学生积极表达自己的想法,以学生为主体,教师为主导。教师在教学过程中要起到良好的引导作用,学会让学生去探索问题的答案,发展学生的发散思维,但在此过程中,教师要把握好教学的分寸,适当通过鼓励和惩罚来引导学生。例如,一道数学应用题:在一个养殖场里,有羊和鹅两种动物,那如果问你共有 66 只脚,那有多少只鹅多少只羊。这样的题目会有不同的组合,同学们可以自由搭配。如果羊有 10 只,那么鹅就有 13 只,如果羊有 15 只,那么鹅就有 3 只,答案合理即可。诸如此类的题目可以促进学生的积极性,发展他们的发散思维。

3. 采取民主的教学方式

老师要多听取学生的意见,在此过程中,教师的评价尤为重要。评价效果的好坏体现了教师的直觉思维能力,好的教师评语会使学生的学习热情高涨,甚至改变其对于一门课的看法,从而产生浓厚的学习兴趣。教师的巧妙引导、点拨,能不断增强学生的自信心,发挥他们的主动性和创造性。

第三节　直觉在身心治疗中的应用

在临床医学和心理咨询领域,直觉思维也有着不可替代的价值。

一、直觉在临床医学中的运用

在临床治疗中,利用双加工模型进行临床推理是常见的现象,临床推理包括分析加工和直觉加工。孙红梅(2012)提到这样一个案例:"一位43岁的女性在凌晨2点因为呼吸急促被送到急诊室。患者在晚上11点突然感到呼吸困难并从睡眠中醒来,感觉恶心并呕吐少量胆汁,胸部疼痛并在深呼吸时疼痛更明显,已经持续咳嗽几天并伴有血丝,有4天感觉咽喉痛,但鼻窦堵塞缓解,前几天偶然会有发烧和发冷症状,前一天晚上由于胸闷醒来,但一会就好转了,有过支气管炎的病史。"

对于这个病例,分析性加工会把该案例中的所有临床表现与可能发生的病变进行联系,如该病例中气急可能提示是肺炎或肺栓塞,如果还伴有咽喉痛、恶心呕吐,则进一步提示肺炎,如果气急伴咯血,则提示的是肺栓塞。直觉加工则是通过"模式识别"或"样本案例"来对病症进行直接的判断,这个过程不需要系统逻辑的搜索进行判断,时间短,效率高,但是出错的概率也相应变大。研究发现,诊断误差与思维加工方式存在显著相关,直觉系统与诊断误差的关联一直是近年来所关注的重点。但是对于直觉加工导致诊断误差的说法存在争议。这种直觉加工必然会产生诊断误差的想法是不可取的。在临床治疗中,非分析性的推理诊断是非常重要的,对于一些急性的病症,临床医生首先要采取的便是利用直觉加工,对病症做出一个最初判断以遏制病情的恶化。例如,飞机上突然有人晕厥,不省人事,在这种情况下,没有医院的各种检查仪器,医务人员首先要根据自己以往的临床经验对病人的症状做出判断,并作出相应的急救措施。这个初步诊断的过程就是一种直觉加工。在正式的临床治疗中,医生的初步诊断和后续的辅助诊断,都是一段治疗所必需的阶段,按照双加工模型,这种诊断过程是非分析性加工到分析加工的转换过程。因此,在临床治疗中,既要学会利用直觉系统进行诊断,也要尽量避免这种加工所带来的不利影响——诊断误差。最好的方法便是在直觉思维的基础上进行分析加工。

二、直觉在心理治疗中的运用

人到中年,怎样才能活得不拧巴呢?我们总是想要追求所谓的平衡,但周围的一切,工作、孩子、老人,没有一个是一成不变的。我们小心翼翼地走在平衡木上,生活却像是个调皮的小孩,东捅你一下,西碰你一下,让你来回摇摆,而我们不得不用尽所有的核心力量试图让自己不从平衡木上掉下来。周围的一切始终在变,而自己的思维方式却一直没变,有些人一成不变的直觉思维为他的中年生活带来了危机。对于这些冲突,现在无法平衡并不重要,重要的是你是否拥有平衡所需的核心力量和指引你该往哪边调整的那盏明灯,而力量和明灯,指的就是心理学中的个性和社会性的整合。每个时代都有它所特有的"个性"及人与人之间某种"共性"问题(陈桂生,2016)。个性太强、社会性欠缺的人,不能对持续变化的外部环境采取合理的应对措施,而社会性太强、个性欠缺的人,会在生活中失去自我。一些人过于强大的直觉思维,让他忽视了别人的建议,陷入了挣扎与纠结。

生活中,心理健康是不容忽视的。在现在的心理咨询治疗中,像正念训练、沙盘、OH纸牌、森田疗法、暗示疗法等都与直觉存在密切的联系。

(一)正念训练中的直觉

谈起正念疗法,很多人对这个概念非常陌生,但是正念似乎一直渗透在人们的生活中。正念疗法起源于佛教。我们经常会听到一些禅语,如,佛曰:"不乱于心,不困于情,不畏将来,不念过去,如此安好。"这些禅语意味隽永,但往往让人觉得似懂非懂。起源于佛教的正念疗法同样让大多数人困惑,到底什么是正念疗法呢?

正念训练是一种比较普遍的心理治疗方法,从20世纪70年代便已应用在心理咨询与治疗中。将正念疗法引入临床治疗中,主要是用于缓减人们的压力,减轻病痛的折磨(Kabatzinn,2010)。Kabatzinn将正念定义为一种对事物的有意识觉察但不做评价的观察能力,包括3个部分:有意识的觉察、活在当下、不做评价。根据以往的研究发现,正念训练在临床的治疗中起很大的作用,不仅能够降低酒精和药物滥用,降低人体血压,提高患者的躯体健康水平,而且还能缓解各种焦虑和抑郁。正念疗法是一种意向性的活动,我们在培养自己的正念时,会发现自己所处环境的多样性与更多的选择余地,同时它直接指向现实的经验。这似乎与我们所说的直觉思维相悖。直觉思维充满着不确定性,往往是一种无意识情况下做出的充斥着推理判断和评价的加工方式。正念训练基本的方法便是正念冥想,Deikman(1963)的研究表明,冥想会降低认知行为的习惯化倾向,即去自动化(Deautomatization)。自动化是指随着行为动作的不断重复,指导行为的内部步骤从意识层面消失,从这个方面来讲,自动化是直觉产生的基本形式。与之相反的去自动化是把注意重新集中在这些内部步骤上。正念训练的技术是一种对行为的有意识控制,类似于生物反馈和放松疗法。

正念训练的去自动化,在 stroop 研究中被很好地体现出来,Lindsay 和 Jacoby(1994)设计了一个实验,要求被试对词的颜色进行命名,而即使不去注意词的含义,词义本身也会对颜色命名产生或者促进(当词义与颜色一致时)或者干扰(当词义与颜色不一致时)的作用。这种情况下,颜色命名为控制加工,而词义命名为自动加工。词义命名对颜色命名的干扰,也就是自动加工对控制加工的干扰,即 Stroop 效应。如果冥想或者正念训练能够去自动化,那么,我们期待这种干扰的减弱,可表现为 Stroop 效应的减弱,也可表现为不一致条件下的成绩提高,比如反应时加快。实验表明,参与冥想训练者会产生更强的抗自动化干扰的能力。生活中,我们很多时候都会产生一些自动化的行为,不经思考做出的决定常常使自己后悔不已,尤其是直觉型人格的个体(比如我们故事中的张拍脑袋),仅凭自己的感觉做事,有时会产生一些不良的影响。传统的观点会认为直觉思维下的自动化加工会提高工作效率,但是 Stroop 实验的结果却推翻了这种固有的看法。生活中,直觉确实能帮助我们非常有效率地解决一些问题,但这种自动化的加工有时会阻碍问题的解决。比如,对于英语语法的学习往往会受到中文语法的干扰,由于之前接触的都是中文语法结构,因此在学习英语或者其他外语时，人们会受到原来中文语法结构的影响。

正念疗法常常被应用在临床心理咨询与治疗中，包括正念减压疗法、正念认知疗法、接纳与承诺疗法等。现在社会的快速发展使人们普遍承受着较高的压力，这一定程度上影响人们的心理健康。很多人并不存在明显的心理障碍，但却有缓解心理压力的需求。而大量的研究发现，正念训练可以起到很好的缓解负性情绪，释放压力、促进情感的平衡的作用。正念减压法采用的是一种为期 8~10 周的团体训练模式，团体成员一般少于 30 人，进行正念训练的过程中也要讨论如何能够平衡自己的情感，以一种平和的心态接受自己当前的负性情绪。练习的主要步骤包括正念冥想、全身扫描、行禅、3 分钟呼吸空间和正念式瑜伽等(Schroevers & Rob，2010)。

1. 正念冥想：伴随着呼吸，感受自己腹部的起伏变化，同时体会自身的各种感觉，体会这种感觉的产生、发展直至消失的过程。

2. 全身扫描：以一种放松的姿势来感受身体每一部位的具体感受，使注意力转向自身的躯体部位的精确感知，阻断与思维之间的联结。

3. 行禅：也叫正念式行走，要求来访者将注意力集中行走本身，感受与地面接触的感受，感知移动重心，同时要求呼吸自然，不需要考虑去哪里，不需考虑除了行走外的任何事。

4. 3 分钟呼吸空间：类似于正念冥想，要求要关注自身当下的情绪感受，把躯体当成整体去感知，从而让人能够重新认识与过去产生负面情绪相关的事件，建立一种新的联结。

5. 正念式瑜伽：在运动中体会肌肉的拉伸，感知躯体的感受。

我们可以有效地利用正念训练来学会尽可能地避开直觉的陷阱。在有效利用直觉思维带来的高效率的同时，也要学会避免自动化思维模式所带来的弊端。日常生活中，我们经常会因为不同的事而产生这样那样的负性情绪，要善于运用正念疗法来缓解。

(二) 沙盘游戏疗法中的直觉

沙盘游戏疗法，主要是使用沙、沙盘以及有关人和物的缩微模型来进行心理治疗与心理辅导的一种方法。瑞士荣格学派分析心理学家Kalff是沙盘游戏治疗的正式创立者，Wells和Lowenfeld是沙盘游戏的先驱。Wells是一名作家，当他的孩子在地板上玩搭建游戏的时候，他发现这种游戏可以用荣格的集体无意识、原型和象征理论来解释，于是他写了《地板上的游戏》这本书。Lowenfeld是英国的儿科医生，自幼喜欢Wells的作品，他在对儿童的治疗中经常会遇到如何与儿童有效沟通的问题，受到《地板上的游戏》的启发，他发现儿童可以通过游戏充分表达自己的内心世界，当给儿童们提供玩具、模型和沙盘的时候，儿童就能够制作出令人兴奋的作品来（韩旭东，孙明，2008）。Lowenfeld将自己的这个发现命名为"世界技法"（The world technique），据他讲述，这一名字是儿童在游戏中说出来的。后来，Kalff在偶然间见到Lowenfeld展示的"世界技法"游戏后感触颇深。她发现，这种游戏方法有利于孩子内心世界的表达。于是，她学习了世界技法，并且融合了荣格的集体无意识和象征等理论，将这个游戏命名为"沙盘游戏"，并把适用范围扩至成人。除此之外，Kalff对中国的哲学思想有着浓厚的兴趣，特别是禅宗、藏传佛教和道教。因此，沙盘游戏治疗包含3种理论和思想：

1. 荣格分析心理学。

2. Kalff所理解的东方哲学思想。

3. Kalff对Lowenfeld世界技法的重新整合与发展。

目前，沙盘游戏疗法已经逐渐完善，在当前心理咨询以及心理治疗领域占有重要地位。

沙盘游戏主要有个体沙游、团体沙游以及其他衍生的沙游形式（如家庭沙游、爱沙游等）。个体沙游强调无意识水平的工作，需要对无意识有一种容纳与接受的态度。团体沙盘游戏能够发现团体中的共性，使得成员间的精神交流得到强化，思维碰撞得到整合，团队气氛得到改善。在医学领域中已经有研究发现，团体沙盘游戏有利于提高护理团队的凝聚力（徐红群等，2014）。作为为数不多的在全球范围内流行的心理治疗技术之一，沙盘游戏疗法具有独特的优势，尤其是中西结合的文化基因,让它在传入中国的 20 年间获得了其他疗法所无法比肩的普及度和接受度,得到了广泛的发展和应用(肖春红,2013)。尤其是近 10 年来,治疗对象已经由早期的儿童和青少年扩展到成年人甚至老人。沙盘游戏不仅在医院的精神科和其他科室成为重要的辅助治疗手段,甚至在教育、社会机构、军警和妇幼等系统得到普及。通过沙盘游戏,治疗师和来访者寻找到一条通往无意识的途径,使来访者的内心世界得以直观地展示出来,进而实现其心理困扰的缓解。

沙盘游戏是有一定的规则和步骤的。以团体沙盘为例,在游戏过程中,每人每次只允许做一个动作:如放一个(组)玩具,挖一条河,或堆一座山等。不能将他人或自己已摆上的玩具拿走或放回玩具架,但允许移动自己或他人所摆放的玩具,并算作一次,移动后在这一轮中就不能摆放任何玩具。整个过程中都不允许成员说话,以免相互了解意图。制作过程中,团体成员可以选择在某一轮放弃。整个制作过程最后一轮中的最后一个人在摆完后还可以有一次修饰的机会,但不能再添加玩具。当咨询师讲完引导语和规则之后,团体成员按照规则制作沙盘,咨询师进行观察和记录。完成 7~8 轮制作后,作品成型,参与者回顾沙盘形成的过程,根据目标进行自由讨论。随后大家分别给作品起名,最后放回沙具,一次团体沙盘游戏完成。

意识是适应和定向的心理装置,由许多不同的心理功能构成。这些心理功能中,感觉是用感官体验到所有感受的功能;思维是认知和形成逻辑推论的功能;情感是主观评判的功能,而直觉是指通过潜意识获得感受或对潜意识内容的感受。沙盘游戏中沙具的呈现的,是人们意识层面的沟通,更是人们感受到潜意识的桥梁,与直觉有着密切的联系。参与者在游戏中察觉到彼此的不同,他们的思维方式也有了碰撞和沟通。这些过程在故事 1 中有所体现。

小故事 1:

公司一年一度的团建活动正在有序地进行,团体沙盘游戏也拉开了序幕,张拍脑袋、王深思以及公司的 4 位高层领导一起参加了团体沙盘，他们组成了一个团体，进行历时8周，每周1次，每次一个半小时的团体活动。他们进行了初步的交流和选题，最后选择了探索自我觉察和社会觉察作为咨询目标。在团体建立初期，团体成员彼此都有拘束，在摆放沙具的过程中，每个人各玩各的，互不干涉。张拍脑袋建造的是一个有几座高楼大厦的繁华街区，而王深思摆了一座小桥，桥旁边站着一个人，桥底流淌着一条河。在讨论阶段，张拍脑袋说那几幢高楼很吸引他，就想摆在自己的地方，这时候咨询师询问："那你觉得这些高楼在你的生活中代表什么呢？"张拍脑袋回答说："应该是公司吧"。"好像你放了好几个类似的沙具呀"。"我想着公司肯定要扩张嘛，就多放了几个。"咨询师与张拍脑袋的对话，让张拍脑袋对公司的发展构想呈现出来了。接着，王深思说："我觉得还应该再考虑考虑吧，我不太同意现阶段扩张公司规模，还需要再评估一下风险。"王深思在沙盘中摆的作品也与他的话不谋而合。张拍脑袋询问王深思桥旁边站着的人是谁？王深思的回答是他自己不知道要不要过桥，所以站在桥旁边。在沙盘中，桥象征着连接和沟通。王深思在"过桥"这件事情上的犹豫象征着他在事业决策上的犹豫。在沙盘中，王深思的桥指向张拍脑袋建造的商业街区，也就是说，他在与张拍脑袋的沟通上遇到了问题，需要修通。张拍脑袋和王深思的这段互动深刻地体现了他们在事业决策上的不同思维，沙盘中摆放的沙具把他们之间的不同具象化，他们意识到了两个人的思维方式不一样。

在心理咨询技术中，非言语的表达性治疗是很重要的，并非每个人都能准确地表达自己的内心。身体的感觉，深层的情绪情感有时也是无法用语言言明的，因此，直觉在治疗中扮演着重要的角色。沙盘中的沙具摆放的顺序、规模以及类型，是参与者内心世界的一种直觉的呈现，是意识和无意识的直接表现。荣格发现人们对自身心灵体验的加工描述可以分为两种理性和两种非理性的方式，而直觉在沙盘游戏中就属于非理性的方式,它很自然地将心中所想借助于沙具呈现在沙盘中。因此,团体成员平时争论不明白的矛盾,在沙盘中完全展现了。当矛盾开始展现的时候,就出现了理解和换位思考(可阅读小故事2)。

小故事2:

3个星期过去了,在第4次的团体沙盘中,大家完成作品后的一段讨论加深了彼此之间的了解。

高层1:"想给这些建筑挪到中间,它们孤零零在外边有点孤单,但是又没能力挪,好难受呀。"咨询师说:"1号成员觉得这些建筑单独在一边很孤单,其他成员有没有想跟1号交流的呀?"张拍脑袋拿起两个建筑沙具就往中间放,同时说道:"那就放在中间呀。"结果在他放下沙具的时候撞倒了高层2放在沙盘中的树。这个时候,高层2说:"好像按规则,作品完成后不能再移动沙具了。"张拍脑袋看看咨询师,又把被他放在中间的建筑物放回了原地。然后搓了搓手,笑了一下。王深思这时候说:"嗯……其实我觉得1号的建筑物并不孤单呀,旁边有一些树,一些小动物,而且是高层,又能看到那边的海,方向也是坐北朝南,是一个很不错的生态社区呀。"此时1号又重新看了一下自己的建筑物,说:"好像是的,这样也不显得孤寂了。"

咨询师说:"我们今天这个讨论很有意思,大家都说出了不同的观点和感受。这种体验、分享和互动带给你们什么呢?有没有更多地察觉到自己和别人呢?"

通过与其他成员的交流,张拍脑袋意识到之前没有意识到的问题,也就是直觉思维太强大,忽略了一些社会规则,这对他的人际关系以及处理事情的能力造成了不好的影响。沙盘游戏中所呈现出来的所有行为都来源于意识和无意识两个层面。之前没有意识到的问题在游戏中通过讨论等让自己意识到了,这就是无意识意识化的过程。成员如果忽视团体规则直接对沙具做出调整,看似为别人着想,实际上只是遵从了自己的想法。意识到自己忘记了先前的契约,撞倒了别人的沙具之后张拍脑袋立刻把沙具放回原位,显得有点紧张和无所适从。这体现了他个性与社会性之间的冲突和挣扎。这种冲突和挣扎会提升参与者的觉察能力,帮助他冷静下来重新思考,具体过程可阅读小故事3。在心理学中,个性是内驱力,社会性是控制力。社会性形成个性,反过来又控制个性,社会性由无数个性组成。两者的冲突、协调是促进事物发展的动力。要想推动事物的发展,两者缺一不可。直觉导向型思维太强,会抑制人们的个性与社会性之间的整合,阻碍其与别人的交流和沟通。

小故事3:

庆幸的是,在前4次的沙盘团体活动中,张拍脑袋的意识自我与无意识自我有了连接与交流,意识到了之前没有意识到的问题。在第7次团体活动中,张拍脑袋在沙盘中营造了一个温馨的社区,这时候王深思在社区里放了一个拿着武器的小人,随后一位高管在这个小人旁边放了一个士兵。摆放完毕后,在分享环节中,咨询师问大家在摆放过程中有没有什么不舒服的。张拍脑袋说:"王深思在我这里放了个拿着武器的人,我就感觉很不舒服,因为我这里本来是一片祥和的,感觉被侵犯了。"王深思说:"我不是侵犯的意思,只是我觉得这个小人很好玩,就放到那里了。"摆放官兵的高管说:"我看到了这个冲突,所以我摆了一个士兵,我的想法是他们是一起的,是保卫这片社区的。"大家都陷入了沉思,当活动结束后,张拍脑袋跟王深思说:"我觉得我们大家可以一起好好谈谈公司的事情。"两周过后,他们在公司发展问题上达成了共识:先进行部分产业结构调整并试运营,半年之后做市场评估,再做后续决定。

团体沙盘游戏的魅力在于把所有的矛盾、冲突直观地呈现在沙盘中,当矛盾和冲突以直觉的方式出现的时候,团体成员会意识到问题的产生,而在团体中,这些问题的解决也需要团体成员彼此间的合作和努力。针尖对麦芒并不是一件可怕的事情,因为在游戏的过程中,针锋相对过后是退让、包容和重新思考。在沙盘中团体成员获得了成长,直觉就像一个桥梁,连接了每个成员的意识层面,让这些意识具象化,然后碰撞,最后转化和升华。

(三) OH 卡牌中的直觉

OH 卡,全称是"OH 潜意识投射卡",是由德国心理学硕士 Egetmeyer 和墨西哥裔艺术家 Raman 共同开发,包括 88 张文字卡和 88 张图像卡,是一种心理投射测试工具。OH 卡的使用方式有很多种,主要分为选卡和盲抽两大类,根据不同咨询主题选择相对应的字卡,甚至可以使用空白字卡。字卡和图卡的选择由来访者决定,咨询师不给来访者设限。由于卡牌有 88 张,如果采用选卡的方式,则太过费时,因此很多时候咨询师会选择盲抽,这样有助于促进他们的直觉表达和自由联想。

OH 卡牌作为一种投射工具,被越来越多的咨询师运用到咨询中。在生活中我们听过无数的道理,却很难及时运用到自己的身上,我们在不断了解自我、发现自我、探索自我的过程中,忽略了一个重要的环节:我们内心世界的直观呈现。如果一个人连自己内心的想法都不清楚,是很难找到适合自己的生存的道理。现实中很多来访者都会有"道理我都懂,但是做不到"的感觉,使得咨询过程容易陷入僵局。这是因为他们没有意识到自己的理性和感性正在发生碰撞,从而造成身心不协调、行为难以控制。而 OH 卡可以通过直觉帮助来访者打通意识和潜意识之间的大门,探索内心的真实想法。

小故事 4:

张拍脑袋和女儿在心理咨询室体验了 OH 卡牌,在咨询师的引导下,他们进行图卡的抽选。咨询师让他们各自选一张图卡代表自己眼中的自己,选一张字卡代表自己眼中的对方,然后放在一起。张拍脑袋选择了一个乌龟代表自己,选择了"坚定"这个词汇代表女儿。女儿选择了树根底下有很多蚂蚁的图片代表自己,用"破坏"这个词

> 代表张拍脑袋。在交流的时候，张拍脑袋说："我女儿是一个很坚定的孩子，她学钢琴学了六年，一直没有断过，就像现在，她跟我闹别扭，也是一闹一两年。"女儿被张拍脑袋逗笑了，她说："为什么一直跟你闹别扭呢？是因为你一直在搞破坏，学校家长会上，你当着那么多同学的面揭我的短，让我下不来台。每次跟你聊天你总是不考虑我的感受，直接按照自己的想法干涉我。我就像蚂蚁一样乱窜，逃也逃不掉。"张拍脑袋说："原来你心里是这么想的，我到现在才知道，我一直觉得是你叛逆，没想到还有我自己的原因，但是我像个乌龟一样，每天小心翼翼，背着重重的壳，不敢跟你交流，害怕跟你吵架……"

人们常说："不要尝试去叫醒一个装睡的人。"这句话放在 OH 卡心理咨询中，则是"不要尝试去叫醒一个连自己都不愿意交流的人。"孩子是家庭的镜子，他们身上会折射出父母存在的问题，但孩子与父母缺少沟通，很多情绪掩埋在心里，OH 卡牌可以借助直觉，将他们所有不满的情绪、事件直观呈现出来，将所有矛盾的焦点投射出来，在一个安全的、受保护的环境中面质、解释、描述和沟通，实现心灵疗愈。

第四节　直觉在军事决策中的应用

在面对不同的环境时，不管是理性的分析加工还是感性的直觉加工都有其作用。从古至今，直觉在军事战争中的运用都很常见。"兵者，诡道也"（孙武，2011）敌对双方在战争中无所不用其极，就是为了欺骗对方，达到自己的目的。

科学信息技术发展迅猛，在军事领域也被广泛应用。越来越多的人致力于追求精确作战、精确管理和精确后勤，认为逻辑思维和数理思维有不可撼动的地位和作用，而对于经验思维、形象思维、直觉思维等跳跃性、模糊性和随机性的思维方式存在偏见，基于这些思维方式做出的决策,往往被认为是不科学的。事实上,现在的战争具有动态性、复杂性和模糊等特点,这种不确定性需要指挥官在战场上基于经验迅速靠直觉做出决策,才能在关键时刻力挽狂澜,立于不败之地。当重大危机发生时,指挥官们面临的境遇对军事决策的时效性提出了更高要求:他们必须能够及时、果断、有效、准确地定下作战方向(邢云燕,2017)。以新版的美军野战手册为例,它强调指挥官要善于运用批判性和创造性思维来理解、设想和描述复杂而结构混乱的问题,从而随机应变地快速制定出作战方案(Ancker & Flynn, 2010)。也就是说,指挥官仅仅具备分析决策能力是远远不够的,还要具备相应的直觉决策能力。

汉代马融在《围棋赋》中说道,"略观围棋兮,法于用兵。三尺之局兮,为战斗场"。反观战争领域,棋理与兵法有很多相通之处,战场上敌我之间的战斗就好像棋盘上对手之间的博弈一般,在战场上对于战争形势的判断,就好比围棋中的"势"。所谓"势",就是指战局的情势,难以被直接量化,但是容易通过形象思维呈现。清末民初的陈澹然有一句名言:"不谋万事者,不足谋一时;不谋全局者,不足以谋一域。"专业棋手依靠形象思维对局势进行把握,在博弈中占据了优势,战争中亦如此,指挥官依靠直觉对战局进行把握,以求在对战中占领主导地位。

Hogarth(2001)提出决策的双系统模型(图 8-4-1),图中虚线框代表直觉加工系统,实线框代表分析加工系统。在决策的研究领域中,研究者们陆续提出了决策的双系统模型(Deutsch & Strack, 2008; Epstein, 2008, 2010; Evan, 2008, 2009; Hogarth, 2001, 2005)。孙慧明和傅小兰(2013)指出,这些模型都可以看作是对分析决策模型和直觉决策模型的对比。例如,在 Hogarth(2001)的模型中(deliberate-tacit system,简称 DTS),精细加工系统(deliberate system,简称 DS)等同于分析系统,是一种有意识的、慢速的、深思熟虑的加工过程。内隐加工系统(tacit system,简称 TS)则相当于直觉系统,是一种无意识的、快速的、自动化的加工过程。Hogarth 认为人的决策行为是 DS 和 TS 共同作用的结果。

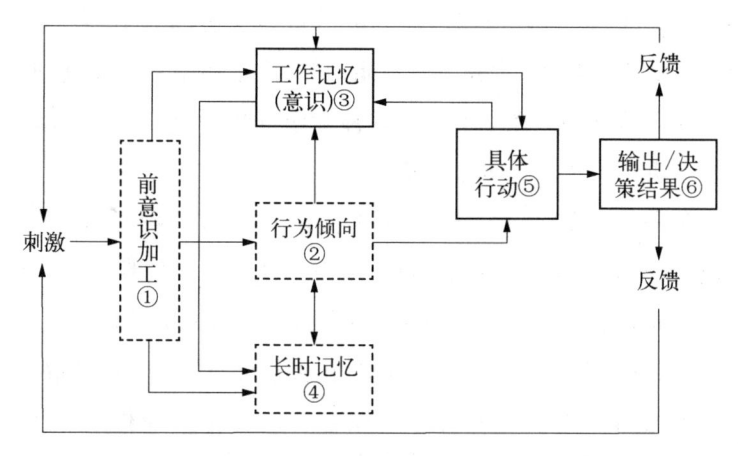

图 8-4-1　决策的 DTS 模型

DTS 模型存在 3 种加工方式：在第一种加工方式（①至⑤，不经过③）中，TS 起主导作用，决策自动发生，并没有经过意识，个体意识不到决策的过程，但能意识到决策的结果。例如，在战争进入决策困难期的时刻，指挥官随机应变做出了正确决定，但却说不清楚做决定的原因和理由；在第二种加工方式（①至④）中，TS 起主导作用，刺激通过无意识加工被存储到长时记忆中，不被察觉但是能随时调用。比如，士兵不会刻意去记忆每一次军事演习的任务和结果，但是一旦需要回忆就能毫不费力地想起来，甚至连细节都记得很清楚；第三种加工方式（①经由③至⑤）中，DS 起主导作用，人们经过意识层面对于刺激的分析，做出决策。比如，指挥人员按照军事理论和作战计划进行分析，做出决定；第四种加工方式（①经由②至③再至⑤）中，DS 对 TS 起监督和调节作用，当 DS 意识到 TS 做出的决策有问题时，会进行调整，做出适合当前境遇的决策。例如指挥官会在战争中因为挫败，被敌方算计而产生情绪，第四种加工方式会帮助指挥官管理自己的不良情绪，不被情绪所控制。

在上述这 4 种加工方式中，Hogarth 认为 DS 会消耗有限的认知资源，因此，当 TS 解决问题时遇到困难，或者个体有意识进行思考时，DS 才会起作用。因此，TS 是个体对刺激的一种默认反应。也就是说,直觉经常被忽视,但是在复杂情况中,它的作用不容小觑。Hogarth(2001)认为直觉和专业技能相似,都主要来自经验,因此两者都具备领域特殊性。在军事作战这种专业技能要求很高的领域中,直觉思维在决策中扮演着重要的角色。

决策是一个发现问题、提出问题、分析问题、解决问题的过程,它是以问题为导向,为实现一定的目标,决策主体在一定的环境与条件下,在占有一定的信息和经验的基础上,借助于一定的工具和方法对影响因素进行分析与评价,制定行动方案,在多个可能的方案中选取一个符合自己偏好的行动方案的过程(武小说,2010)。在军事作战中,由于信息复杂,环境险峻,任务艰难,使得作战中的决策变得更加艰难,对指挥官的能力也有了更高的要求。美军自2003年以来相继在《任务指挥:陆军部队的指挥和控制》《陆军计划制定和命令生成》以及美陆军野战手册《作战过程》中对指挥官的直觉决策做出阐述,并从最初阐述直觉决策的作用,逐步完善为关于直觉决策方法论的表述(孙慧明,傅小兰,2013)。同时美军认为,思维模式的专项训练、军事训练的经验积累、战史学习的知识积累、决策氛围的环境营造等都会对培养指挥官的直觉决策有帮助。

直觉思维是涌现创新的肥沃土壤,在战争中,指挥官放眼全局,不计一城一地的得失,这种大局观,需要依靠经验进行直觉判断;当面对错综复杂的战局时,需要直觉思维来改变陷入决策困境而无法决断的境遇。因此,我们不能忽视逻辑思维的重要性,但同时也应该重视经验思维、直觉思维和形象思维的作用,只有综合运用这些思维方式,充分发挥它们各自的优势,才能适应未来纷繁复杂的信息化战争。

直觉在生活中的运用很广泛,所谓"百炼成钢",炼的就是直觉,是我们借助于以往的经验合理使用直觉的能力。在商业中,直觉让创业者和管理者们变得敏锐,富于洞察形势;在学习中,直觉带给我们顿悟与灵感;在教学中,通过直觉加工与分析加工的共同作用,使得教师与学生的互动教学更加便捷;在临床上,医生依靠直觉加工对急症的病症迅速做出判断,在第一时间遏制病情的恶化;在心理咨询中直觉扮演着重要的角色,帮助来访者更深刻地了解自己,化解冲突;在军事决策中,直觉思维是指挥官的第三只眼睛,帮助他们在复杂局势中看清战争的形势,力挽狂澜。直觉的运用存在于生活的方方面面,虽然容易被忽视,但只要我们用心感受,依然会发现它的足迹。

参考文献

一、中文部分

白帆.中国文化背景下思维方式对责任归因的影响.西安：陕西师范大学,2011.

柏章发.中学作文教学：你往何处去——近三年全国语文高考作文阅卷后的思考.内蒙古师范大学学报（教育科学版）,2010,23(12),90—93.

曹贵康,杨东,张庆林.顿悟问题解决的原型事件激活：自动还是控制.心理科学,2006,29(5),1123—1127.

陈桂生.对学校教育中学生"个性"与"社会化"问题的再思考——兼评徐俊?"个体个性化"与"个体社会化"究竟是什么关系?.北京大学教育评论,2016,14(1),181—187.

陈丽,张庆林,严霞,张颖,廖祥慧,陈谊.汉语字谜原型激活中的情绪促进效应.心理学报,2008,40(2),127—135.

陈群林,罗俊龙,蒋军,位东涛,张庆林.无意识加工对创造性问题解决的促进效应.心理发展与教育,2012,6,569—575.

陈曦.分析性思维还是整体性思维——一项发展性研究.广州：中山大学,2010.

陈奕桦,杨雅婷,文冬霞.数字化游戏学习环境下的学生心流体验探讨.电化教育研究,2016,(8),40—46.

迟艳杰.论直观教学原则的现代三重意义.当代教育与文化,2009,1(4),67—70.

戴忠信.语法直觉能力：个体经验理论视角.北京广播电视大学学报(社会科学版),2010,57(3),51—54.

邓欢,胡平,李振兴.情绪模仿在情绪感染中的作用：重读模仿——反馈机制.中国临床心理学杂志,2016,24(2),225—228.

樊为,吴薇莉.不同文化程度父母的教养方式对大学生心理健康的影响及对策.西南民族大学学报(人文社科版),2016,(s3),233—235.

范亮艳,范晓芳,罗位超,吴功航,严序,尹大志,徐冬溶.艺术设计中创造性思维的 fMRI 研究：一项基于智能 CAD 的探索.心理学报,2014,46(4),427—436.

范美琳.场认知方式对表情识别的影响.上海：华东师范大学,2018.

方世建,秦玲玲.创业直觉研究的演进和主要内容述评.外国经济与管理,2017,39(7),33—50.

Gigerenzer, G., 包燕.生态学智力：人类的推理算法对频率的适应.心理科学进展,2001,9(4),325—329.

龚正霞.午睡剥夺对创造性问题解决中原型启发效应的影响.重庆：西南大学,2011.

郭秀艳,姜珊,凌晓丽,朱磊,唐菁华.直觉对内隐学习优势效应的特异性贡献.心理学报,2011,43(9),977—982.

韩旭东,孙明.一种有效的心理咨询技术——沙盘游戏疗法.青少年研究(山东省团校学报),2008,(z1),102—104.

胡竹菁.推理心理研究中的逻辑加工与非逻辑加工评析.心理科学,2002,25(3),318—321.

黄阳.多元智能理论的直觉学习及其对儿童第二语言获得与发展的启示.科学技术创新,2010,(24),182—183.

雷安.不同心理类型的认知特征研究.南昌：江西师范大学,2013.

李丹.评述发展心理学中的习性学观点.心理科学,1998,21(3),250—253.

李虹,陈石,倪士光.直觉和分析在不同任务条件下的逃生决策效果.心理学报,2013,45(1),94—103.

李建生,乔小艳,李艺.教育游戏中心流体验与学习成效的关系.现代远程教育研究,2013,(1),85—89.

李琦,齐玥,田莫千,张侃,刘勋.网络成瘾者奖赏系统和认知控制系统的神经机制.生物化学与生物物理进展,2015,42(1),32—40.

李亚丹,马文娟,罗俊龙,张庆林.竞争与情绪对顿悟的原型启发效应的影响.心理学报,2012,44(1),1—13.

林菲菲,陈旭,周春霞,马建苓,冉光明.面孔失认症的神经机制.心理科学进展,2013,21(10),1755—1762.

林永惠.经典性条件反射同操作性条件反射的异同.沧州师范学院学报,1997,(1),73—76.

刘春雷,王敏,张庆林.创造性思维的脑机制.心理科学进展,2009,17(1),106—111.

刘琳,曾昭祥,岳淑英,卢世臣.注意缺陷与多动障碍患儿气质特征及其家庭背景研究.护理学杂志,2005,20(1),3—6.

刘奎林.灵感——创新的非逻辑思维艺术.哈尔滨:黑龙江人民出版社,2003.

刘微娜.《简化状态流畅量表》和《简化特质流畅量表》中文版修订.体育科学,2010,30(12),64—70.

路甬祥.规律与启示——从诺贝尔自然科学奖与20世纪重大科学成就看科技原始创新的规律.西安交通大学学报(社会科学版),2000,20(4),5—10.

罗慧婷.心智游移的问题解决功能初探.金华:浙江师范大学,2012.

罗劲.顿悟的大脑机制.心理学报,2004,36(2),219—234.

罗俊龙.创造性思维中原型启发促发顿悟的神经机制.重庆:西南大学,2012.

马晓明.3—5岁幼儿气质类型与延迟满足关系.长春:东北师范大学,2007.

聂其阳,罗劲."啊哈!"和"哈哈!":顿悟与幽默的脑认知成分比较.心理科学进展,2012,20(2),219—227.

参考文献

倪绍梅.沉思型—冲动型初中生数学学习特征的差异分析.上海：华东师范大学,2014.

潘智彪.审美心理研究.广州：中山大学出版社,2007.

彭聃龄主编.普通心理学.北京：北京师范大学出版社,2012.

彭娟,冯延勇.成瘾人群跨期选择的神经机制及干预方法.心理科学进展,2014,22(5),810—821.

卿志琼,陈国富.心智成本理论：一个超越新古典经济学的解释框架.当代经济科学,2003,6,21—24.

邱江,张庆林.字谜解决中的"啊哈"效应：来自 ERP 研究的证据.科学通报,2007,52(22),2625—2631.

邱江,张庆林.创新思维中原型激活促发顿悟的认知神经机制.心理科学进展,2011,19(3),312—317.

邱江.顿悟问题解决中原型激活的认知神经机制.重庆：西南大学,2007.

任国防,邱江,曹贵康,张庆林.顿悟：是进程监控还是表征转换.心理科学,2007,30(5),1265—1268.

任俊,施静,马甜语.Flow 研究概述.心理科学进展,2009,17(1),210—217.

时午.大学生家庭教养方式、思维风格和自我同一性的特点与关系.开封：河南大学,2016.

史滋福,王香香,陈姣,张庆林.贝叶斯推理研究的三个层次.心理科学进展,2010,18(02),230—236.

司继伟.论问题解决的内隐观.西南大学学报(社会科学版),2000,26(4),71—77.

宋剑祥,何亚芸.国外人格理论研究的主要流派述评.昆明冶金高等专科学校学报,2013,29(4),49—56.

孙广治.认知风格的差异研究.齐齐哈尔大学学报(哲学社会科学版),2004,(2),95—97.

孙红梅.双系统模型在临床思维中的应用.医学与哲学,2012,33(18),

1—3.

孙慧明,傅小兰.直觉在军事决策中的应用.心理科学进展,2013,21(5),893—904.

孙瑾,张红霞.品牌名称暗示性对消费者决策选择的影响:认知需要和专业化水平的调节作用.心理学报,2012,44(5),698—710.

孙振陆.非条件反射与条件反射.中华护理杂志,1955,(2),6—9.

唐江伟,路红,刘毅,彭坚.道德直觉决策及其机制探析.心理科学进展,2015,23(10),1830—1842.

田玲飞.荣格人格类型理论在家庭亲密度与适应性上的探索性研究.广州:华南师范大学,2007.

田燕,罗俊龙,李文福,邱江,张庆林.原型表征对创造性问题解决过程中的启发效应的影响.心理学报,2011,43(6),619—628.

童庆炳.谈审美心理.开封:河南大学出版社,2008.

王春华.教学设计的理性及其限度.济南:山东师范大学,2014.

王国芳,吕英军.客体关系理论的创建与发展:克莱因和拜昂研究.//郭本禹(编).中国精神分析研究丛书.福建:福建教育出版社,2010,135—139.

王永固,张婷,李玮,黄碧玉.基于心流理论的教育游戏设计框架要素研究——以特殊儿童言语学习游戏为案例.远程教育杂志,2014,(3),97—104.

文敏.浅述斯金纳的操作条件反射理论及其在教育,教学中的作用.辽宁师专学报(社会科学版),2000,(4),74—75.

吴秀霞.高中英语教与学风格匹配情况对学生学习成绩影响的研究.长春:东北师范大学,2016.

吴真真,邱江,张庆林.顿悟的原型启发效应机制探索.心理发展与教育,2008,24(1),31—35.

吴真真.顿悟过程的原型启发机制.重庆:西南大学,2010.

肖春红.沙盘游戏疗法的应用及研究进展.中国疗养医学,2013,22(7),609—611.

肖前国,朱毅,何华敏.道德直觉分析:内涵、形成机制与加工判断机制.心理科学,2014,37(6),1473—1477.

邢云燕.影响指挥官军事决策的因素分析.国防科技,2017,38(1),113—117.

熊伟,张恩,任忠林,宋传福.注意缺陷多动障碍患儿家庭环境因素分析.临床精神医学杂志,2015,25(4),269—270.

徐红群,穆国英,汪雨萍,周永琴,陈敏华,孙建娣.团体沙盘游戏提高了护理团队的凝聚力.护理与康复,2014,13(3),272—274.

徐平,迟毓凯.道德判断的社会直觉模型述评.心理科学,2007,30(2),403—405.

严万森,张冉冉,刘苏姣.冲动性对不同成瘾行为发展的调控及其神经机制.心理科学进展,2016,24(2),159—172.

晏玉荣,曲洪志.内隐学习与道德教育.鲁东大学学报(哲学社会科学版),2006,23(4),112—115.

杨丽珠,刘文.幼儿气质与其自我延迟满足能力的关系.心理科学,2008,31(4),784—788.

于婷婷,殷悦,周淑金,王舒,唐晓晨,罗俊龙.不同意识水平下认知资源对直觉优势效应的调节.心理学报,2018,50(6),583—591.

余秋雨.艺术创造论.上海:上海教育出版社,2005.

俞国良,戴斌荣.操作性条件反射学习.//林崇德(编),基础心理学.武昌:武汉大学出版社,2007,211—219.

俞国良,戴斌荣.经典条件反射学习.//林崇德(编),基础心理学.武昌:武汉大学出版社,2007,202—211.

詹慧佳,刘昌,沈汪兵.创造性思维四阶段的神经基础.心理科学进展,2015,23(2),213—224.

张浩.直觉、灵感或顿悟与创造性思维.重庆社会科学,2010,(05),84—89.

张慧玉,李华晶,胡望斌.创业直觉研究述评及展望.科学学与科学技术管理,2016,37(8),20—33.

张庆林,邱江.顿悟与源事件中启发信息的激活.心理科学,2005,28(1),6—9.

张庆林,邱江,曹贵康.顿悟认知机制的研究述评与理论构想.心理科学,2004,27(6),1435—1437.

张绍强,张玲.父母教养方式与儿童注意缺陷多动障碍的关系.实用预防医学,2007,14(1),22—23.

张顺民,冯延勇.拖延的认知神经机制与基因:行为—脑—基因的多角度研究.心理科学进展,2017,25(3),393—403.

张卫.问题解决中的内隐认知.心理科学进展,1999,17(2),7—12.

张云徽.浅谈商业广告的语言表达.云南民族大学学报(哲学社会科学版),1997,(3),90—92.

张忠炉,邢强,唐志文,徐争鸣,蔡新华.酝酿期有效提示和无效提示的比较.心理科学,2012,35(4),901—905.

赵花丽.探究直觉思维的培养提高学生的创新能力.新课程研究旬刊,2012,(12),54—56.

赵俊秀,徐雯,孙锦华.基于磁共振成像的注意缺陷多动障碍认知神经机制研究进展.中国儿童保健杂志,2018,26(4),396—401.

郑磊磊,刘爱伦.思维风格与创造性倾向关系的研究.应用心理学,2000,6(2),14—20.

周爱保,马小凤,李晶,崔丹.提取练习在记忆保持与迁移中的优势效应:基于认知负荷理论的解释.心理学报,2013,45(8),849—859.

周蕾.中小学生创造思维及其影响因素的研究.西安:陕西师范大学,2018.

周淑金,李奥斯卡,罗俊龙.发散性思维与幽默的认知神经机制比较——基于双加工理论的视角.心理科学,2016,39(6),1525—1530.

周淑金.创意广告的脑电研究.上海:上海师范大学,2018.

朱光潜.谈美.合肥:安徽教育出版社,1989.

朱海雪,罗俊龙,杨春娟,邱江,张庆林.发明创造问题解决中的原型位置效应.心理科学,2012,35(1),72—77.

朱惠丽.论教师的直觉思维能力.商丘师范学院学报,2009,25(4),122—123.

二、英文部分

Abelhirsch, N. The life instinct. International Journal of Psychoanalysis, 2010, 91(5), 1055—1071.

Aczel, B., Szollosi, A., & Bago, B. Lax monitoring versus logical intuition: The determinants of confidence in conjunction fallacy. Thinking & Reasoning, 2016, 22(1), 99—117.

Anastasi, J. K., Currie, L. M., & Kim, G. H. Understanding diagnostic reasoning in TCM practice: tongue diagnosis. Alternative Therapies in Health & Medicine, 2009, 15(3), 18—28.

Ancker, C. J., & Flynn, M. Field Manual 5-0: Exercising command and control in an era of persistent conflict. Military Review, 2010, 90, 13—19.

Anderson, C. A., Lepper, M. R., & Ross, L.. Perseverance of social theories: the role of explanation in the persistence of discredited information. Journal of Personality and Social Psychology, 1980, 39(6), 1037—1049.

Andrade, K. C., Spoormaker, V. I., Dresler, M., Wehrle, R., Holsboer, F., ⋯Sämann, P. G. Sleep spindles and hippocampal functional connectivity in human nrem sleep. Journal of Neuroscience the Official Journal of the Society for Neuroscience, 2011, 31(28), 10331—10339.

Andrews, S. C., Hoy, K. E., Enticott, P. G., & Daskalakis, Z. J. Improving working memory: the effect of combing cognitive activity and anodal transcranial direct current stimulation to the left dorsolateral prefrontal cortex. Brain Stimulation, 2011, 4, 84—89.

Ares, Gastón, Maiche, A., Ana Giménez, & Mawad, F. Influence of rational and intuitive thinking styles on food choice: preliminary evidence from an eye-tracking study with yogurt labels. Food Quality & Preference, 2014, 31(1), 28—37.

Armbruster, D. J., Ueltzhöffer, K., Basten, U., & Fiebach, C. J. Prefrontal cortical mechanisms underlying individual differences in cognitive flexibility and stability. Journal of Cognitive Neuroscience, 2012, 24(12), 2385—2399.

Arvey, R. D., Rotundo, M., Johnson, W., & McGue, M. The determinants of leadership: The role of genetics and personality. Paper presented at the 18th Annual Conference of the Society for Industrial and Organizational Psychology, Orlando, FL, 2003.

Baddeley, A. D. Working memory. Current Biology, 2010, 20, 136—140.

Bago, B., & De Neys, W. Fast logic?: Examining the time course assumption of dual process theory. Cognition, 2017, 158, 90—109.

Banaji, M. R., & Greenward, A. G. Implicit stereotype and unconscious prejudice. The psychology of prejudice: The Ontario Symposium, 1994, 7, 55—76.

Bandura, A. Self-efficacy: The exercise of control. New York: Freeman, 1997.

Bar-Hillel, M. The base-rate fallacy in probability judgments. Acta Psychologica, 1980, 44(3), 211—233.

Barkley, R. A. Behavioral inhibition sustained attention and executive function constructing a unifying theory of ADHD. Psychological Bulletin, 1997, 121(1), 65—94.

Benedek, M., Beaty, R., Jauk, E., Koschutnig, K., Fink, A., … Silvia, P. J. Creating metaphors: the neural basis of figurative language production. Neuroimage, 2014, 90(100), 99—106.

Benedek, M., Jauk, E., Fink, A., Koschutnig, K., Reishofer,

G., … Ebner, F. To create or to recall? Neural mechanisms underlying the generation of creative new ideas. Neuroimage, 2014, 88(100), 125—133.

Bengtsson, S.L., Csikszentmihalyi, M. & Ullén, F. Cortical Regions Involved in the Generation of Musical Structures During Improvisation in Pianists. Journal of Cognitive Neuroscience, 2007, 19(5), 830—842.

Bhattacharya, J. & Petsche, H. Drawing on mind's canvas: differences in cortical integration patterns between artists and non-artists. Human Brain Mapping, 2005, 26(1), 1—14.

Black, A. C., & Rosen, M. I. A money management-based substance use treatment increases valuation of future rewards. Addictive Behaviors, 2011, 36(1), 125—128.

Blackwell, K. A., Cepeda, N. J., & Munakata, Y. When simple things are meaningful: working memory strength predicts children's cognitive flexibility. Journal of experimental child psychology, 2009, 103, 241—249.

Bonner, C., & Newell, B. R. In conflict with ourselves? An investigation of heuristic and analytic processes in decision making. Memory & Cognition, 2010, 38, 186—196.

Botella, M. The Creative Process in Graphic Art. In: Lubart T. (eds) The Creative Process. Palgrave Studies in Creativity and Culture. England, London: Palgrave Macmillan, 2018.

Bowden, E. M., & Jung-Beeman, M. Normative data for 144 compound remote associate problems. Behavior Research Methods Instruments & Computers, 2003, 35(4), 634—639.

Bowers, K. S., Farvolden, P., & Mermigis, L. Intuitive antecedents of insight. The creative cognition approach, 1995, 27—51.

Bowlby, J. Attachment and loss. New York: Basic Bookds, 1982.

Bridge, H., Harrold, S. M., Holmes, E. A., Stokes, M. G., & Kennard, C. Vivid visual mental imagery in the absence of the primary visual cortex. Journal of Neurology, 2012, 259(6), 1062—1070.

Briggs I, McCaulley, M H. Manual: A Guide to the development and use of the MBTI. Paloalto, CA: Consulting Psychologists Press, 1986.

Brigham, K. H., Castro, J. O. D., & Shepherd, D. A. A Person-Organization Fit Model of Owner-Managers' Cognitive Style and Organizational Demands. Entrepreneurship Theory & Practice, 2010, 31(1), 29—51.

Brown, S., Martinez, M. J. & Parsons, L. M. Music and language side by side: a PET study of the generation of sentences. European Journal of Neuroscience, 2006, 23(10), 2791—2803.

Cardinal, R. N., Pennicott, D. R., Lakmali, C., Sugathapala, Robbins, T. W., & Everitt, B. J. Impulsive choice induced in rats by lesions of the nucleus accumbens core. Science, 2001, 292(5526), 2499—2501.

Carlston, D. E., & Skowronski, J. J. Savings in the relearning of trait information as evidence for spontaneous inference generation. Journal of Personality & Social Psychology, 1994, 66(5), 840—856.

Chang, C. C., Liang, C., Chou, P. N., & Lin, G. Y. Is game-based learning better in flow experience and various types of cognitive load than non-game-based learning? perspectives from multimedia and media richness. Computers in Human Behavior, 2017, 71, 218—227.

Chapman, L. J., & Chapman, J. P. Atmosphere effect re-examined. Journal of Experimental Psychology, 1959, 58(3), 220—226.

Chase, W. G., & Simon, H. A. The mind's eye in chess. Readings in

Cognitive Science, 2013, (3), 461—494.

Chemi T. The Experience of Flow in Artistic Creation. In: Harmat L., Ørsted Andersen F., Ullén F., Wright J., Sadlo G. (eds) Flow Experience.Berlin, Germany: Springer, 2016.

Chen, G., Jin, Z., Li, S., Jin, X., Tong, S., & Liu, S., et al. Early life exposure to particulate matter air pollution (pm1, pm2.5 and pm10) and autism in shanghai, china: a case-control study. Environment International, 2018, 121(2), 1121—1127.

Cheng, Y., Kim, K. H., & Hull, M. F. Comparisons of creative styles and personality types between American and Taiwanese college students and the relationship between creative potential and personality types. Psychology of Aesthetics, Creativity, and the Arts, 2010, 4(2), 103—112.

Cho, M. Task complexity and modality: exploring learners' experience from the perspective of flow. Modern Language Journal, 2018, 102(1), 162—180.

Choi, I., Koo, M., & Choi, J. A. Individual differences in analytic versus holistic thinking. Personality & Social Psychology Bulletin, 2007, 33(5), 691—705.

Chomsky, N. On certain formal properties of grammars. Information & Control, 1959, 2(2), 137—167.

Chronicle, E. P., Macgregor, J. N., & Ormerod, T. C. What makes an insight problem? the roles of heuristics, goal conception, and solution recoding in knowledge-lean problems. Journal of Experimental Psychology Learning Memory & Cognition, 2004, 30(1), 14—27.

Collins, A. M., & Loftus, E. G. A spreading-activation theory of semantic processing. Psychological Review, 1975, 82, 407—428.

Cooper, L.A., Shepard, R.N., Chronometric studies of the rotation of mental images. In: Chase, W. G. (Ed.), Visual Information Processing. Academic Press, New York, 1973.

Cosmides, L., & Tooby, J. Beyond intuition and instinct blindness: toward an evolutionarily science. Cognition, 1994, 50, 41—77.

Crossan, M. M., Lane, H. W., & White, R. E. An Organizational Learning Framework: From Intuition to Institution. Academy of Management Review, 1999, 24(3), 522—537.

Cseh, G. M., Phillips, L. H., & Pearson, D. G. Mental and perceptual feedback in the development of creative flow. Consciousness & Cognition, 2016, 42, 150—161.

Csikszentmihalyi, M. Beyond boredom and anxiety. San Francisco, CA: Jossey-Bass, 1975.

Csikszentmihalyi, M. Creativity. Flow and the psychology of discovery and invention . London: Harper Collins, 1996.

Darley, J. M., & Gross, P. H.. A hypothesis-confirming bias in labeling effects. Journal of Personality and Social Psychology, 1983, 44(1), 20—33.

Darsaud, A., Wagner, U., Balteau, E., Desseilles, M., Sterpenich, V., ... Vandewalle, G. Neural precursors of delayed insight. Journal of Cognitive Neuroscience, 2011, 23(8), 1900—1910.

Davidson, J. E. The suddenness of insight. Nature of Insight, 1995, 125—155.

De Neys, W. Bias and conflict: a case for logical intuitions. Perspectives on Psychological Science, 2012, 7(1), 28—38.

De Neys, W. Conflict detection, dual processes, and logical intuitions: Some clarifications. Thinking & Reasoning, 2014, 20(2), 169—187.

De Neys, W., & Bonnefon, J. F. The 'whys' and 'whens' of individual differences in thinking biases. Trends in Cognitive

Sciences, 2013, 17, 172—178.

De Neys, W., & Feremans, V. Development of heuristic bias detection in elementary school. Developmental Psychology, 2013, 49(2), 258—269.

De Sampaio Barros, M. F., Araújo-Moreira, F. M., Trevelin, L. C., & Radel, R. Flow experience and the mobilization of attentional resources. Cognitive, Affective, & Behavioral Neuroscience, 2018, 18, 810—823.

De Casper, A. J., & Fifer, W. P. Of human bonding: Newborns prefer their mothers' voices. Science, 1980, 208(4448), 1174—1176.

Deikman, A. J. Experimental meditation. Journal of Nervous and Mental Disease, 1963, 136(4), 329—343.

Deutsch, R., & Strack, F. Variants of judgment and decisionmaking: The perspective of the reflective-impulsive model. In H. Plessner, C. Betsch, & T. Betsch (Eds.), Intuition in judgment and decision making (pp. 39—53). Mahwah, NJ: Erlbaum, 2008.

Dietrich, A. Functional neuroanatomy of altered states of consciousness: The transient hypofrontality hypothesis. Consciousness and Cognition, 2003, 12(2), 231—256.

Dietrich, A. Neurocognitive mechanisms underlying the experience of flow. Consciousness and Cognition, 2004, 13(4), 746—761.

Dietrich, A., & Kanso, R. A review of EEG, ERP, and neuroimaging studies of creativity and insight. Psychological Bulletin, 2010, 136(5), 822—848.

Dietrich, A., & Sparling, P. B. Endurance exercise selectively impairs prefrontal-dependent cognition. Brain and Cognition, 2004, 55(3), 516—524.

Dijksterhuis, A. Think different: the merits of unconscious thought in preference development and decision making. Journal of

Personality and Social Psychology, 2004, 87(5), 586—598.

Dijksterhuis, A., & Meurs, T. Where creativity resides: the generative power of unconscious thought. Consciousness & Cognition, 2006, 15(1), 135—146.

Dijksterhuis, A., Bos, A. J., Nordgren, M. W., Baaren, L. F., & Van, R. B. On making the right choice: the deliberation-without-attention effect. Science, 2006, 311(5763), 1005—1007.

Dovidio, J. F., Evans, N., & Tyler, R. B. Racial stereotypes: the contents of their cognitive representations. Journal of Experimental Social Psychology, 1986, 22(1), 22—37.

Ellamil, M., Dobson, C., Beeman, M. & Christoff, K. Evaluative and generative modes of thought during the creative process. Neuroimage, 2012, 59(2), 1783—1794.

Enriquez-Geppert, S., Huster, R. J., Figge, C., & Herrmann, C. Self-regulation of frontal-midline theta facilitates memory updating and mental set shifting. Behavioral Neuroscience, 2014, 8, 1—13.

Epley, N., & Gilovich, T. Are adjustments insufficient?. Personality and Social Psychology Bulletin, 2004, 30(4), 447—460.

Epley, N., & Gilovich, T. The anchoring-and-adjustment heuristic: why the adjustments are insufficient. Psychological Science, 2006, 17(4), 311—318.

Epley, N., Keysar, B., Boven, L. V., & Gilovich, T. Perspective taking as egocentric anchoring and adjustment. Journal of Personality & Social Psychology, 2004, 87(3), 327—339.

Epstein, S. Intuition from the perspective of cognitive-experiential self-theory. In H. Plessner, C. Betsch & T. Betsch (Eds.), Intuition in Judgment and Decision Making (pp. 23—37). New York: Lawrence Erlbaum, 2008.

Epstein, S. Demystifying Intuition: What It Is, What It Does, and

How It Does It. Psychological Inquiry, 2010, 21(4), 295—312.

Epstein, S. Intuition: What it is, what it does, and how it does it. Psychological Inquiry, 2010, 21, 295—312.

Ersche, K. D., Jones, P. S., Williams, G. B., Smith, D. G., Bullmore, E. T., & Robbins, T. W. Distinctive personality traits and neural correlates associated with stimulant drug use versus familial risk of stimulant dependence. Biological Psychiatry, 2013, 74(2), 137—144.

Evans, J. S. B. T. In two minds: dual-process accounts of reasoning. Trends in Cognitive Sciences, 2003, 7(10), 454—459.

Evans, J. S. B. T. Dual-processing accounts of reasoning, judgment, and social cognition. Annual Review of Psychology, 2008, 59, 255—278.

Evans, J. S. B. T. How many dual-process theories do we need? One, two, or many? In J. S. B. T. Evans & K. Frankish (Eds.), In two minds: Dual processes and beyond (pp. 33—54). New York, NY: Oxford University Press, 2009.

Evans, J. St. B. T. Logic and human reasoning: an assessment of the deduction paradigm. Psychological Bulletin, 2002, 128(6), 978—996.

Evans, J. St. B. T. The heuristic-analytic theory of reasoning: Extension and evaluation. Psychonomic Bulletin and Review, 2006, 13(3), 378—395.

Evans, J. St. B. T., & Curtis-Holmes, J. Rapid responding increases belief bias: Evidence for the dual-process theory of reasoning. Thinking & Reasoning, 2005, 11(4), 382—389.

Evans, J., & Coventry, K. A dual-process approach to behavioral addiction: the case of gambling. Handbook of Implicit Cognition and Addiction, 2006, 13(3), 29—43.

Fantz, R. L. The origin of form perception. Scientific American, 1961, 204(5), 66—72.

Ferreira, M. B., Garcia-Marques, L., Sherman, S. J., & Sherman, J. W. Automatic and controlled components of judgment and decision making. Journal of Personality and Social Psychology, 2006, 91(5), 797—813.

Fink, A., Grabner, R. H., Gebauer, D., Reishofer, G., Koschutnig, K., & Ebner, F. Enhancing creativity by means of cognitive stimulation: evidence from an fMRI study. Neuroimage, 2010, 52(4), 1687—1695.

Fink, A., Graif, B. & Neubauer, A.C. Brain correlates underlying creative thinking: EEG alpha activity in professional vs. novice dancers. Neuroimage, 2009, 46(3), 854—862.

Fiske, S. T., & Taylor, S. E.. Social cognition (2nd ed.), 1991.

Förster, J. The unconscious city: how expectancies about creative milieus influence creative performance. Milieus of Creativity, 2009, 2, 219—233.

Furnham, A., Moutafi, J., & Paltiel, L. Intelligence in relation to Jung's personality types. Individual Difference Research, 2005, 3(1), 2—13.

Gaertner, S. L., & Mclaughlin, J. P. Racial stereotypes: associations and ascriptions of positive and negative characteristics. Social Psychology Quarterly, 1983, 46(1), 23—30.

Garcia, J. L. Freud's Psychosexual Stage Conception: A Developmental Metaphor for Counselors. Journal of Counseling & Development, 1995, 73, 18—22.

Getzels, J. W., & Csikszentmihalyi, M. The creative vision: A longitudinal study of problem finding in art . New York: Wiley, 1976.

Goel & Vartanian. Dissociating the roles of right ventral lateral and dorsal lateral prefrontal cortex in generation and maintenance of hypotheses in set-shift problems. Cerebral Cortex, 2004, 15(8), 1170—1177.

Goldstein, D. G., & Gigerenzer, G. Models of ecological rationality: the recognition heuristic. Psychological review, 2002, 109(1), 75—90.

Greene, A. J., Gross, W. L., Elsinger, C. L., & Rao, S. M. An fMRI analysis of the human hippocampus: inference, context, and task awareness. Journal of Cognitive Neuroscience, 2006, 18(7), 1156—1173.

Greenwald, A. G., Spangenberg, E. R., Pratkanis, A. R., & Eskenazi, J. Double-blind tests of subliminal self-help audiotapes. Psychological Science, 1991, 2(2), 119—122.

Grüter, T., Grüter, M., & Carbon, C. C. Neural and genetic foundations of face recognition and prosopagnosia. Journal of Neuropsychology, 2008, 2(1), 79—97.

Guilford, J. P. Creativity. American Psychologist, 1950, 5(9), 444—454.

Gustafson, R., & Norlander, T. Effects of alcohol on picture drawing during the verification phase of the creative process. Creativity Research Journal, 1997, 10(4), 355—362.

Gustafsson, V. Entrepreneurial decision-making. Individuals, tasks and cognitions. Cheltenham: Edward Elgar, 2006.

Gustavson, D. E., Miyake, A., Hewitt, J. K., & Friedman, N. P. Genetic relations among procrastination, impulsivity, and goal-Management ability: Implications for the evolutionary origin of procrastination. Psychological Science, 2014, 25(6), 1178—1188.

Haidt, J. The emotional dog and its rational tail: a social intuitionist approach to moral judgment. Psychological Review, 2001, 108(4), 814—834.

Hall, W. B., & Mackinnin, D. W. Personality inventory correlates of creativity among architects. Journal of Applied Psychology, 1969, 53(4), 322—326.

Hamari, J., Shernoff, D. J., Rowe, E., Coller, B., Asbell-Clarke, J., & Edwards, T. Challenging games help students learn: an empirical study on engagement, flow and immersion in game-based learning. Computers in Human Behavior, 2016, 54, 170—179.

Handley, S. J., & Trippas, D. Dual processes and the interplay between knowledge and structure: A new parallel processing model. Psychology of Learning and Motivation, 2015, 62, 33—58.

Handley, S. J., Newstead, S. E., & Trippas, D. Logic, beliefs, and instruction: A test of the default interventionist account of belief bias. Journal of Experimental Psychology: Learning, Memory, and Cognition, 2011, 37, 28—43.

Heutte, J., Fenouillet, F., Boniwell, I., Martin-Krumm, C., & Csikszentmihalyi, M. Optimal learning experience in digital environments: theoretical concepts, measure and modelisation, Symposium Digital Learning in 21st Century Universities: A Franco-American perspective", Georgia Institute of Technology (Geogia Tech) Atlanta, GA, 2014.

Heutte, J., Fenouillet, F., Kaplan, J., Martin-Krumm, C., & Bachelet, R. Flow Experience. Empirical Research and Applications. In: Harmat, L., Andersen, F. O., Ullén, F., Wright, J., & Sadlo, G. (Eds.). The eduflow model: a contribution toward the study of optimal learning environments (pp. 125—178). Switzerland, Springer, 2016.

Hill, O. W. Intuition: Inferential Heuristic or Epistemic Mode,

Imagination, Cognition and Personality, 1987, 7(2), 137—154.

Hoffrage, U., Gigerenzer, G., Gigerenzer, G., & Hoffrage, U. How to improve bayesian reasoning without instruction: frequency formats. Psychological Review, 1995, 102(4), 684—704.

Hogarth, R. M. Educating intuition. Chicago: University of Chicago Press, 2001.

Hogarth, R. M. Deciding analytically or trusting your intuition? The advantages and disadvantages of analytic and intuitive thought. The routines of decision making (pp. 67—82), 2005.

Holton, G., & Faucher, G. Thematic origins of scientific thought: kepler to Einstein. Physics Today, 1974, 27(2), 47—48.

Howarth, S., Handley, S. J., & Walsh, C. The logic-bias effect: The role of effortful processing in the resolution of belief-logic conflict. Memory & Cognition, 2016, 44, 330—349.

Hsieh, Y. H., Lin, Y. C. & Hou, H. C. Exploring the role of flow experience, learning performance and potential behavior clusters in elementary students' game-based learning. Interactive Learning Environments, 2016, 24(1), 178—193.

Jacoby, L. L., Kelley, C., Brown, J., & Jasechko, J. Becoming famous overnight: limits on the ability to avoid unconscious influences of the past. Journal of Personality & Social Psychology, 1989, 56(3), 326—338.

Järvilehto, L. Intuition and Flow. In László, H., Ørsted Andersen, F., Ullén, F., Wright, J., & Sadlo, J (Eds), Flow experience: Empirical research and applications (pp. 95—104). New York: Springer, 2016.

Johnson, E. D., Tubau, E., & De Neys, W. The doubting system 1: evidence for automatic substitution sensitivity. Acta Psychology, 2016, 164, 56—64.

Kabatzinn, J. Mindfulness-based interventions in context: past, present, and future. Clinical Psychology Science & Practice, 2010, 10(2), 144—156.

Kagan, J. Reflection-impulsivity: the generality and dynamics of conceptual tempo. Journal of Abnormal Psychology, 1966, 71(1), 17—24.

Kahneman, D., & Tversky, A. On the psychology of prediction. Psychological Review, 1973, 80(4), 237—251.

Kalnins, I. V., & Bruner, J. S. The coordination of visual observation and instrumental behavior in early infancy. Perception, 1973, 2(3), 307—314.

Kaplan, C. A., & Simon, H. A. In search of insight . Cognitive Psychology, 1990, 22(3), 374—419.

Katz, R. J. Subliminal perception and the creative preconscious (Unpublished doctorial dissertation). Texas Tech University, 1973.

Keller, K. L. Conceptualizing, Measuring, and Managing Customer-Based Brand Equity. Journal of Marketing, 1993, 57(1), 1—22.

Kickul, J., Gundry, L. K., Barbosa, S. D., & Whitcanack, L.. Intuition versus analysis? testing differential models of cognitive style on entrepreneurial self-efficacy and the new venture creation process. Entrepreneurship Theory & Practice, 2010, 33 (2), 439—453.

Kiili, K. Foundation for problem-based gaming. British Journal of Educational Technology, 2007, 38(3), 394—404.

Kiili, K., & Lainema, T. Evaluations of an Experiential Gaming Model: The Realgame Case. World Conference on Educational Multimedia, Hypermedia and Telecommunications, 2006.

Kiili, K., & Lainema, T. Evaluations of an experiential gaming model: The realgame case. In EdMedia: World Conference on

Educational Media and Technology (pp. 2343—2350). Association for the Advancement of Computing in Education (AACE), 2006.

Kiili, K., Lainema, T., Freitas, S. D., & Arnab, S. Flow framework for analyzing the quality of educational games. Entertainment Computing, 2014, 5(4), 367—377.

Kim, C., Johnson, F. N., Cilles, E. S., & Gold, T. B. Common and distinct mechanisms of cognitive flexibility in prefrontal cortex. The Journal of Neuroscience, 2011, 31(13), 4771—4779.

Klingberg, T. Training and plasticity of working memory. Trends in Cognitive Sciences, 2010, 14(7), 317—324.

Kounios, J., & Beeman, M. The aha! moment: the cognitive neuroscience of insight. Current Directions in Psychological Science, 2009, 18(4), 210—216.

Krashen, S. D. Formal and informal linguistic environments in language acquisition and language learning. Tesol Quarterly, 1976, 10(2), 157—168.

Kythreotis, A., Pashiardis, P., & Kyriakides, L. The influence of school leadership styles and culture on students' achievement in Cyprus primary schools. Journal of Educational Administration, 2010, 48(2), 218—240.

Landhäußer, A., & Keller, J. Advances in Flow Research. In Engeser, S. (Ed.), Flow and its affective, cognitive, and performance-related consequences (pp. 65—85). New York, Springer, 2012.

Langan-Fox, J., & Shirley, D. A.. The nature and measurement of intuition: cognitive and behavioral interests, personality, and experiences. Creativity Research Journal, 2003, 15(2), 207—222.

Leahy, W., & Sweller, J. Cognitive load theory and the effects of transient information on the modality effect. Instructional Science,

2016, 44(1), 107—123.

LeDoux, J., & Armony, J. Can neurobiology tell us anything about human feelings? In D. Kahneman, E. Diener, & N. Schwarz (Eds.), Well-being: The foundations of hedonic psychology, 1999.

Limb, C. J. & Braun, A.R. Neural substrates of spontaneous musical performance: an FMRI study of jazz improvisation. Plos One, 2008, 3(2), 1679.

Lindsay, D. S., & Jacoby, L. L. Stroop process dissociations: The relationship between facilitation and interference. Journal of Experimental Psychology: Human Perception and Performance, 1994, 20(2), 219—234.

Liu, S., Erkkinen, M.G., Healey, M.L., Xu, Y., Swett, K.E., Chow, H.M. & Braun, A.R. Brain activity and connectivity during poetry composition: Toward a multidimensional model of the creative process. Human Brain Mapping, 2015, 36(9), 3351—3372.

Liu, T. Y. Using educational games and simulation software in a computer science course: learning achievements and student flow experiences. Interactive Learning Environments, 2016, 24(4), 1—21.

Luo, J., Niki, K., & Knoblich, G. Perceptual contributions to problem solving: chunk decomposition of Chinese characters. Brain Research Bulletin, 2006, 70(4—6), 430—443.

Luo, J., & Niki, K. Function of hippocampus in "insight" of problem solving. Hippocampus, 2003, 13(3), 316—323.

Luo, J., Li, W., Fink, A., Jia, L., Xiao, X., & Qiu, J., et al. The time course of breaking mental sets and forming novel associations in insight—like problem solving: an ERP investigation. Experimental Brain Research, 2011, 212(4), 583—591.

Luo, J., Niki, K., & Phillips, S. Neural correlates of the "aha!

Reaction". Neuro Report, 2004, 15(13), 2013—2017.

Mark A. Runco, & Selcuk Acar. Divergent thinking as an indicator of creative potential. Creativity Research Journal, 2012, 24(1), 66—75.

Markus, H. R., & Kitayama, S. Culture and the self: implication for cognition, emotion, and motivation. Psychological Review, 1991, 98, 224—253.

Martindale, C., Hines, D., Mitchell, L. & Covello, E. EEG alpha asymmetry and creativity. Personality & Individual Differences, 1984, 5(84), 77—86.

Maugham, W. S. The moon and sixpence. London: Penguin Books Ltd, 1919.

Mayer, R. E. Multimedia learning: are we asking the right questions?. Educational Psychologist, 1997, 32(1), 1—19.

Mayseless, N., Eran, A., & Shamay-Tsoory, S. G. Generating original ideas: the neural underpinning of originality. Neuroimage, 2015, 116, 232—239.

Mazzarello, P. What dreams may come?. Nature, 2000, 408(6812), 523.

Meng, L., Pei, G., Zheng, J., & Ma, Q. Close games versus blowouts: optimal challenge reinforces one's intrinsic motivation to win. International Journal of Psychophysiology, 2016, 110, 102—108.

Mevel, K., Poirel, N., Rossi, S., Cassotti, M., Simon, G., Houdé, O., & De Neys, W. Bias detection: Response confidence evidence for conflict sensitivity in the ratio bias task. Journal of Cognitive Psychology, 2015, 27, 227—237.

Mihalcea, R., Strapparava, C., & Pulman, S. Computational Models for Incongruity Detection in Humour. International Conference on Intelligent Text Processing & Computational Linguistics, 2010.

Miller, C. C., & Ireland, R. D. Intuition in Strategic Decision Making: Friend or Foe in the Fast-Paced 21st Century? The Academy of Management Executive (1993—2005), 2005, 19(1), 19—30.

Miller. Scientific creativity: a comparative study of Henri Poincare and Einstein. Creativity Research Journal, 1992, 5(4), 385—414.

Moreland, R. L., & Beach, S. R. Exposure effects in the classroom: the development of affinity among students. Journal of Experimental Social Psychology, 2004, 28(3), 255—276.

Moshman, D. Diversity in reasoning and rationality: metacognitive and developmental considerations. Behavioral & Brain Sciences, 2000, 23(5), 689—690.

Nan, W. Y., Rodrigues, J. P., Ma, J., Qu, X. T., Wan, F., Mak, P-I., Mak, P. U., Vai, M. I., & Rosa, A. Individual alpha neurofeedback training effect on short term memory. International Journal of Psychophysiology, 2012, 86, 83—87.

Newman, I. R., Gibb, M., & Thompson, V. A. Rule-based reasoning is fast and belief-based reasoning can be slow: challenging current explanations of belief-bias and base-rate neglect. Journal of Experimental Psychology: Learning, Memory, and Cognition, 2017, 43(7), 1154—1170.

Nils, K., Lars, S., & Erik, L. M. Brief report: Cognitive flexibility and focused attention in children and adolescents with asperger syndrome or high-functioning autism as measured on the computerized version of the Wisconsin Card Sorting Test. Journal of Autism and Developmental Disorders, 2008, 38, 1161—1165.

Nisbett, R. E., Peng, K., Choi, I., & Norenzayan, A. Culture and systems of thought: holistic versus analytic cognition. Psychological Review, 2001, 108(2), 291—310.

Norlander, T., & Gustafson, R. Effects of alcohol on scientific thought during the incubation phase of the creative process. Journal of Creative Behavior, 1996, 30(4), 231—248.

Norlander, T., & Gustafson, R. Effects of alcohol on a divergent figural fluency test during the illumination phase of the creative process. Creativity Research Journal, 1998, 11(3), 265—274.

Novak, T. P., Hoffman, D. L., & Yung, Y. F. Measuring the customer experience in online environments: a structural modeling approach. Marketing Science, 2000, 19(1), 22—42.

Ormerod, T. C., Macgregor, J. N., & Chronicle, E. P. Dynamics and constraints in insight problem solving. Journal of Experimental Psychology Learning Memory & Cognition, 2002, 28(4), 791—799.

Osborn, A. F. Your creative power. Myers Press, 1948.

Osman, M. An evaluation of dual-process theories of reasoning. Psychonomic Bulletin and Review, 2004, 11(6), 988—1010.

Pavlov, I.-P. Conditioned reflexes (G. V. Anrep). New York: Dover, 1927.

Pearce, J. M., Ainley, M., & Howard, S. The ebb and flow of online learning. Computers in Human Behavior, 2005, 21(5), 745—771.

Pennycook, G., Cheyne, J. A. Koehler, D. J., & Fugelsang, J. A. Belief bias during reasoning among religious believers and skeptics. Psychonomic Bulletin and Review, 2013, 20, 806—811.

Pennycook, G., Trippas, D., Handley, S. J. & Thompson, V. A. Base rates: Both neglected and intuitive. Journal of Experimental Psychology: Learning, Memory, and Cognition, 2014, 40(2), 544—554.

Peters, J., & Büchel, C. Episodic future thinking reduces reward delay discounting through an enhancement of prefrontal-mediotemporal interactions. Neuron, 2010, 66(1), 138—148.

Pinho, A. L., Ullén, F., Castelo-Branco, M., Fransson, P., & de Manzano, Ö. Addressing a paradox: dual strategies for creative performance in introspective and extrospective networks. Cerebral Cortex, 2015, 26(7), 3052—3063.

Pinker, S. The Language Instinct. New York, NY: Harper Perennial Modern Classics, 2007.

Plichta, M. M., & Scheres, A. Ventral-striatal responsiveness during reward anticipation in ADHD and its relation to trait impulsivity in the healthy population: a meta-analytic review of the fMRI literature. Neuroscience & Biobehavioral Reviews, 2014, 38, 125—134.

Qiu, J., Li, H., Jou, J., Wu, Z., & Zhang, Q. Spatiotemporal cortical activation underlies mental preparation for successful riddle solving: an event-related potential study. Experimental Brain Research, 2008, 186(4), 629—634.

Qiu, J., Li, H., Yang, D., Luo, Y., Li, Y., & Wu, Z., et al. The neural basis of insight problem solving: an event-related potential study. Brain & Cognition, 2008, 68(1), 100—106.

Raghubir, P. Is 1/10>10/100? The effect of denominator salience on perceptions of base rates of health risk. International Journal of Research in Marketing, 2008, 25(4), 327—334.

Raidl, MarieHéLène, & Lubart, T. I. An empirical study of intuition and creativity. Imagination Cognition & Personality, 2001, 20(3), 217—230.

Reber, A. S. Implicit learning of artificial grammars. Journal of Verbal Learning & Verbal Behavior, 1967, 6(6), 855—863.

Roger, R. D., Andrews, T. C., Grasby, P. M., Brooks, D. J., & Robbins, T. W. Contrasting cortical and subcortical activations produced by attentional-set shifting and reversal learning in humans. Journal of Cognitive Neuroscience, 2000, 12(1), 142—162.

Roth, G. A., Abate, D., Abate, K. H., Abay, S. M., Abbafati, C., Abbasi, N., ... & Abdollahpour, I. Global, regional, and national age-sex-specific mortality for 282 causes of death in 195 countries and territories, 1980—2017: a systematic analysis for the Global Burden of Disease Study 2017. The Lancet, 2018, 392(10159), 1736—1788.

Rothbart, M. K. Temperament, development, and personality. Current Directions in Psychological Science, 2010, 16(4), 207—212.

Salfi, N. A., & Saeed, M. Relationship among school size, school culture and students' achievement at secondary level in Pakistan. International Journal of Educational Management, 2007, 21(7), 606—620.

Sandkühler, S., & Bhattacharya, J. Deconstructing insight: EEG correlates of insightful problem solving. Plos One, 2008, 3(1), e1459.

Sassenberg, K., & Moskowitz, G. B. Don't stereotype, think different! Overcoming automatic stereotype activation by mindset priming. Journal of Experimental Social Psychology, 2005, 41(5), 506—514.

Sayette, M. A., Reichle, E. D., & Schooler, J. W. Lost in the sauce: the effects of alcohol on mind wandering. Psychol Sci, 2009, 20(6), 747—752.

Scheres, A., Milham, M. P., Knutson, B., Castellanos F.X. Ventral striatal hyporesponsiveness during reward anticipation in attention-deficit/hyperactivity disorder. Biological Psychiatry, 2007, 61, 720—724.

Schrader, C., & Bastiaens, T. J. The influence of virtual presence: effects on experienced cognitive load and learning outcomes in educational computer games. Computers in Human Behavior, 2012, 28(2), 648—658.

Schroevers, M. J., & Brandsma, R.. Is learning mindfulness associated with improved affect after mindfulness-based cognitive therapy? British Journal of Psychology, 2010, 101(1), 95—107.

Seufert, T. The interplay between self-regulation in learning and cognitive load. Educational Research Review, 2018, 24, 116—129.

Shane, S. A. A general theory of entrepreneurship: The individual-opportunity nexus. Cheltenham: Edward Elgar, 2003.

Sharek, D., & Wiebe, E. Measuring video game engagement through the cognitive and affective dimensions. Simulation & Gaming, 2014, 45(4—5), 569—592.

Shernoff, D. J., & Csikszentmihalyi, M. Flow in schools: Cultivating engaged learners andoptimal learning environments. In R. C. Gilman, E. S. Heubner, & M. J. Furlong (Eds.), Handbook of positive psychology in schools (pp. 131—145). New York: Routledge, 2009.

Shoda, Y., Mischel, W., & Wright, J. C. Intraindividual stability in the organization and patterning of behavior: incorporating psychological situations into the idiographic analysis of personality. Journal of Personality and Social Psychology, 1994, 67(4), 674—687.

Simmons, J. P., & Nelson, L. D. Intuitive confidence: choosing between intuitive and nonintuitive alternatives. Journal of Experimental Psychology General, 2006, 135(3), 409—428.

Simon, H. A. Rational decision making in business organizations. American Economic Review, 1979, 69(4), 493—513.

Simonton, D. K. On praising convergent thinking: creativity as blind variation and selective retention. Creativity Research Journal,

2015, 27(3), 262—270.

Sio, U. N., & Ormerod, T. C. Does incubation enhance problem solving? a meta-analytic review. Psychological Bulletin, 2009, 135(1), 94—120.

Skinner, B.-F. Beyond freedom and dignity (Wang, Y. P., & Li, A. P.). New York: Penguin books, 1988. (Original work published 1973)

Sloman, S. A. The empirical case for two systems of reasoning. Psychological Bulletin, 1996, 119(1), 3—22.

Sloman, S. A., & Darlow, A. L. Two systems of reasoning: architecture and relation to emotion. Wiley Interdisciplinary Reviews Cognitive Science, 2010, 1(3), 382—392.

Solso, R.L. Brain Activities in a Skilled versus a Novice Artist: An fMRI Study. Leonardo, 2001, 34(1), 31—34.

Steel, P. The procrastination equation: How to stop putting things off and start getting stuff done. Toronto, Ontario, Canada: Random House, 2010.

Sternberg, B. R. J. Handbook of Creativity. New York: Plenum Press, 1999.

Stoll, O., & Lau, A. Flow-Erleben beim Marathonlauf-Zusammenhänge mit Anforderungspassung und Leistung [Flow-experiences while marathon running-correlations with demand-fitting and performance]. Zeitschrift für Sportpsychologie, 2005, 12(3), 75—82.

Sun, J. C. Y., Kuo, C. Y., Hou, H. T., & Lin, Y. Y. Exploring learners' sequential behavioral patterns, flow experience, and learning performance in an anti-phishing educational game. Educational Technology & Society, 2017, 20(1), 45—60.

Sweetser, P., & Wyeth, P. Gameflow: a model for evaluating player enjoyment in games. Computers in Entertainment, 2005, 3(3), 1—24.

Sweller, J., Ayres, P., & Kalyuga, S. Cognitive Load Theory. In. J.

M. Spector & Susanne P. L. (Eds.), Intrinsic and Extraneous Cognitive Load (pp. 57—69). New York, Springer, 2011.

Thompson, V. A. Why it matters: The implications of autonomous processes for dual-process theories: Commentary on Evans & Stanovich (2013, Perspectives on Psychological Science, 2013, 8(3), 253—256.

Trippas, D., Thompson, V. A., & Handley, S. J. When fast logic meets slow belief: Evidence for a parallel-processing model of belief bias. Memory & Cognition, 2017, 45, 539—552.

Tulving, E., & Thomson, D. M. Encoding specificity and retrieval processes in episodic memory. Psychological Review, 1973, 80(5), 352—373.

Tversky, A., & Kahneman, D. Judgment under uncertainty: Heuristics and biases. Science, 1974, 185(4157), 1124—1131.

Tversky, A., & Kahneman, D. The framing of decisions and the psychology of choice. Science, 1981, 211(4481), 453—458.

Tversky, A., & Kahneman, D. Extensional versus intuitive reasoning: the conjunction fallacy in probability judgment. Readings in Cognitive Science, 2015, 6(4), 440—451.

Vuorre, M., & Metcalfe, J. The relation between the sense of agency and the experience of flow. Consciousness & Cognition, 2016, 43, 133—142.

Wagner, U., Gais, S., Haider, H., Verleger, R., & Born, J. Sleep inspires insight. Nature, 2004, 427(6972), 352—355.

Wallas, G. The art of thought. New York: Harcourt Brace Jovanovich, 1926.

West, R. F., & Stanovich, K. E. Is probability matching smart? Associations between probabilistic choices and cognitive ability. Memory & Cognition, 2003, 31(2), 243—251.

Wollseiffen, P., Schneider, S., Martin, L. A., Kerherve, H. A., Klein, T., & Solomon, C. The effect of 6 h of running on brain activity, mood, and cognitive performance. Experimental Brain Research, 2016, 234(7), 1829—1836.

Woodworth, R. S., & Sells, S. B. An atmosphere effect in formal syllogistic reasoning. Journal of Experimental Psychology, 1935, 18(18), 451—460.

Wu, X., Yang, W., Tong, D., Sun, J., Chen, Q., & Wei, D., et al. A meta-analysis of neuroimaging studies on divergent thinking using activation likelihood estimation. Human Brain Mapping, 2015, 36(7), 2703—2718.

Ya-Hui Hsieh, Yi-Chun Lin & Huei-TseHou Exploring the role of flow experience, learning performance and potential behavior clusters in elementary students' game-based learning. Interactive Learning Environments, 2016, 24(1), 178—193.

Young, K. S., Parsons, C. E., Jegindoe Elmholdt, E. M., Woolrich, M. W., van Hartevelt, T. J., Stevner, A. B. A., Kringelbach, M. L. Evidence for a Caregiving Instinct: Rapid Differentiation of Infant from Adult Vocalizations Using Magnetoencephalography. Cerebral Cortex, 2016, 26(3), 1309—1321.

Zeigarnik, B. Über das Behalten von erledigten und unerledigten Handlungen. Psychologische Forschung, 1927, 9, 1—85.

Zhong, C. B., Dijksterhuis, A., & Galinsky, A. D. The merits of unconscious thought in creativity. Psychological Science, 2008, 19(9), 912—918.

图书在版编目(CIP)数据

直觉心理学/罗俊龙著. —上海：上海社会科学院出版社,2019
ISBN 978 - 7 - 5520 - 2709 - 9

Ⅰ.①直… Ⅱ.①罗… Ⅲ.①直觉-研究 Ⅳ.①B017

中国版本图书馆 CIP 数据核字(2019)第 042027 号

直觉心理学

著　　者：罗俊龙
责任编辑：周　霈
封面设计：周清华
出版发行：上海社会科学院出版社
　　　　　上海顺昌路 622 号　邮编 200025
　　　　　电话总机 021 - 63315900　销售热线 021 - 53063735
　　　　　http://www.sassp.org.cn　E-mail：sassp@sass.org.cn
排　　版：南京展望文化发展有限公司
印　　刷：上海新文印刷厂
开　　本：720×1020 毫米　1/16 开
印　　张：14.75
字　　数：201 千字
版　　次：2019 年 4 月第 1 版　2019 年 7 月第 2 次印刷

ISBN 978 - 7 - 5520 - 2709 - 9/B・259　　　定价：68.00 元

版权所有　翻印必究